»Ich wäre aber sehr froh, wenn man in Zukunft die unberühmte Frau des berühmten Mannes so lange in der Obskurität des Privatlebens ließe, bis sie selbst durch Unverstand oder übergroßen Verstand sich um das Glück, keinen Namen zu haben, gebracht.«
　　Emma Herwegh

Barbara Rettenmund und Jeannette Voirol

Emma Herwegh
Die größte und beste Heldin der Liebe

Limmat Verlag
Zürich

Der Verlag und die Autorinnen danken der Kulturstiftung
Pro Helvetia für die Unterstützung.

Die Autorinnen danken für Werkbeiträge:
Lotteriefonds Basel-Stadt
Lotteriefonds Basel-Land
Uarda Frutiger Fonds der Freien Akademischen Gesellschaft
Goethe Stiftung für Kunst und Wissenschaft, Zürich

Auf Internet
Informationen zu Autorinnen und Autoren
Materialien zu Büchern
Hinweise auf Veranstaltungen
Schreiben Sie uns Ihre Meinung zu diesem Buch
www.limmatverlag.ch

Umschlagbild: Emma Herwegh, Ölgemälde von
Friederike Miethe, 1838 (Ausschnitt)
Umschlaggestaltung und Typographie
von Urs Berger-Pecora

© 2000 by Limmat Verlag, Zürich
ISBN 3 85791 346 0 (für die Schweiz)
ISBN 3 293 00277 3 (für Deutschland und Österreich)

Vorwort 7

Ansichten 9
Einblicke: Ein Lebenslauf 16

Das Leben schön schreiben 19
Einblicke: Die ganz normale Woche einer Großbürgerstochter 37
Emma Herwegh über schreibende Frauen 38
Emma Herwegh über das eigene Schreibtalent 39

Liebesbriefe 41
Einblicke: Toast auf Herweghs Braut 89

Für die Freiheit 91
Einblicke: Emma Siegmund über politische Opportunisten 113
Bei den gefangenen Polen in Berlin 113
Emma, die Amazone 119
Emma Herwegh über die Presse 121

Liebe und kein Ende 123
Einblicke: Emma Herwegh über Georg Herwegh 145
Schimpftirade eines Feindes 145

Salon und Geselligkeit 149
Einblicke: Berliner Salonkultur 167

Reisefreuden, Exil und ein Grab 169
Einblicke: Schweizer Impressionen 194
Der Tod Ferdinand Lassalles in Genf 197
Emma Herwegh über Herweghs Begräbniswünsche 199

Von der guten Partie zum bitteren Ende 201
Einblicke: Über den Tod von Camille Herwegh 228
Geldsorgen 229
Emma Herwegh über Georgs verhinderte Professur in Neapel 230

Gratwanderungen 233
Einblicke: Zur Hamburger Frauenuniversität 242

Anmerkungen, Quellen, Literatur 244
Namenregister 258

Vorwort

Emma Herwegh war eine Frau, die polarisierte. Sie kämpfte ein Leben lang mit Feuereifer für ihre politische Überzeugung. In ihren Salons in Paris und Zürich verkehrten die wichtigsten Protagonistinnen und Protagonisten der revolutionären 48er-Bewegung. Sie war Kämpferin, Salonnière, Korrespondentin, Mutter und bedingungslose Verehrerin ihres Mannes, des revolutionären Schriftstellers Georg Herwegh. Gerade die Vielschichtigkeit der Figur Emma Herweghs macht sie zum dankbaren Objekt verschiedenster Projektionen. Aus feministischer Sicht war sie die furchtlose Amazone, aus romantischer Perspektive die unbeirrbare »Frau an seiner Seite«. Für Herweghs Feinde die starke Frau, die den feigen Gatten aus brenzligen Situationen rettet, für seine Freunde war sie die eifrige, selbstlose Gattin und Muse des verkannten Genies. Alternierend wird sie als verzweifelte betrogene oder blind ergebene, geld- und geltungssüchtige Ehefrau beschrieben.

Zu Beginn unserer Beschäftigung mit Emma Herwegh sahen auch wir vor allem die unerschrockene, politisch emanzipierte Heldin. Je länger wir uns mit dem Nachlass von Emma Herwegh in Liestal auseinander setzten, desto ambivalenter wurde sie uns. Ihre zahlreichen Tagebücher, Briefwechsel, Zeichnungen und Kompositionen dokumentieren die vielseitigen Interessen und Begabungen einer großbürgerlichen Frau im 19. Jahrhundert, und sie geben Einblick in die faszinierend widersprüchlichen Strategien, mit denen diese Frau ihren Weg suchte.

Was Emma Herwegh uns hinterlassen hat, sind viele Geschichten und Anekdoten rund um ein spannendes Leben. Es ist ein Leben voll Revolution und Liebe, von der Berlinerin zur Schweizer Bürgerin im französischen Exil, von der wohlhabenden Salonnière mit Freundinnen und Freunden in halb Europa bis zur einsiedlerischen alten Dame in mehr als armen Verhältnissen. Und allen Widersprüchen zum Trotz: Emma Herwegh hat ihr Leben nicht dem geliebten Ehemann geopfert, sondern genau das Leben geführt, das sie wollte. Sie hatte einen literarischen Lebensplan im Kopf, an den sie glaubte und nach dem sie ihr Leben gestaltete. So inszenierte sie ihr Leben, sich selbst und ihren Ehemann unbeirrt nach romantischem Muster und ließ sich durch nichts davon abbringen. Diese Konsequenz ist heute für uns so faszinierend wie irritierend.

Unser Dank geht an Erika Hebeisen, Janine Kern, Michail Krausnick, Barbara Lüthi, Simone Meier, Luzius Müller, Andreas Niederhäuser, Ingrid Pepperle, Isabelle Rettenmund, Kathrin Ueltschi, Simone Rist, Hans Ruedi Schneider, Marianne Schreier-Kleiber, MitarbeiterInnen des Staatsarchivs Liestal und allen Freundinnen und Freunden für ihre geduldigen Ohren.

Basel, im Sommer 2000
Barbara Rettenmund
Jeannette Voirol

»Aus Ihnen wollte ich ein herrliches, begeisterndes Buch machen, und ich wollte den Leser sehen, der es wagte, nicht für Sie zu schwärmen!« Ludmilla von Assing

Ansichten

Emma Siegmund als Amazone nach einer Zeichnung von Friederike Miethe.

Viele Männer und einige Frauen bewunderten sie, wenige hassten sie, und die hatten ihre Gründe. Emma Herwegh provozierte Emotionen, und diese Emotionen wurden – vor allem von Männern – niedergeschrieben und aufbewahrt. Ein illustrer Kreis von Freunden berichtete fleißig über unsere »Heldin« und hinterließ ein entsprechendes Stimmengewirr.

»Vor wenigen Tagen starb in Paris Emma Herwegh, die Gattin des einst so hoch gefeierten jungen Dichters Georg Herwegh, die verehrte Freundin von Ludwig Feuerbach, Robert Prutz, Karl Vogt, Bakunin, Lassalle, Rüstow, Liszt, Challemel-Lacour und vielen anderen führenden Geistern des neunzehnten Jahrhunderts. Das wunderbarste an dieser außerordentlichen Frau ist die in allen Wechselfällen des Schicksals unwandelbare Liebe zu ihrem Georg. Allerdings muss man sagen, dass sie den ohnehin zum Wohlleben Geneigten noch mehr verhätschelte, dass sie auch diejenigen Eigenschaften bewunderte, die andere nicht billigen konnten.«[1] Weniger wohlwollend als der Journalist Gottlieb Alexander in seinem Nachruf auf Emma Herwegh ist der russische Emigrant Alexander Herzen. Er warf Emma Herwegh sogar vor, ihren Ehemann mit ihrer bedingungslosen Liebe in den Abgrund getrieben zu haben. Auch sonst hatte Herzen nicht viel gute Worte für sie übrig. »Das Fehlen von weiblicher Grazie fiel unangenehm an ihr auf. Angefangen bei der scharfen Stimme bis zu den eckigen Bewegungen und den eckigen Gesichtszügen, von den kalten Augen bis zu der Vorliebe, ein Gespräch auf zweideutige Gegenstände herabzuziehen – war alles an ihr männlich. Sie folgte ihrem Gatten offen, vor aller Augen auf Schritt und Tritt nach, so wie bejahrte Männer ganz jungen Mädchen nachzustellen pflegen; sie schaute ihm in die Augen, wies mit dem Blick auf ihn hin, schob ihm die Halsbinde, die Haare zurecht und lobte ihn mit einer empörenden Unbescheidenheit.«[2] Nicht einmal Emma Herweghs sonst viel beachtete Klugheit und ihr praktischer Verstand schienen Herzen zu beeindrucken, ganz im Gegenteil. »Überzeugt davon, dass niemand von uns mit einem so praktischen Verstand begabt sei wie sie, kokettierte sie damit, anstatt aus Koketterie diese geschäftstüchtige Klugheit zu verbergen. Dazu muss gesagt werden, dass sie einen wirklich praktischen Sinn

Ludmilla von Assing (1821–1880) war Schriftstellerin und Salonnière in Berlin und Florenz, Nichte des Schriftstellers Karl August Varnhagen von Ense und Freundin Gottfried Kellers. Sie korrespondierte mit Emma Herwegh und war wie diese eine begeisterte Anhängerin der italienischen Patrioten. Assing ermunterte Emma Herwegh mehrmals, ihre Autobiographie zu schreiben. 52-jährig heiratete sie 1873 einen jungen italienischen Offizier und Abenteurer, der sie nach wenigen Monaten verließ. Sie starb geistig verwirrt.

nirgends offenbarte. Geschäftig sein, von den Preisen und von Köchinnen reden, von Möbeln und Stoffen, verrät bei weitem noch nicht die Tüchtigkeit in der Alltagspraxis. In ihrem Hause ging es allenthalben recht verrückt zu, weil alles sich ihrer Monomanie unterwerfen musste; sie war ständig sur le qui vive, las ihrem Mann jeden Wunsch von den Augen ab und ordnete alle wesentlichen Notwendigkeiten des Lebens und sogar die Gesundheit und die Erziehung der Kinder seinen Launen unter.« Alexander Herzen war eben zutiefst gekränkt, doch dazu später. Ein positiveres Bild von Emma Herwegh zeichnete Bruno Kaiser, der Biograf von Georg Herwegh. »Sie hat die guten und die langen schweren Jahre, treu, tapfer und aufopfernd geteilt; dass die Vergötterung, die sie ihrem Georg entgegenbrachte, allerdings nicht immer günstig für sein Schaffen gewesen ist, unterliegt dabei keinem Zweifel, und auch die Übertreibungen im Lebensstandard der Pariser Jahre dürften auf sie zurückzuführen sein. Sie hatte einen später auch von Gottfried Keller gerügten Hang zu theatralischem Gebaren, ganz im Gegensatz zu ihrem Mann, und die Zeitungen der Schweiz berichteten zum Beispiel mit etwas entsetzter Verwunderung über die dicken Zigarren, die sie zu rauchen pflegte, eine Gewohnheit, der sie bis zum Alter die Treue hielt.«³ Gottfried Keller wiederum kannte Emma Herwegh aus ihrer Zürcher Zeit Ende der fünfziger Jahre des 19. Jahrhunderts, traf sie ab und zu bei gesellschaftlichen Anlässen und hatte zunächst gar keine gute Meinung von ihr: »Diese Frau Herwegh ist eine schreckliche Renomistin, und die Renomisterei ist die Grundlage ihrer Existenz, wie ich glaube, sie renomiert wie ein Studentenfuchs. Jedenfalls ist Herwegh noch mehr wert als sie, wie ich schätze, aber nur entre nous!«⁴ Später muss er seine Meinung geändert haben, er besuchte sie hin und wieder und paffte dabei auch mal eine Zigarre mit ihr.

Neigten diese Herren dazu, einige Schwächen Georg Herweghs auf die übermäßige Liebe seiner Frau zurückzuführen, so erntete Emma Herwegh hingegen ungeteilte Bewunderung für ihre politische Haltung und ihr revolutionäres Engagement. Auch wenn die Unternehmungen, für die sie sich einsetzte, meist unglücklich endeten. Ihre Entschlossenheit und ihr Mut beeindruckte die Zeitgenossen. Und das, obwohl ihr als Frau aktive Beteiligung bei revolutionären und politischen Bewegungen eigentlich gar nicht zustand. Aber auch diesen Widerspruch meisterte sie mit Bravour, so scheint es: »Trotz der Entschiedenheit im Handeln, trotz des männlichen Mutes fehlte es ihr nicht an den sanfteren Tugenden des Weibes; sie war eine vortreffliche Gattin und zärtliche Mutter, wenn sie auch alle Philisterei wenigstens in der Theorie, abgestreift hatte.«⁵ Die Gratwanderung, dabei nicht in Konflikt mit geschlechtsspezifischen Erwartungen ihres Umfeldes zu geraten, scheint ihr zumindest in der Öffentlichkeit gelungen, auch wenn das nicht so einfach war. Waren ihre Taten auch noch so kühn, sie blieb eine Frau unter Männern und wurde als solche wahrgenommen: »Sie hatte sich entschlossen, den Zug nach Deutschland an der Seite ihres Mannes mitzumachen, und beschäftigte sich sehr mit dem Gedanken an die Männerklei-

Emma Herwegh kurz vor ihrem Tod. Mit diesem Bild wurde ihr Nachruf in der Zeitschrift »Die Gartenlaube« (Nr. 16, 1904) illustriert.

dung, welche sie dabei tragen wollte. Sie konnte sehr lange nicht über die Form des Hutes und über die Art einig werden, wie sie ihr Haar tragen wollte; allein endlich wurde diese Angelegenheit zur Zufriedenheit beendigt, nachdem wir alle unsere Meinung über diesen wichtigen Gegenstand abgegeben hatten.«[6]

Nach dem Tod von Georg wurde es ruhiger um Emma Herwegh. Sie lebte zurückgezogen in Paris, es gibt weniger Berichte über sie. »Sie war aufrichtig, offenherzig, freimütig, aber zugleich im höchsten Grade weich und gut«, erinnert sich Herwegh-Biograf Victor Fleury.[7] Wie ihr jugendlicher Freund Frank Wedekind berichtete, beschäftigte sich »die Alte«, wie er sie nannte, oft mit ihrem Äußeren. »Sie hat sich eine Brosche, die ihr die Marquise Tollney geschenkt, an die Hutbänder gesteckt. Sie sagt, die Mode könne sie nicht mehr mitmachen, es bliebe ihr nichts anderes übrig, als Moden zu kreieren.«⁸ Und sie sinniere über vergangene Schönheit. »Sie kommt nicht darüber hinweg, dass, als sie jung war, alles hübsch an ihr war, ohne das sie es im ganzen war. Sie zählt mir ihre Reize von oben herunter her: Haar nicht sehr voll, aber seidenweich, Stirne schmal, Nase ausserordentlich fein, Lippen ideal, aber mit dem Kinn habe die Schönheit ein Ende gehabt. Dann die Figur: Hände und Füße geradezu künstlerisch gebildet.«⁹

Ein idealisiertes Bild seiner Mutter ohne Fehl und Tadel überlieferte schließlich vor allem der jüngste Sohn der Herweghs, Marcel, der bis zu ihrem Tod engen Kontakt zu ihr hatte in Paris. Im Nachwort zu dem von ihm herausgegebenen Briefwechsel seiner Eltern schreibt er: »Emma Herwegh bewährte sich ihr ganzes Leben lang als die würdige Gattin des Dichters. Dass das Gefühl, das sie verband, ächter Art, stichhaltig, durch nichts zu erschüttern war, dass es allen Stürmen, allen Klippen, allen Verfolgungen, Intriguen und Verleumdungen, kurz aller Unbill siegend Trotz geboten, hat sich bis zum letzten Atemzug beider bestätigt. Wie kampfvoll ihr Leben auch gewesen, ihre Liebe war das Palladium, das sie stets geschützt: Hoch über den Wolken die Liebe! Nach des innig geliebten Gemahls frühem Hinscheiden lebte Emma Herwegh nur noch in der Erinnerung an die an seiner Seite verflossenen Tage und widmete sich ganz dem Kultus der Vergangenheit: ›Was ich besitze, seh ich wie im Weiten, und was entschwand, wird mir zu Wirklichkeiten‹, pflegte sie oft zu sagen.«¹⁰

Damit ist das Spektrum von Projektionen und Instrumentalisierungen der Emma Herwegh weit aufgespannt. Auch Emma Herwegh wird ein Wort mitzureden haben, als Zeugin ihrer selbst in ihren unzähligen Tagebuchseiten und Briefen. Mit Hilfe ihrer eigenen Stimme will dieses Buch aber nicht eine neue Festschreibung lancieren, sondern unser Ziel ist es, ein vielstimmiges Bild dieses facettenreichen Lebens zu gestalten

Doch beginnen wir von vorn. Angefangen hat alles in Magdeburg, wo Emma Herwegh am 10. Mai 1817 als Emma Siegmund, Tochter der Henriette Wilhelmine, geborene Krauer, und des Seidenwarenhändlers Gottfried Siegmund geboren wurde. Gemeinsam mit ihren zwei Schwestern Fanny und Minna und ihrem Bruder Gustav wuchs sie gegenüber des Berliner Schlosses an der Breite Straße Nr. 2 auf. Emma Siegmund erhielt eine außergewöhnlich gute Bildung. Beste Privatlehrer unterrichteten sie in Geschichte, Fremdsprachen und Literatur. Zudem lernte sie reiten und schiessen, malte, zeichnete Porträts, komponierte, schrieb Gedichte und Tagebücher. Die Bildung war allerdings nur für den Hausgebrauch gedacht und nicht als Vorbereitung für eine Berufsausbildung, wie sie etwa ihr Bruder an der Universität erlangte. Der jungen Frau aus besserem Haus blieb nicht viel anderes übrig, als auf einen Mann zu warten. Doch Emma Siegmund wollte mehr, auch wenn ihr nicht so recht klar war, was.

Ohne Zweifel war sie eine gute Partie und hatte mit dem stolzen Alter von 25 Jahren trotzdem das damals übliche Heiratsalter bereits überschritten. An Verehrern hat es ihr nie gefehlt, doch sie wartete auf die ganz große Liebe. Die liberalen Eltern überließen die Wahl des Ehemannes ihr alleine und drängten sie nicht.

So saß sie also da, die »gute Partie«, und haderte mir ihrem Schicksal. Sollte er wirklich noch kommen, der Richtige. Sollte sie eine Karriere als Künstlerin anstreben oder etwa einen der bereits vorhandenen Verehrer wählen? Derweil vertraute sie sich ihrem Tagebuch an, schrieb Briefe, empfing und machte Besuche oder begleitete ihre Mutter zur Kur, langweilte sich und schrieb und schrieb und schrieb ...

Einblicke

Ein Lebenslauf
Nachruf auf Emma Herwegh aus der »Illustrierten Zeitung« vom 14. April 1904

14. April 1904: In Paris starb vor kurzem hochbetagt Emma Herwegh, die Witwe des politischen Lyrikers Georg Herwegh, der, am 31. Mai 1817 zu Stuttgart geboren, ihr um volle neunundzwanzig Jahre im Tode vorgegangen war.

Emma Herwegh war die Tochter des Berliner Kaufmanns und Hoflieferanten Johannes Gottfried Siegmund. Sie genoss ausgezeichnete Erziehung. Ihre äußere Erscheinung war eine stattliche. Tiefblondes Haar fiel auf den vollen Nacken herab, und noch bis ins späte Alter erregten ihre schönen Arme und Hände die Bewunderung aller, die Gelegenheit hatten mit ihr umzugehen. Der Maler Anselm Feuerbach, der sich für Emma Herweghs Gestalt begeisterte, verewigte dieselbe in seiner »Germanenschlacht« (1846). Die Hauptfigur des Gemäldes, ein germanisches Weib, das, hoch auf dem Wagen thronenden Flüchtigen ihr Kind unter die Füße zu schleudern droht, um sie in die Schlacht zurückzutreiben, ist die getreue Wiedergabe ihres Ebenbildes. Emma war nicht weniger poetisch veranlagt als ihr Mann, mit dem sie sich am 8. März 1843 verheiratete. Sie hat ganz reizende Gedichte verfasst, und ihr Sohn Marcel, der in Paris lebt, hat selbst eine große Anzahl ihrer interessanten Briefe herausgegeben. Sie übersetzte die Memoiren Garibaldis und Mazzinis, ferner mehrere Romane, darunter »Der berühmte Doktor Matthäus« von Erckmann-Chatrian. Ihre letzte, erst vor zwei Monaten beendete Arbeit war die Übersetzung von Michelets »Les soldats de la révolution«. Sie war eine energische, kühne und unerschrockene Natur, die in den schwierigen Lagen des Lebens den Kopf nicht verlor. Aber auch echte Weiblichkeit und deutsche Treue zierten sie ebenso wie Entschiedenheit im Handeln und männlicher Mut. Ihrem Manne war sie eine zärtliche Gattin.

Der Hauptzug ihres Charakters war ihr Freiheitsdrang. Emma Herwegh hatte Interesse für Freiheitsbestrebungen aller Art; wo sich in dieser Hinsicht etwas regte, war es in Frankreich, Deutschland, Polen oder Italien, da finden wir sie unter den Beteiligten, so im Jahre 1848. Später gehörten die Helden der italienischen Bewegung Giuseppe Mazzini, Piero Cironi, Nicola Fabryzi u. a. unter ihre Freunde. Zu diesen sind ferner noch zu rechnen Albrecht v. Graefe, Ludwig Feuerbach, der eidgenössische Oberst und Kriegsschriftsteller Wilhelm Rüstow. Unter ihren Freundinnen finden sich hauptsächlich Emilie Sczaniecka, die bekannte polnische

Patriotin, Wanda und Ottilie v. Graefe, Marie Petersen, die Verfasserin der »Prinzessin Ilse«, die Malerin Friederike O'Connell geb. Miethe, Agnes Podesta und andere hervorragende Polinnen, in deren Kreis sich Emma Herwegh mit Vorliebe bewegte.

Sie hatte schon mit ihrem Mann lange in Paris gelebt. Deswegen zog sie nach dessen Tode wieder nach Paris zurück, wo sie in der Rue Perronet, nicht allzuweit von der Wohnung ihres Sohnes entfernt, ihren Witwensitz hatte. In ihrem Zimmer war sie von Bildern Herweghs, Garibaldis, Mazzinis, Victor Hugos, Feuerbachs u. a. umgeben.

Vor einiger Zeit war Emma Herwegh von einem Schlaganfall getroffen worden, von welchem ihre Kinder sie schon geheilt glaubten, als am 24. März eine Lungenentzündung ihrem Leiden ein Ende machte. Sie hat ein Alter von fast siebenundachtzig Jahren erreicht. Ihre letzte Ruhestätte fand sie auf dem Friedhof von Liestal im Kanton Baselland an der Seite ihres Gatten.

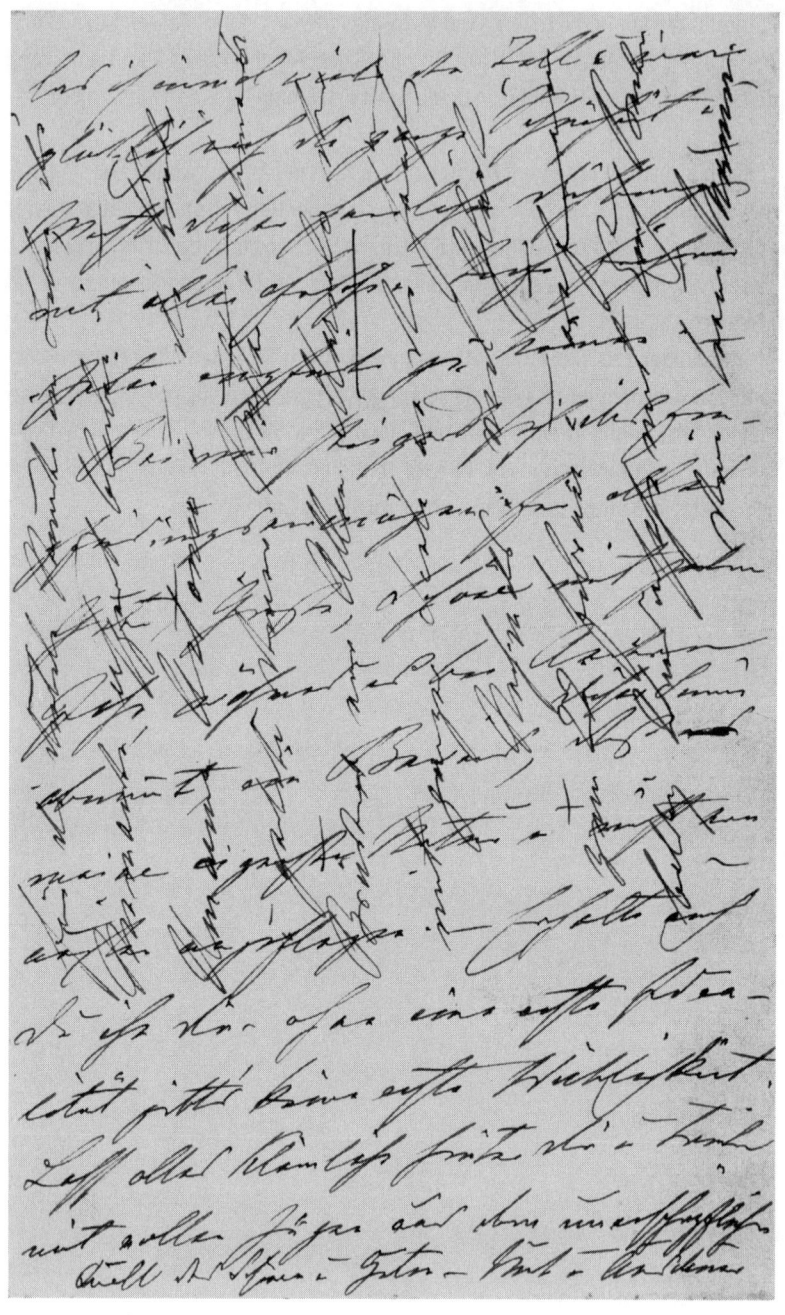

Papiersparende Korrespondenz Emma Herweghs (an Tochter Ada, 23. Januar 1890).

»**Und dass ich es gestehe, wir hatten alle selbst einige Lust, Romanheldinnen zu werden.**« Henriette Herz

Das Leben schön schreiben

Emma Herwegh erhielt eine ausgezeichnete Bildung, die allerdings nur für den Hausgebrauch gedacht war, nicht für eine Erwerbstätigkeit. Der jungen Frau aus besserem Haus blieb nichts anderes übrig, als auf einen Mann zu warten. Diese Spannung schlug sich bei ihr nieder als bleibender Zwiespalt: Sie unterdrückte ihren Wunsch zu schreiben oder zu malen und hegte generelle Vorbehalte gegen schreibende Frauen, hinterließ aber gleichzeitig ein Konvolut aus Tagebüchern, Briefen, Übersetzungen und Schriften.

Tagebuch

Am Heiligen Abend 1834 erhielt die 17-jährige Emma Siegmund einen Brief ihrer besten Freundin Agnes Podesta. Darin wurde Emma sinngemäß ermahnt, in der freundschaftlichen Beziehung etwas weniger verunsichert und impulsiv zu reagieren und nicht immer sofort alles in Frage zu stellen, ja sie musste sich gar eine kleine Moralpredigt gefallen lassen: »Du findest mich zuweilen oft kalt, wenn ich nicht gerade zu gleicher Zeit mit dir denselben Wärmegrad der Empfindung habe, u. bedenkst dabei nicht, dass das Herz auch im *süßern Ausdruck* seinen Thermometer hat u. Momente der Erfahrung wie der Ermattung begreift, fallen diese nun zufällig nicht immer mit der deinigen zusammen, so nennst du mich kalt, versteigst dich gänzlich durch diese Einbildung u. schraubst als Gegensatz deine Empfindungen dadurch zu einer Höhe wo ich dann gar nicht gleichkommen kann. Fühlst du jetzt nur in etwas die Wahrheit meiner Bemerkung, liebe Theure, so nimm dir auch vor, zu unserer beiderseitigen besten Harmonie, dich von diesen Schlaken zu läutern u. fest auf dasjenige zu trauen, was du *besitzest* u. was dir nicht entrissen werden wird.« So schrieb Agnes und gibt damit einen kurzen Einblick in ihre Wahrnehmung von Emma Siegmunds verletzlicher Jungmädchenseele. Nach dieser Brieflektüre wird Emma zum Tagebuch gegriffen und ihre Eindrücke und Gefühle niedergeschrieben haben. Das war nichts Ungewöhnliches im Berlin der 1830er Jahre; viele junge und wohl situierte Frauen verbrachten eine Menge Zeit damit, ihre Gedanken und Erlebnisse zu beschreiben, sei es in Tagebüchern oder in langen Briefwechseln. Die im 18. Jahrhundert entstandene und während der Romantik besonders gepflegte Idee, seinen individuellen Empfindungen und Regungen schriftlichen Ausdruck zu geben, befand sich um 1830 in Hochblüte und prägte auch Emma Siegmunds Schreib- und Leseverhalten nachdrücklich.

Sie wurde protestantisch erzogen und ganz dem pietistischen Geist entsprechend schon als Kind von ihrer Familie zum Tagebuchschreiben animiert. Seitdem gewöhnte sie sich an, im wörtlichen Sinn Buch über ihre alltäglichen Tätigkeiten, Erlebnisse, Gespräche und Gedanken zu führen. Emma Siegmund sah den Sinn ihres

Schreibens in der Selbstfindung und Selbstkontrolle; sie wollte sich selbst aus kritischer Distanz beobachten und kommentieren und darüber hinaus gegen die Vergänglichkeit der Zeit anschreiben. Ihre jugendlichen Gedanken wollte sie für spätere Zeiten festhalten, wenn der »Glanz der Jugend« verweht wäre und die Tage nur noch »ohne Traum und Erhebung des Gefühls« an ihr vorbeiziehen würden. Das Tagebuch diente auch als Logbuch einer wissenschaftlichen Versuchsanordnung mit ihr selbst, denn Emma Siegmund sah das tägliche Schreiben als ein »Examen, was ich mit mir anstellen will, auf welchem Standpunkt ich in geistiger und physischer Hinsicht stehe, ob ich am Schlusse des Jahres einen Fort- oder Rückschritt in der einen oder anderen Richtung verspüre«.[1] Aus ihren Notizen lassen sich aber nicht nur Pflichtübungen, sondern auch persönliche Reflexionen, Träume, Wünsche und Ärgernisse ablesen. Sie flüchtete zum »lieben kleinen Buch« in der Nacht, wenn alle anderen im Haus schliefen, um noch einige Minuten davor zu verträumen, es war ihr Trost- und Zufluchtsort oder vielmehr Ausdruck davon, dass sie sich in Zeiten des Unglücks unfähig fühlte zu schreiben, in Sprachlosigkeit verfiel und sich deshalb beim »lieben Buche« dafür entschuldigen musste, kurzum, das Tagebuch war ihr ein Gegenüber, mit dem Leid und Freude geteilt wurden: »Du liebes Büchlein warst stets der Vertraute meiner Leiden, jetzt komme und nimm meine Freude auf, denn reich war dieser Tag an schönen Stunden.«[2]

Langeweile und Kartoffelsalat

Vor allem eines aber zeigen die Tagebücher: Emma Siegmund war über ihre Perspektiven als Tochter aus gutem Hause nicht glücklich. Ein großer Teil ihrer Eintragungen widerspiegelt in kurzen, lakonischen Texten nichts anderes als die tägliche Langeweile des großbürgerlichen Lebens: »Morgen Nichts, Mittag Nichts und Abends wenig.« – »Sonnabends Stunde bei Valentini [dem Italienischlehrer], langweilige Lecture einer Goldonischen Komödie.« – »Große Müdigkeit. – Abends Segelfahrt. – Whistparthie. Unwohlsein. Kartoffelsalat.«[3] Emma Siegmund führte das Leben einer verwöhnten Großbürgerstochter, das zwar sehr privilegiert war, das in ihr aber trotz vielseitigem Unterricht in Sprachen, Malen und Reiten, trotz regelmäßigen Reisen und Ausflügen und allen erdenklichen kulturellen Aktivitäten oft nur Leere hinterließ. Immer wieder haderte sie mit ihrem zur Belanglosigkeit verurteilten Schicksal und schrieb schon als 23-Jährige in ihr Tagebuch: »… und somit schließe ich denn dies kleine Heft, das so fragmentarisch ist, wie mein ganzes jetziges Leben.«

Inhaltlich hielt Emma Siegmund ihr Tagebuch für uninteressant und banal, entsprechend rät sie warnend davon ab, darin zu lesen. Sie kokettiert dabei jedoch immer wieder mit möglichen Lesenden, etwa wenn sie die Normalität ihrer Notizen betont und sich als »einfaches Mädchen« gibt: »Ohnehin, wer in meinem Tagebuch geistvollen Wechsel finden will, der irrt sich sehr, und ich möchte ihm raten dies Büchlein zu fliehen, das nichts als der natürliche Ausdruck eines lebhaft fühlenden aber einfachen Mädchens ist, deren größte Kraft nicht im Kopfe, sondern in der Liebe für ihre Freunde und Geschwister liegt und im Sinn für alles Edle und Schöne.«[4] Oder sie schrieb zum Abschluss eines voll geschriebenen Bandes ihrer Tagebücher: »Solltest Du je in die Hand eines Unberufenen kommen, so wirst Du ihm wenig verrathen können, so leer sind Deine Blätter von jeder tieferen Betrachtung.«[5] So kultivierte sie die viel beklagte innere Leere im Tagebuch weiter, legte durch das präzise Festhalten dieser »Leere« aber auch Zeugnis ab von ihren alltäglichen Beschäftigungen.

Zur schöngeistigen Erziehung gehörte vor allem auch die tägliche Lektüre. Emma Siegmund war lebhaft interessiert an literarischen Werken und las meist mehrere Bücher gleichzeitig. Dazu kamen gemeinsame Lesungen von Gedichten oder Klassikern im erweiterten Bekanntenkreis. Es war wichtig für Emma, ihre Leseeindrücke festzuhalten, um sich der eigenen Bildung immer wieder zu versichern. Getreu dem bildungsbürgerlichen Ideal las sie, worüber in den Salons gerade diskutiert wurde oder was gerade neu erschien; gleichzeitig versuchte sie, ein möglichst großes und vielseitiges Spektrum abzudecken. Als 22-Jährige zum Beispiel umfasste die Palette ihrer Lektüre Auszüge aus Jean Pauls »Titan«, indische Sagen, Victor Hugos »Notre Dame«; dazwischen eigene »verunglückte poetische

Emma Siegmund im Alter von zwanzig Jahren, Ölbild ihrer Jugendfreundin Friederike Miethe.

Versuche«, aber auch »Gedichte von Freiligrath«, einem revolutionären Schriftsteller, zu denen sie meinte: »die neuen Gedichte wunderbaren Inhalts sind so wunderseelig, so kräftig und duftig, dass man sie für Karawanen von östlichem Dufte halten möchte, lange Zeit haben Gedichte mich nicht so angesprochen. Das ist Eigenthümlichkeit in Gedanken und Bildern.« Immer wieder machte sie sich auch Gedanken über eigene schriftstellerische Betätigungen: »In der Morgenstunde während der Kirchenzeit las ich Mährchen. Es lief mir durch den Kopf, wie es wäre, wenn ich meiner kleinen Anna [ihre Nichte], welche schrieb. Mährchen liebe ich so sehr, und vielleicht ging es auch.«[6]

Das Protokollieren von Lektüren gehörte ins Repertoire ihrer Tagebücher. Verbunden damit war oft der Anlass, über die eigene künstlerische oder literarische Nichtigkeit zu lamentieren, was vor allem dann geschah, wenn sie sich mit den Arbeiten von berühmten Schriftstellenden auseinander setzte – wie etwa Johann Wolfgang von Goethe: »Morgens in Göthes Leben und Dichtung gelesen, später geübt. Ich habe heute mit wahrer Herzensandacht die Biographie von Göthe begonnen, wenn man aber dergleichen Tagebücher sieht, die wie sinnige und dabei wie einfache Denkmäler sich noch schimmernd nach Zeiten aus der Vergangenheit erheben, da möchte man ganz den Muth verlieren. Das eigene Leben erscheint dann so unbedeutend, und noch mehr der innere Mensch, dass man es für Zeitverlust hält, diese schönen hellen Seiten mit den einförmigen Lebensbildern und noch unbedeutenderen Gedanken zu verdunkeln.«[7] Während hier das große Vorbild Goethe von ihrem ansonsten kritischen Blick unangetastet blieb, hatte sie durchaus eine differenzierte Meinung zu anderen Lektüreerlebnissen, etwa zu der Autorin Bettina von Arnim und deren publiziertem Briefwechsel mit Caroline von Günderrode: »Ich lese jetzt die Günderrode: und das Buch ist so frisch, dass es mich auf Augenblicke aus der nutzlosen verderblichen Apathie reißt. – Der Styl der Bettina gefällt mir zwar lange nicht so gut, als der ihrer Freundin, und ihre Naivität ist wol oftmals gesucht, gemacht, aber die treue Liebe, die innige Freundschaft, die so berauschend und jugendlich durch dieses Buch weht, spricht mich sehr an, und der Charakter der Günderrode gefällt mir überaus wohl.«[8]

Mit der berühmten Bettina von Arnim beschäftigte sich Emma Siegmund auch im Hinblick auf ihre alltäglichen Lebensumstände immer wieder: »Eine Frau wie Bettina hat außer vielen anderen Vorzügen auch den einen nicht jeden unterhalten zu müssen und sich unter dem Vorwande, bestimmte Stunden zum Studium benutzen zu wollen und zu müssen, entfernen zu können. So eine Frau jedoch wie ich muss warten, bis die Leute gehen, und möchte doch so gerne die Zeit anders ausfüllen.«[9] Nachdem ein Besucher bei ihr von Bettina geschwärmt hatte, gab auch dies ein Anlass, sich selber in Frage zu stellen: »Wie viel und interessant sprach er nicht über Bettina, so gut und anziehend, dass ich in innerster Seele jede nutzlos verbrachte Stunde mit meinem Herzblut bereute. Diese reiche Welt, diese wahrhaft üppige Alhambra des Geistes, dieses Eldorado für

Bettina von Arnim, geborene Brentano (1785–1859), war Schriftstellerin und Künstlerin. Sie korrespondierte mit Goethe, heiratete 1810 den Dichter Achim v. Arnim und hatte sieben Kinder. Bettina v. Arnim verkehrte in den politisch-literarischen Kreisen Berlins, wo sie Kontakt pflegte mit wichtigen Persönlichkeiten wie etwa Rahel Levin Varnhagen. Ab 1831 verwitwet, begann sie erst spät zu schreiben und setzte sich aktiv für politisch Verfolgte ein. In ihren Tagebüchern schwärmte die junge Emma Herwegh von ihr als künstlerischem Vorbild. (Pastellbild von A. v. Arnim-Bärwalde nach einer Miniatur, um 1820.)

jeden der ihr nähertritt, warum steht es vor mir wie etwas fernes ja kaum Erreichbares. Ach wenn man so nichts anderes ist als das Skizzenbuch eines Stümpers, lohnt es sich da wol, dem lieben Gott die Tage zu stehlen. Augen haben und Nichts sehen, nur ewig tappen.«[10] – »Am Montag hörte ich viel über Bettina. Sie ist eitel, sagt man, und ich glaube es, aus ihrer Günderrode geht gar zu oft das sich gefallen in dieser oder jener künstlerischen Situation und naiven Äußerung hervor. Sie ist gewiss fähig einer edlen großen Tat und Aufopferung, aber sie bedarf des Applaus der Andern, wenigstens einiger Anderer, um zufriedengestellt zu sein. – Wie ich höre, spricht sie oft halbe Tage unaufhörlich ohne ermüdet zu sein und zu ermüden. Es ist bei ihr das ewige sich Vergnügen des Geistes, wie es eigentlich in jedem, geistig entwickelten Wesen sein sollte, obschon der Grad nicht bestimmt sein kann.«[11] – »Heute habe ich endlich die Lecture der Günderrode beendigt und bin ganz begeistert. Welche Tiefe und welcher Reichtum der Anschauung. Ich bin ganz fähig, sie zu begreifen, aber werde wol nie im Stande sein Ähnliches zu entwickeln, ich glaube, dass ich zu abspringend zu wenig stark im Geiste bin. Bettina sträubt sich gegen die Philosophie, und doch ist sie meiner Meinung nach eine ächt philosophische Natur.«[12] So schwärmte die junge Emma Siegmund von ihren großen weiblichen literarischen Vorbildern und dachte wohl kaum daran, dass sie einmal die Gelegenheit haben würde, ihre Fantasien zu überprüfen. Die schreibenden Frauen beschäftigten sie aber immer auch als eigene mögliche Zukunft.

Ehe oder Kunst

In ihrem Tagebuch machte Emma Siegmund sich grundsätzlich über zwei Lebensentwürfe Gedanken – denjenigen der Ehefrau und den der Künstlerin. Für beide Konzepte hatte sie zwar klare Visionen, war aber auch von Zweifeln, Zwiespalt und Hadern geplagt. Was Herzensfragen und Liebe betraf, war sie eine wahre Romantikerin und hatte entsprechende Vorstellungen davon, wie die Liebe sie ereilen sollte: Ihre zahlreichen jugendlichen Verehrer wies sie ab, da sie davon überzeugt war, dass die eine große Liebe ihres Lebens existierte. Lieber wollte sie sterben, als irgendwelche Kompromisse einzugehen: »Nichts schrecklicher als ein Leben ohne Liebe. Dieses nur für sich leben, an sich denken, ertötet die edelsten Kräfte des Menschen. Lieber gib mir Allmächtiger den Tod aus Liebe als ein langes, liebeödes Leben!«[13]

Eine Alternative zum konventionellen Eheleben wäre, ihr Leben der Kunst zu widmen, was sich Emma Siegmund auch ernsthaft überlegte. Sie konnte sich aber nicht entscheiden, ob dies die Musik, die Malerei oder die Poesie sein sollte: »Die Kunst ist doch mein Lebenselement, ein schönes Bild, ein schönes Lied, ein schönes Gedicht, Feder, Dinte und Papier, und ich lasse mich willig 8 Tage einsperren und rufe euch Allen, die Ihr mit Euren gutgemeinten Alltagsreden Winter und Frühling verpestet mit Freuden ein Lebewohl.«[14] Zwei Jahre später hatten sich ihre Vorstellungen zugunsten der Schriftstellerei konkretisiert, wurden aber von selbstironischen

George Sand (1804–1876) hieß eigentlich Amantine Lucile Aurore Dupin, war verheiratete Baronin Dudevant und Mutter zweier Kinder, Schriftstellerin, einer ihrer zahlreichen Liebhaber war Frédéric Chopin. Sie war Freundin und Ratgeberin fast aller bedeutender Zeitgenossinnen und Zeitgenossen aus Kultur und Politik. Aufgrund ihrer Forderung nach totaler Freiheit für die Frauen gilt sie als eine der ersten französischen Feministinnen.

Zweifeln gebrochen: Schreiben will sie – bloß was? »Politisches, O Narrheit, ohne Geschichtskenntnisse, – Briefe worüber? Tagebuch – welch Interesse zu erwecken? was ein einfaches Mädchen gedacht, gefühlt, gekämpft und betrauert hat. – Alte Geschichten! Romane – nimmermehr! Novellen – auch nicht! Sentimentale Verse – Um Gottes Willen, ich will die Thränendrüsen der Leser nicht in Bewegung setzen. – Patriotische Gesänge, das könnte mir zusagen, – so à la Herwegh! ja aber seinen Geist und sein Genius. – Betrachtungen wären auch gut, wenn man welche machte! Es soll so sein, aber schmerzlich bleibt es dennoch.«[15]

Diese Entwertung des eigenen Schreibens war typisch für Emma Siegmund und viele ihrer Zeitgenossinnen und stand auch ihrem Wunsch im Weg, tatsächlich Künstlerin oder Wissenschaftlerin zu werden. Neben den eigenen Zweifeln und Unsicherheiten standen ihr aber auch die gesellschaftlichen Konventionen ihrer Zeit entgegen, wo es selbst – oder gerade? – für eine reiche Tochter aus gutem Hause schwierig war, einen anderen Lebensentwurf als denjenigen der Ehefrau und Mutter ins Auge zu fassen. Sie äußerte sich im Tagebuch über diese Zwänge nur selten konkret, doch ist es gerade die Beiläufigkeit der Bemerkungen, die ihre Selbstverständlichkeit offenbart. So notierte sie nach einer Höflichkeitsvisite die Reaktion einer Berliner Dame, die ihr auf ihre Ideen hin, eine Laufbahn als Künstlerin oder Wissenschaftlerin einzuschlagen, von einem »bestimmten wissenschaflichen Lebenslauf« kategorisch abriet, »sie meinte dies schade einem natürlichen Verhältnisse«. Ob und wie sehr solche Einstellungen die Pläne der jungen Emma Siegmund beeinflusst haben, lässt sich nur vermuten. Sie sind ohne weiteren Kommentar wiedergegeben.

Waren schon ihre Absichten, Künstlerin zu werden, von vielfältigen Zweifeln durchzogen, so war aber auch eine Perspektive als Ehefrau nicht unproblematisch für Emma Siegmund. Sie hing an der Idee der wahren und einzigen Liebe und hatte entsprechende Vorstellungen davon, wie sich das anfühlen sollte: »Hätt ich einen Liebsten, ich wollte ihn lieben, dass die Englein im Himmel mitjauchzen müssten, und die Erde vor lauter Freudigkeit ihr kaltes weißes Kleid schnell mit dem grünen vertauschte.«[16] Gleichzeitig wusste sie sehr genau, was eine gebildete junge Frau ihrer Zeit von einem Mann zu wünschen hatte und wollte, nämlich »keinem Adonis, doch einem in körperlicher und geistiger Hinsicht ihr überlegenen Jüngling gegenüberstehen«.[17] Entsprechend hoch waren denn auch ihre Ansprüche an einen allfälligen Gatten: »Wenn ich mich je in einen Mann verlieben könnte, so wäre es nur in einem Augenblicke, wo ich seinen Geist oder überhaupt sein inneres Wesen herausfühlte und anstaunte, aber nie, wenn er mir Süßigkeiten spendete.«[18] Das Verhältnis der Geschlechter beschäftigte Emma Siegmund in ihren Tagebüchern sehr, und oft wird das Dilemma spürbar, in dem sie sich befand: Liebe ja, aber welche? – und schließlich mündeten ihre Überlegungen und Erlebnisse immer wieder in Zweifel über ihre Begabungen oder Fähigkeiten: »Herr K. sagte mir: Schreiben Sie was – mir war diese Aufforderung wunderbar; worüber fragte ich – nun über das Ideal eines Mannes – über das Verhältnis der Frauen zum Mann, ach, dachte ich, das haben Tausende schon beschrieben, schöner und besser, als ich es könnte, und ich kam zu dem gewöhnlichen Resultate, dass es am Ende besser sei, ich ließe es, bis ich was gelernt hätte – wenn ich aber nun nie etwas lerne?«[19]

Bei all diesen Entscheidungsschwierigkeiten für oder gegen eine bestimmte Lebensweise half Emma die Unstetigkeit ihres Charakters nicht gerade weiter. So beklagte sie sich des öftern: »… und so oft ich den Ausdruck irgend einer Kunst unmittelbar in mich aufnehme, scheint diese mir die verwandte. – Lese ich ein schönes Werk, scheint es mir, als müsse ich schreiben, sehe ich ein Bild, das mich in der ganzen Urschöne des Gefühls und begeisternden Gedankens anstralt, ist es wieder die Malerei, welche mir als Lieblingssprache erscheint, und bei dem ersten Tone, der einer Saite melodisch entführt wird, möchte ich wieder nur der Musik all mein Streben, all meine Kräfte widmen. Chaotisch bin ich durch und durch, nur der Sonnenblick des höchsten Gefühls könnte glaube ich wie mit einem Zauberschlag das zur Blüte gereifte von dem noch unentwickelten sondern und ans Licht ziehen.«[20] – Doch dieses höchste Gefühl ließ auf sich warten.

Ihre Unentschlossenheit hielt Emma Siegmund immer wieder davon ab, sich ganz für eine ihrer geliebten Künste zu entscheiden. Über längere Zeit war es vor allem ihr Schwager Jules Piaget, der sie dazu ermunterte, ihr Schreibtalent weiterzuentwickeln, und der sie aktiv förderte. Doch noch während seiner Begleitung und vor allem nach seinem frühen Tod verfiel Emma Siegmund regelmäßig in Mutlosigkeit angesichts der Ansprüche, die sie sich selber setzte: »Piaget wünschte, dass ich jeden Morgen einige Stunden schriebe; mehr als früher wünschte ich es jetzt, aber mehr als je bin ich von dem Wahn zurückgekommen, begabter als Andere zu sein, als die Mehrzahl. Wenn ich so ganz von all dem Tand mich lossagte, ich könnte noch jetzt etwas werden. Nur eine Stunde möcht ich in eines Dichters Seele stecken, in Herweghs, Freiligraths, in Bérangers; wodurch wurden diese Leute so groß, ihre Geburt war die der Andern, – ihre Verhältnisse, – für den denkenden Menschen sind Verhältnisse weniger von Einfluss, er steht über ihnen, denn er sagt sich von ihrem

Drucke los, ich aber bin noch bis heute ein Spielball äußerer Eindrücke. Ein Sonnenblick, ein Regenschauer, Alles wirft sein Bild in mein Inneres und bestimmt die Temperatur und den Frühlingsgrad in meiner Brust. Ist das nicht ein kleiner Geist, der noch so willenlos sich beherrschen lässt?«[21]

Im Vergleich mit Vorbildern und Erlebnissen anderer Künstlerinnen und Künstler, die sie mit einer Mischung aus Bewunderung und Resignation betrachtete, sah sie erst recht keinerlei Hoffnung für sich, jemals als Künstlerin erfolgreich zu sein. So ärgerte sie sich nach einem Konzertabend mit dem Pianisten Franz Liszt über die Unfähigkeit, ihre Eindrücke und Gefühle angemessen wiederzugeben, und meinte: »Was bin ich doch? Keine Strophe will aus der Feder, und ich bildete mir ein, poetisch zu sein. – Wäre ich eine Frau wie Emilie [Sczaniecka] oder George Sand, dann, ach dann könnte ich Anspruch machen, diesen Künstler persönlich kennen zu lernen, dass ich auch ein Nichts, ach so garnichts bin. –«[22]

Wie sehr sie ihrer Ansicht nach die Unterstützung eines Piaget brauchte und sie nach seinem Tod vermisste, kommt im Tagebuch deutlich zum Ausdruck. Nachdem in Gesellschaft über die Abenteuer einer jungen Frau gesprochen wurde, die mit 20 Jahren allein nach Australien aufbrach, schrieb Emma Siegmund melancholisch: »Unwillkürlich stellt man bei solchen Erzählungen Vergleiche an, und zuerst mit sich, da fand ich denn wieder, wie wenig Eigenthümliches ich doch bin, und wie alle meine Hoffnungen auf einen kleinen Grad künftiger Bedeutsamkeit doch nur Fantome bleiben werden. Ich bin unwissend – das ist mein erstes Hindernis, aber nicht das größte, aber ich glaube, vielmehr ich fürchte, dass ich selbst meine Anlagen überschätze. Hätt ich ein Wesen wie Piaget zur Seite, der mich unbemerkbar wenigstens in meinen Studien leitete, ohne meiner eigenthümlichen Entwicklung hinderlich zu werden, dann freilich dürft' ich hoffen, dereinst mich aus der Zahl der mittelmäßigen Frauen zu erheben, aber so ganz mir selber überlassen, fürchte ich manchen Missgriff. Ich kann mich einmal an kein systematisches Erlernen gewöhnen, und zu einer guten Grundlage ist es nothwendig. Ich bin ein Vagabund, durch und durch unstät und unruhig.«[23]

Unwissenheit, Zweifel, Hadern, aber auch trockenen Humor,

Henriette Feuerbach (1812–1892), geborene Heydenreich, war Schriftstellerin und Ehefrau des Philologen und Archäologen Joseph Anselm Feuerbach sowie Stiefmutter des Malers Anselm Feuerbach, dessen Nachlass sie sorgfältig betreute. Sie pflegte Kontakt mit Victor Widmann, Carl Spitteler und stand im Briefwechsel mit Emma und Georg Herwegh. Nach dem Tod ihres Ehemannes 1852 lebte sie allein mit ihrer Tochter. Selbst eher von zurückhaltendem Charakter, schätzte sie die unverblümte Art Emma Herweghs.

Ironie und Koketterie widerspiegeln die Tagebücher von Emma Siegmund. Sie selber orientierte sich an vermeintlich unerreichbaren weiblichen Vorbildern wie Bettina von Arnim oder George Sand; und trotz all ihren inneren Zweifeln wurde Emma Siegmund später von anderen (Briefe)schreibenden Frauen für ihren starken Charakter als deren Vorbild verehrt, wie etwa die begeisterten Briefe von Henriette Feuerbach zeigen, der schüchternen und oft unglücklichen Frau des Archäologen Anselm Feuerbach. Diese schrieb an Emma: »Es ist ein rechtes Glück für mich, dass ich Sie habe kennenlernen dürfen, denn ich war fast am Punkt, mich selbst als völlig für das zu nehmen, für was die anderen mich hielten. – Sie mit ihrem freien, völlig bewussten, ganz aus sich aufgerollten und entwickelten Wesen können sich nicht vorstellen, wie es mir oft zumute ist, wenn ich alles fühlte, was in mir lebt und arbeitet, Tiefes, Großes und Gutes, und doch in siebenfaches Gewölk eingewindelt bin, und noch von außen mit Stricken gebunden, so dass nichts herauskann, alles erdrückt und erstickt wird. Wie Sie so schnell den Schlüssel gefunden haben, so dass mir ein einziger Gedanke an Sie schon Lust macht, weiß ich nicht zu sagen.«[24]

Private Schreibnetze

Tagebücher schrieb Emma Siegmund vor allem vor und noch zu Beginn ihrer Ehe. Danach verlagerte sich ihr Schreiben auf die Korrespondenz mit einer Vielzahl von Freunden, Freundinnen und Persönlichkeiten ihrer Zeit. Mit ihrer Schreibwut und Kontaktfreudigkeit gestaltete sie sich eine eindrückliche Position inmitten der künstlerischen und politischen Öffentlichkeit ihrer Zeit, zumal ihr Ehemann als schreibfaul bekannt war und sie den größten Teil seiner Korrespondenz führte. Zum Kreis ihrer Brieffreundschaften gehörten ihre eigenen Jugendfreundinnen, Freunde ihres Mannes, zu welchen sie eigene Kontakte aufbaute, Verleger, italienische und polnische Patriotinnen und Patrioten, oft auch Ehefrauen oder Töchter »berühmter Männer«, die sie über ihren Ehemann kennen lernte, oder die besagten Männer selbst wie etwa der Komponist Franz Liszt, der Philosoph Ludwig Feuerbach oder der Anatom Jacob Henle.

Die Dichte und Menge des Schreibens war je nach Adressatin oder Briefpartner sehr individuell. So schrieb sie während ihrer Brautzeit an ihren Verlobten Georg Herwegh zum Teil mehrere Male am Tag lange Briefe, hatte überhaupt ein Flair für seitenlange Botschaften. Gab es zwischen den einen Briefeschreibenden intensiven Austausch von politischen und philosophischen Fragen, blieb es mit anderen bei rein rituellen Höflichkeitsbezeugungen oder gegenseitigem Bestätigen von Einladungen zum Tee nach dem Motto »Und wie geht es ihrem Mann?«. In ihrem Austausch mit verschiedenen Persönlichkeiten legte sie jedoch immer pointierte politische Haltungen und Urteile an den Tag, schrieb gerne frech und mit viel Selbstironie. Mit ihrem weit gespannten Korrespondenznetz durchbrach Emma Herwegh damit zu ihrer Zeit die zumindest in der Schweiz oft stillschweigend akzeptierte und praktizierte Regel, dass die Ehefrauen der künstlerisch oder politisch aktiven Männer zu deren Tun öffentlich nichts beitrugen, schon gar nicht in Form von eigenen Meinungen oder Kommentaren.

Öffentlichkeit und Publikation

Nach der Heirat mit Georg Herwegh löste sich Emmas Motivation, selber Künstlerin zu werden, in Luft auf. Sie hatte sich entschieden, ihr Leben dem Wirken ihres Gatten, dessen Genie und, vor allem, der Liebe zu widmen – und warf alle Entscheidungsschwierigkeiten glücklich von sich. Zwar wählte sie mit der Heirat von Georg Herwegh bewusst ein Leben als Ehefrau an der Seite eines berühmten Mannes und gegen ein Leben als Schriftstellerin, trotzdem agierte sie erst nach ihrer Heirat explizit als schreibende Frau in der Öffentlichkeit, obwohl sie zum Thema »Publizierende Frauen« schon immer ein sehr zwiespältiges Verhältnis hatte. Zwar wünschte sie sich in ihrer Jugend, als Schriftstellerin ernst genommen zu werden, und war sich bewusst, dass sie dafür mit ihren Texten an die Öffentlichkeit treten müsste. Aber vor einer Publikation standen ihr jedoch ihre Selbstzweifel wieder im Weg: »Sie lobte meine Verse, mir selbst gefallen manche sehr gut, aber nicht so, dass ich sie publiciren möchte. Es fliegt soviel Unnützes und Ungares in der Welt herum, wozu sollte ich noch den Winden einige Splitter mehr geben zu verwehen. Mag das was ich im Augenblick empfunden und ein glücklicher Moment mich in Verse bringen ließ, ruhig in diesem ausruhen, es ist zu geringfügig für das klare theilnahmslose Auge des Kritikers und für den Spott mir zu lieb, vielleicht dass später in meinem Alter jene Blätter aus den frischen Lebensjahren mich noch zu erheitern, oder nach meinem Tode dazu dienen, mir wenigstens in einer Seele ein kleines Denkmal zu lassen. In einer, mehr verlange ich, mehr hoffe ich nicht, denn selbst dies ist so selten.«[25]

Emma Herwegh hegte generell eine eigentliche Verachtung für schreibende Frauen, die zu widersprüchlichen Aussagen führte. Zur Lektüre des damals gerade neu erschienenen (publizierten!) Briefromans über Caroline Günderrode meinte sie: »Schade, dass es Briefe sind, ich liebe eigentlich nur die Veröffentlichung einer Correspondenz unter Gelehrten, die Veröffentlichung intimerer Mitteilungen widerstrebt meinem Gefühl. Der Ausdruck unserer tiefsten Inner-

Caroline von Sayn-Wittgenstein (1819–1887) mit ihrer Tochter Marie im Jahr 1844, kam aus altpolnischer Adelsfamilie und war in erster Ehe unglücklich mit Nikolaus von Sayn-Wittgenstein verheiratet. 1847 verliebte sie sich in Franz Liszt und lebte mit ihm zusammen auf der Altenburg bei Weimar, wo Liszt Hofkapellmeister war. Noch 1860 versuchte sie vergeblich, bei einer Papstaudienz in Rom die Auflösung ihrer Ehe zu bewirken. Mit Emma Herwegh stand sie in regelmäßigem Briefkontakt. (Lithographie, 1844, von C. Fischer nach einem Porträt von Casanova.)

lichkeit; ich rede nur von uns Frauen, sollte eben nur den Weg von einem Herzen zum verwandten nehmen, aber nicht dem kalten kritischen Blick der Menge Preis gegeben werden.« Sich selbst der Absurdität ihrer Worte bewusst werdend, meinte sie anschließend: »Mir ist es freilich für diesmal ganz Recht, dass nicht alle so denken, sonst hätte ich nicht die Freude, das Buch zu lesen, aber das Urtheil bleibt im Allgemeinen in mir dasselbe.«[26] Kurzum, sie hielt an ihrem tief sitzenden und vom herrschenden Zeitgeist geprägten Unverständnis gegenüber publizierenden Frauen fest.

Und trotzdem veröffentlichte Emma Herwegh einige Jahre nach ihrer Heirat ein Werk mit dem Titel »Geschichte der deutschen demokratischen Legion aus Paris, von einer Hochverräterin«, in dem sie ihre Sicht der missglückten badischen Revolution im Frühling 1848 darstellt. Ist ihre »Geschichte« zwar in erster Linie eine Rechtfertigungsschrift für ihren Ehemann Georg Herwegh, machte sie sich dennoch vor allem im Vorwort persönliche Gedanken über ihre Rolle als publizierende Frau. Darin distanzierte sie sich explizit von der allfälligen Absicht, als eine der weiteren »schriftstellerischen Frauen« wahrgenommen zu werden, die sie selber als Blaustrümpfe bezeichnete und für die sie nur Spott und Verachtung übrig hatte. Wenn sie schrieb, pflegte sie sich jeweils hinter einem politischen, was hieß, höheren oder hehren Ziel zu verbergen und ihre eigene Handlung zu rechtfertigen. Letzter Bezugspunkt war meist die Verteidigung oder Rechtfertigung ihres Gatten, sei es in Form von Leserbriefen oder sei es, dass sie im Jahr 1875, kurz nach dem Tod ihres Ehemannes, auf Bitten der Zeitschrift »Gartenlaube« hin eine »Lebensskizze« über ihn verfasste, in der sie noch einmal unverhohlen ihre Bewunderung für ihn zum Ausdruck brachte und zugleich mit scharfer Feder seine Feinde abkanzelte – ungebremster denn je in ihrer beißenden politischen Angriffslust.[27]

Dazwischen publizierte sie eine größere Anzahl Übersetzungen französischer, italienischer oder polnischer Autoren und Autorinnen ins Deutsche, wurde aber kaum je als Übersetzerin namentlich genannt.

Inszenierungen

Emma Herwegh führte nach ihrer gelangweilten Jungmädchenzeit ein abenteuerliches und bewegtes Leben, lernte viele bekannte Persönlichkeiten kennen. Und doch weigerte sie sich trotz mehreren Angeboten und Ermunterungen, im Alter ihre Memoiren zu verfassen, wie der junge Frank Wedekind aus Paris berichtete, nachdem er sie öfter getroffen und sie ihm ihre Lebensgeschichte erzählt hatte. Darin blieb sie konsequent: Schreiben war wichtig, angenehm oder nützlich; als Frau zu publizieren jedoch, dafür war sie sich zu unwichtig.

Diese Erkenntnis ergibt ein widersprüchliches Bild. Emma Herwegh war eine selbstbewusste, gebildete und humorvolle Frau, die sich nicht um ihren Ruf kümmerte, wenn es ihr um die (politische) Sache ging. Was ihr privates Leben betraf jedoch, so lebte sie ihrer ganz persönlichen Inszenierung mit irritierender Anhänglichkeit und Konsequenz nach. Das Skript ihrer großen Liebe und damit ihres Lebens hatte sie in ihren Tagebüchern schon verfasst, bevor die große Liebe leibhaftig vor ihr stand ... und nach diesem Skript richteten sich in der Folge all ihre Wahrnehmung und ihre Äußerungen für den Rest ihres Lebens. Der Fluchtpunkt dabei war die Treue und Bewahrung ihrer Liebe für den Dichter und das Genie Herwegh. Dieser Liebe konnte alles andere – mit Freuden! – geopfert werden. Offenbar war das auch kein Geheimnis, ihr großer Feind Alexander Herzen, der sie erst später kennen lernte, schrieb über ihre erste Begegnung mit Herwegh: »Sie hatte ihn noch nie gesehen und hatte keinerlei Vorstellungen von ihm, aber beim Lesen seiner Gedichte hatte sie in sich die Berufung verspürt, ihn glücklich zu machen und in seinen Lorbeerkranz die Rose des Familienglücks zu flechten. Als sie ihn nun zum ersten Mal auf einer Abendgesellschaft, die ihr Vater veranstaltete, erblickte, überzeugte sie sich endgültig davon, dass dies Er war, und er wurde tatsächlich zu ihrem Er.« Trotz ihrer schlagartigen und demonstrativen Bescheidenheit nach der Heirat, ihrer Zurückhaltung, was die eigenen schriftstellerischen Ambitionen betraf, geriet sie unwillkürlich zur eigentlichen Kommunikatorin und Übermittlerin sowohl ihrer wie auch seiner Geschichte. Das meiste, was wir aus der Zeit und aus der Revolution, auch über ihn, wissen, wissen wir von ihr oder von Menschen, die es von ihr wissen und diese Geschichten aufgeschrieben und publiziert haben.

Hat Emma Herwegh ihre Schriften nicht veröffentlicht, so hat sie doch ihr Wissen sorgfältig aufbewahrt. Ihre Briefe, Tagebücher und sonstigen Unterlagen trug sie ihr Leben lang mit sich; die immer größer werdende Anzahl von Umschlägen, Billets, Heften und Büchern begleiteten sie überallhin, bis sie nach ihrem Tod ins Liestaler Dichtermuseum gelangten und dort, sauber katalogisiert und in marmorierte Schachteln verschlossen, bis heute aufbewahrt werden.

Einblicke

Die ganz normale Woche einer Großbürgerstochter
Auszug aus dem Tagebuch Emma Siegmunds vom 16.–22. November 1841

Den 16.

Geritten, vergeblich auf Taubert gewartet, dann zu ihr. Alles besser gefunden, Wege mit ihr gemacht, Agnes wohler gefunden, wieder zu ihr, Cybulski dort. Zu Hause M. Friedheim. Nachricht von Ottiliens Verlobung.

Den 17.

Bei ihr zuerst eine Decke ausgesucht. Von ihr zu uns. Hincks Ankunft erfahren. Hincks und Todt bei uns. Abends bei Crelinger. Einladung zum Donnerstag, geschrieben bis um 2 Uhr.

Den 18.

Wie mir wüst im Kopfe und bang im Herzen ist, gerade so wie einem, der halb im Schlafe sich befindet und so herumwandeln muss. Hincks hier, meine Freundin dort; und ich muss mit dem Fremden sein. Die Thüren möchte ich mit dem Kopf einrennen, so bin ich außer mir. Morgen meiner armen Schwester Geburtstag und das schreckliche Duell.

Morgens Museum – zu meiner Freundin, zu Agnes und Abends Gesellschaft. Stichs Alle – Hincks – Sonderbarer Empfang von Herrn Stegmüller. Ackermann. Marie Ebert. L. Mayet. Todt. Perrot, Curchod, Burckhardt. Mercier kam nicht wegen zerrissener Kleider (vorgeblich) Moritz.

Den 19.

Meiner geliebten Schwester Geburtstag. Wie ich im Stillen gelitten habe. Kunstkammer mit Hincks, – dann K. zu Tische bei uns – ich nicht bei meiner Freundin, – Abends der Seeräuber und Frl. Turowska – (mittelmäßig) Augenkrieg. Zum souper mit Hincks, Perrot und Gustav bei Crelingers. – Verweis vor Augenzeugen, was ich hasse.

Den 20.

Neues Vergnügen. – Die Villa besehen. Clara, ihr Bruder, Perrot und Hincks zum Mittagessen bei uns. Abends Emilia Galotti. – Gespeist bei Meinhardt in großer Gesellschaft. Abschied von Hincks.

Den 21.

Totenfest. – Vergebliche Hoffnung auf Nachricht über das Duell. Kirche.

Abends meine Freundin mit den Nichten und Cybulski bei uns. Außer ihnen Ackermann und L. Mayet und Amalie.

Den 22.

Noch keinen Brief. Zeichenstunde nach der Reitstunde. – Abends im italienischen Theater.

Emma Herwegh über schreibende Frauen
Auszug aus »Die Geschichte der deutschen Legion, von einer Hochverräterin«, 1849

Man hat über das Entstehen, die Absicht und das Resultat der deutschen demokratischen Legion aus Paris schriftlich und mündlich so viel und so schlecht gefabelt, dass es mir im Interesse der Wahrheit nicht unwichtig scheint, die Sache in ihrem rechten Lichte hinzustellen, so wie es aber nur der vermag, der wie ich von Anfang bis zum Schluss dem ganzen Unternehmen Schritt für Schritt mit Sympathie und thätiger Teilnahme gefolgt ist.

Alle anderen Bedenken, die mich zu jeder anderen Zeit bestimmen würden, den litterarischen Weg nie zu betreten – müssen in einem Augenblicke, wie der jetzige wegfallen, wo es weder einer besonderen Begabung, noch eines schriftstellerischen Berufs bedarf, auch seine Stimme für die Freiheit zu erheben, und der Verleumdung energisch entgegenzutreten; sondern nur eines Menschen, dessen Gefühlsnerven etwas über den Kreis seiner Privatverhältnisse hinausreichen, dessen Herz ein starker Resonanzboden alles dessen, was in dem der ganzen Menschheit pulsiert.

Diese Eigenschaft dünkt mich, ist weder eine ausschließlich männliche noch weibliche – sie gehört beiden Geschlechtern an, soweit sie sich eben mit Beibehaltung der ihnen eigenthümlichen Auffassungsweise zu Menschen emanzipiert haben. Ich mache diese lange Vorrede zu einer vielleicht recht kurzen, recht unbedeutenden Arbeit, um mich von vornherein gegen den Verdacht zu wahren, die Zahl der schriftstellerischen Frauen (mit dem technischen Ausdruck »bas-bleus« genannt) irgendwie, selbst auch nur vorübergehend vermehren zu wollen. –

Vor dieser Laufbahn hat mich alles geschützt, was überhaupt schützen kann:
Der Mangel an Beruf, an Neigung dazu, und vor allem Eins, das am sichersten und zugleich am schönsten vor der litterarischen Pest bewahrt – ein gutes, liebendes Geschick.

Ich nehme heut die Feder zur Hand, wie ich schon bemerkt, als die mir im Moment einzig zu Gebot stehende Waffe im Interesse der Wahrheit und in dem der armen gefangenen Freunde etwas, sei es auch noch so gering, zu thun.

Der Deutsche, soweit ich ihn kenne, giebt leichter Geld für Geschriebenes als für Lebendiges aus, und da wird's vollkommen einerlei, ob man diese kleine Broschüre aus Interesse, Neugier, ja selbst aus Böswilligkeit kauft, ob man sie mit Gleichgültigkeit, mit Geringschätzung oder mit Befriedigung beiseite legt, vorausgesetzt, dass man sie kauft, so denk' ich, ich fang' ohne weiteres an. E. H.[28]

Emma Herwegh über das eigene Schreibtalent
Aus »Eine Erinnerung an Georg Herwegh«, 1875

Wenn eine tiefe, unwandelbare Liebe, ein gleiches Wollen und Streben im Denken und Empfinden, ein Leben gemeinsamen Kampfes und der leidenschaftliche Wunsch, einem vielverkannten, wenigerkannten, vielgeliebten Menschen gerecht zu werden, den Mangel jeder schriftstellerischen Begabung ersetzen, ja dieselbe entbehrlich machen könnte, so sollte ich meinen, dass mir mein Vorhaben [eine Erinnerung an Georg Herwegh für die Öffentlichkeit zu verfassen] gelingen müsste.[29]

Bräutigam Georg Herwegh 1843 in Zürich. Ölgemälde von Conrad Hitz.

»Die Post hier könnte mich rasend machen, sie hat mir heute keinen Brief von Dir gebracht.«

Liebesbriefe

Auf der Durchreise lernte Georg Herwegh 1842 in Berlin Emma Siegmund kennen, die beiden verliebten sich, die Verlobung wurde nach kurzer Zeit bekannt gegeben. Da Georg schon bald wieder aus Preußen ausgewiesen wurde, blieb ihnen nur der Briefkontakt. In einem ausgedehnten Briefwechsel versichern sie sich der noch jungen Liebe, richten die zukünftige Wohnung ein, denken über Liebe und Politik nach, organisieren amtliche Papiere. Der Briefwechsel ist ein einmaliges Dokument romantischer Hochzeitsvorbereitungen unter den Bedingungen des Exils und mündet in eine nicht alltägliche Hochzeit im aargauischen Baden.

Auf den ersten Blick
Im Jahr 1842 befand sich der revolutionäre Dichter Georg Herwegh auf einer Promotionstour für seine Zeitung »Der deutsche Bote aus der Schweiz« durch Deutschland. Eigentlich wollte er für die Zeitung werben, doch entfachte er einen regelrechten Kult um seine Person. Sein kurz davor veröffentlichtes Erstlingswerk »Gedichte eines Lebendigen« fand trotz sofortigem Verbot durch die Zensurbehörden reißenden Absatz und bescherte ihm eine begeisterte Fangemeinde. Mädchenherzen flogen ihm zu, Studentenorganisationen brachten ihm Ständchen, auch wenn diese »Demonstrationen« jeweils bereits vor der Ankunft des Dichter ebenfalls verboten wurden. Seine Reise führte ihn nach Berlin, wo er am 6. November Emma Siegmund kennen und lieben lernte – am 13. November verlobten sich die beiden. Emma Siegmund war bereits seit ihrer ersten Lektüre der »Gedichte eines Lebendigen« vom jungen Poeten begeistert. Dass Herwegh von der redegewandten, radikalen und erst noch reichen jungen Frau beeindruckt war, erstaunt eigentlich nicht weiter. Den »Freunden der Rheinischen Zeitung« gab er bekannt: »Ich zeige Ihnen zugleich meine Verlobung mit einer Republikanerin comme il faut an, einem Mädchen, das uns allen über das Kapitel der Freiheit tüchtige Lektionen halten könnte.«[1] Die Verlobung wurde zum gesellschaftlichen Ereignis.

Die Verbindung zwischen der reichen, nicht mehr ganz jungen Tochter aus gutem Hause und dem unerschrockenen revolutionären Dichter erwies sich auch als gefundenes Fressen für die Presse, die nicht zimperlich mit Fakten umzugehen pflegte, wenn es darum ging, Feinde zu diskreditieren. Von Georg Herweghs politischen Gegnern wurde die Verlobung genüsslich kommentiert, und alle Reaktionen wurden von Spitzeln des Kaiserreichs, welche die Aktivitäten der Vormärz-Revolutionäre ständig beobachteten, in ihrer geheim geführten Korrespondenz akribisch aufgezeichnet. Ein Rapporteur schrieb hämisch über Georg Herwegh: »Es ist ihm jedoch begegnet, dass er sich in Berlin verliebte und am 15. d. M. mit der Tochter eines reichen Hoflieferanten verlobte, was, wie mir Freiligrath schreibt, den ›Freien‹ in Berlin zu vielen ironischen Bemerkungen Veranlassung gebe.«[2] Ein paar Wochen später wiederholten sich die Aufzeichnungen: »Herwegh will noch in diesem Jahre nach Zürich zurück kehren und auf der Rückreise nochmals Jena und Frankfurt berühren. Seine Verlobung mit einem reichen jüdischen Mädchen in Berlin hat namentlich die sogenannten ›Freien‹ unangenehm berührt. Sie geben ihn dadurch für sich ganz verloren.«[3] Ein Held der Revolution musste frei sein und konnte sich nicht mit den dem politischen Kampf hinderlichen Pflichten einer bürgerlichen Ehe belasten. Emma selber sorgte sich dabei am meisten um sein möglicherweise gefährdetes Image als neuer Stern am revolutionären Dichterhimmel, der Männer und Frauen gleichermaßen begeisterte, und schrieb ihm: »Ich fühle und weiß es, dass ich in keiner Weise Dich hemmen werde und darf, denn ich betrachte mich nur als kleines Erleichterungsmittel für Dich, Deine Zwecke schneller und sicherer auszuführen.«[4]

Emma Siegmunds Alter und ihre jüdische Herkunft wurden zusätzlich in polemischer Weise ins Feld geführt. Aufgrund ihres jüdischen Ursprungs wurde Emma Siegmunds Vater zum Bankier und sie zur Orientalin mit langer Nase. Ein Großteil der Presse war sich einig, dass es sich nur um eine Geldheirat handeln konnte. Die Verlobung wurde auch in der Berliner Gesellschaft zum Thema. »Die Berliner, die sich gern über Alles Necken, haben nicht verfehlt, ihre Glossen über dies Merkwürdige Mädchen zu machen. Ich hörte überall, sie sei überspannt, habe eine lange Nase, sei alt, und andere Lügen mehr.« Dies berichtet die »Zeitung für die elegante Welt«, zudem soll man sich in Berlin einig gewesen sein, dass »ein Dichter nie eine deutsche Frau glücklich machen« könne und dass der Verlobte aus der Schweiz ausgewiesen würde, worauf Emma Siegmund ihn verlassen werde.[5] Dass Herwegh schon bald in Schwierigkeiten geraten würde, sahen die Lästermäuler richtig. Zunächst aber bekam er Probleme mit dem preußischen Staat.

Im Zuge der Begeisterung für seine Person wollte sogar Friedrich Wilhelm IV. den Dichter sehen. Offenbar setzte auch Herwegh in jugendlicher Naivität große Hoffnungen in den König von Preußen, wie er zum Beispiel in seinem Gedicht »An den König« formulierte: »Du bist der Stern, auf dem man schaut, / Der letzte Fürst auf den man baut«. Am 19. November fand die Audienz des revolutionären

Johann Gottfried Siegmund, der Vater von Emma Herwegh, war Kaufmann und Besitzer eines florierenden Seidenwarengeschäfts. Siegmund war jüdischer Herkunft, aber protestantischer Konfession. Im Hause des liberalen Hoflieferanten in Berlin traf man sich jeden Abend, um über die aktuelle politische Lage zu debattieren. Durch eine großzügige jährliche Mitgift aus dem Hause Siegmund bestritt das Ehepaar Herwegh in den ersten Ehejahren seinen Lebensunterhalt. (Bleistiftzeichnung von Emma Siegmund.)

Volkshelden beim preußischen König statt. »Die Majestät zeigte sich jedenfalls leutselig und höchst liberal und sprach von der gesinnungsvollen Opposition, die er liebe.«[6] So soll Herwegh die Begegnung beschrieben haben. Einige Spötter aus den revolutionären Kreisen wollten wissen, dass Herwegh »ziemlich befangen vor der Majestät« gestanden haben soll.[7] Die Audienz wurde sogar Inhalt eines höhnischen Spottgedichts des früheren Herwegh-Bewunderers Heinrich Heine.[8] Zu Herweghs großer Enttäuschung verbot der Monarch kurz darauf den »Deutschen Boten aus der Schweiz«, bevor dieser überhaupt das erste Mal erschien. Herwegh, unterdessen bereits nach Königsberg weitergereist, verfasste als Antwort auf das Verbot einen Brief an den König, der durch eine Indiskretion in der »Leipziger Allgemeinen Zeitung« veröffentlicht wurde. Böse Zungen behaupten, die Zeitung sei zu dem Brief gekommen, weil

Emma Herweghs Bruder Gustav August Siegmund (ca. 1815–1902) war Arzt, geheimer Sanitätsrat und demokratischer Politiker in Berlin. Er verfasste unter anderem eine Schrift (Berlin 1849) mit dem Titel »Preußen, seine Revolution und die Demokratie. Eine Skizze«. (Bleistiftzeichnung von Emma Siegmund.)

Herwegh überall damit herumgeprahlt und Abschriften zugelassen habe. Der Inhalt des Briefes zeigt einen mutigeren Herwegh, der nicht vor dem König kriecht: »Noch gibt es Menschen, die durch nichts zu schrecken sind. Ich bin nach der Nothwendigkeit meiner Natur Republikaner und vielleicht schon in diesem Augenblick Bürger einer Republik.«[9] Als Antwort auf den »beleidigenden Brief« wurde die Pressezensur verschärft und Herwegh aus Preußen ausgewiesen.[10] Ende Dezember war Georg Herwegh zurück in Berlin, verbrachte rund eine Woche mit seiner Verlobten. Am 28. Dezember erhielt er die Weisung, Preußen innerhalb von 24 Stunden zu verlassen. Emma Siegmund musste in der Folge eine Reihe von Schmähartikeln und Falschmeldungen in verschiedensten Zeitungen über sich ergehen lassen und mit ansehen, wie ihr Verlobter, der Held von gestern, zum Feindbild wurde. Doch sie blieb

Anna Piaget (1839–?) war die Nichte Emma Herweghs aus der Verbindung ihrer Schwester Fanny mit dem Schweizer Jules Piaget, als Kind in den Briefwechseln Emma Herweghs zärtlich »Zaunkönig« genannt.

standhaft und schrieb ihrem Verlobten nach Königsberg: »Meine Liebe steht über jedem äußeren Einfluss, sie ist meine Religion. Die Zeitung berichtet viel, aber leider fast nie das Wahre. Jetzt ist das Tagesgespräch Deine Unterhaltung mit dem Könige; wohl vier verschiedene Personen haben mich Heute um nähere Notiz befragt, die ich ihnen leider, unter dem Vorwand, nicht näher unterrichtet zu sein, versagen musste. Die Leipziger Zeitung meldet heute als neueste Weltbegebenheit unsere im Mai bevorstehende Hochzeit. Bezeichnet dies nicht auf eine klassische Weise die Armut der Interessen?«[11]

Die außerordentliche Liebesbeziehung wurde zum Mittelpunkt in Emma Herweghs Leben auch über den Tod des Ehemannes hinaus. So ist diese Liebesbeziehung grundlegend für das Verständnis Emma Herweghs. Sie ist in zahlreichen Briefen, die sich Emma und Georg

Herwegh, wann immer sie getrennt waren, schrieben, reich dokumentiert.

Aufgrund der Ausweisung wurden die frisch Verlobten gezwungen, sich zu trennen und die ganzen Vorbereitungen für den neuen Haushalt in Zürich und den Austausch der Papiere für die Hochzeit per Post regeln. Gleichzeitig musste Georg Herwegh auch mit der Ausweisung aus Zürich rechnen und sich um das Schweizer Bürgerrecht kümmern.

Die während der Dauer der Verlobung verfassten Briefe zeigen, wie zwei junge Menschen, die sich liebten, aber kaum kannten, in einer turbulenten Zeit über tausend Kilometer Distanz die wichtigen Dinge im Leben besprechen.[12] Sie zeigen, wie die Braut mit ihrem eigenen Ideal haderte. Die Vorstellung, aus egoistischem Interesse ihren Helden zu behindern, war ihr unerträglich. Er sollte seine ganze Energie dem politischen Kampf widmen.

Und sie zeigen die Vorstellungen einer politisch denkenden, romantischen jungen Frau, die ihren Geliebten in maßlos schwindelnde Höhen hievt, was ihm jedoch seine Bewegungsfreiheit nimmt. Wenn Emma Siegmund etwa für ihren Verlobten im zukünftigen Haus das beste Zimmer vorgesehen hat, hilft sein zu sanfter Protest nichts. Sie wusste bereits in der Verlobungszeit, dass nur das Beste gut genug für ihren Georg war. Und was das Beste war, bestimmte sie.

Halle, den 3. Januar 1843.
Mein lieber Georg!
Die letzte Zeit mit ihren vielen Bewegungen halte ich für den Glanzpunkt in jeder Beziehung; sie hat alle zur größeren Klarheit ihrer politischen Stellung und mich auch zum größeren Bewusstsein meiner eigenen zu Dir gebracht. Was die frühere Zeit an stillen Zweifeln nicht in mir überwunden, hat die letzte Stunde unseres Beisammenseins vermocht. Ich fühle es jetzt, dass Du mich liebst, wie ich es gebrauche, um zu dem vollen Bewusstsein zu kommen, Dir das zu sein, was Du verlangen kannst und mir Bedürfnis ist, Dir zu sein, um in unserer Vereinigung das zu finden – was ich erstrebe und als einzig Wahres erkenne. Sei unbesorgt, ich werde mich Deiner Liebe wert zeigen, und die Philister sollen erfahren, dass Her-

weghs Braut würdig ihres Glückes ist. Im Monat März hoffe ich auf unsere Vereinigung. Vergiss nicht, die nötigen Scheine zu besorgen, damit die Pfaffen uns nicht um eine Stunde Glückseligkeit betrügen können.

Leb wohl und schleud're Deine Feuerbrände jetzt kühn in die feige Menge, nur versieh Dich nicht und wirf nicht Deine Liebe für mich auf die Straße. Grüße Bakunin. Leb wohl!

Deine Emma.

Noch eins: – Die Polizei hat Beratung gehalten, was zu tun sei, falls Du auf der Reise nach Leipzig beschließen würdest, hier in Halle Nachtquartier zu halten, und ist nach langer weiser Überlegung zu dem Entschluss gekommen, gar nichts zu tun.

Adieu, mein Herz!

Berlin, den 5. Januar 1843.
Mein geliebter Georg!

Freilich habe ich erst vor drei Tagen Nachricht von Dir gehabt und kein Recht, neue Briefe von Dir zu erwarten, dennoch hatte ich ganz im geheimen heute einen Gruß erwartet und bin wehmütig über die getäuschte Hoffnung. Mit jedem Tag eile ich unserem Wiedersehen entgegen, das ist freilich ein so schöner Gedanke, an dem ich mich wacker aufrichten kann, wenn die Berliner mir den Kopf wüst machen. Mit jeder Stunde wird es mir klarer, wie namenlos unglücklich ich mich fühlen würde, sollte ich länger mit diesem Pack leben. Man sollte denken, dass das Bewusstsein der nahen Trennung von ihnen mich milder stimmen müsste, aber man irrt, sie sind mir mit wenigen Ausnahmen widerwärtig. Schatz, lieber Schatz, das wird ein Wiedersehen werden! In den ersten Tagen März, wenn sonst nichts dazwischen kommt, segle ich ab, und dann soll nichts uns trennen, keine Macht der Welt, ebensowenig, als wir irgend einer fremden außer uns den geringsten Anlass zu unserer Vereinigung zugestehen dürfen. Unsere Wohnung, so viel als sich das von hier aus tun lässt, ist in meinem Kopfe schon ziemlich eingerichtet, doch wollen wir mit den Mitteilungen uns nicht die Briefe anfüllen, wenn wir beisammen sind, wirst Du alles, alles erfahren. Übermorgen hoffe ich Dir meine kirchlichen Scheine senden zu können, und dann fehlen nur noch die Deinen zu unserer öffentlichen Proklamation. Man ruft mich, ich muss fort von Dir. Noch vier Wochen und mein Bündel ist geschnürt. Gott behüte Dich bis dahin, später will ich mithüten. Adieu, mein geliebter Schatz, ich mache mir aus der ganzen Welt nichts, wenn ich Dein gedenke. –

Grüße Bakunin und Follen mit Weib und Kindern von
Deiner
Emma.

Du schreibst gewiss jetzt nicht, damit ich nicht gar zu stolz werde und mir anfange einzubilden, Dir unentbehrlich zu sein; solltest weniger besorgt werden. In diesem Punkte werde ich nie übermütig werden, ich weiß zu gut, dass, um Dir zu bleiben, was ich Dir heute bin, und um Dir zu werden, was ich muss, ich immer und immer streben und kämpfen muss; das schreckt mich nicht, das aber ist eben meine Freude, dies immerwährende Vorwärts! Mir schaudert nur vor einem Gedanken, Dir einst weniger sein zu können. Aber, Schatz! Das kann nimmer sein, gelt?

Straßburg, Freitag 6. Januar 1843, abends.
Meine liebe Emma!
Da sitz ich endlich nach dreinächtiger Fahrt, d. h. ich bin schon gestern abend angekommen. In Karlsruhe trafen ich und Bakunin zusammen. So leid es mir tut, von Dir entfernt zu leben, so froh bin ich, eures abscheulichen Deutschlands, das ich freilich wieder mit ganzer Seele liebe los zu sein. Eure Philister sind ein trostloses gottverlassenes Volk, und dieselben Leute, die einem heute am Hals hängen, hat man morgen auf dem Hals. Sobald man praktisch einen Schritt tun will, schreien sie unisono Zetermordio; sie umarmen Dich heute für ein kühnes Wort und verlassen Dich morgen, wenn die Regierung Deinetwegen nur den Mund verzieht. Literaten dürfen wir sein, aber ehrliche Menschen voll Leidenschaft nicht; schreiben, so viel wir wollen, aber tun ja nichts. Könnte ich mich im Augenblicke nicht an Deiner großen, edlen Natur aufrichten, ich müsste wütend werden oder verzweifeln. Mädchen verlass mich nicht! Hörst Du?

Wann und wo wir uns sehen, weiß ich nicht, mein gutes Kind, Du liebst mich, das ist mir genug. Du wirst auf alles gefasst sein. In Zürich wollen sie mich auch vertreiben; eine hübsche Aussicht. Doch werde ich wohl in Baselland Bürger sein oder nächstens werden, kann also den Zürcher Aristokraten getrost auf der Nase sitzen bleiben. Himmel und Hölle soll aufgeboten werden, dass wir bald zusammenkommen. Bakunin und ich sprachen heute viel von Dir, und mit jedem Worte wurde es mir selbst klarer, was ich an Dir besitze, wie unendlich ich Dich liebe, und wie unentberlich Du mir geworden. Nur Du wirst die Begeisterung frisch und jung in mir zu erhalten wissen, die mich das Äußerste wagen heißt. Du hast mich geliebt und verstanden, ehe Du mich gesehen. Du wirst mich verstehen und mit mir sein, wenn – Wie dumm klingen doch alle Worte; ich kann sie mir auch ersparen. Aber, Schatz, ich will Dir sagen, um fünfzig Jahre bin ich seit zwei Monaten klüger und größer geworden; daran bist Du nicht wenig schuld. Mein Mut, meine Lebenslust, meine Energie sind ums zehnfache gestiegen; ich werde nicht biegen und nicht brechen. Ich weiß, was ich an Deiner Seite werden kann und werden muss. So soll auch unsere Liebe einzig sein in ihrer Art und den Philistern ein Ärgernis sein, wie unser Hass, der nur wachsen soll durch unsre Liebe.

Liebes Kind, wenn Du mich nicht ganz verstehst, so entschuldige meine Unklarheit mit dem aufgeregten Zustande, in dem ich mich befinde, mit der unendlichen Glut, in der ich Dein gedenke, und die mich keine Form und kein Maß finden lässt. Meine äusseren Fata sind gegen das innere wilde Leben, das ich führe, zu unbedeutend, um Dir irgend etwas davon zu schreiben.

Von Zürich aus erhältst Du einen geordneten Brief. Adieu, mein Herz, bleibe mir gut! Auf Wiedersehen!

Dein
Georg.
NB. Bitte, bitte, lass Dich bald malen!

Berlin, den 8. Januar 1843.
Mein lieber, teurer Georg!

Nach den heutigen Zeitungen sollst Du binnen vier Wochen auch aus Zürich verwiesen werden; ist die Nachricht wahr? Du kannst denken, in welcher Spannung ich mich befinde, und wie ich stündlich die Entfernung zwischen uns verwünsche.

Das ist ein Pack! Von den vielfachen Reden über Dich und unser Verhältnis kannst Du Dir keine Vorstellung machen. Ich bin nur glücklich, dass meine Alten sich nicht irre machen lassen und mit derselben innigen Freude Dich heute als ihren Sohn betrachten, als in jenen Tagen, wo jeder einzelne mit Neid auf sie blickte. Wo man Dich doch noch hinbringen wird! Mir gilt's gleich, vorausgesetzt, dass wir beisammen sind, denn das fühl' ich in jedem Moment klarer, dass ich eine lange Trennung schwer ertragen würde.

Mittwoch abend um 7 Uhr verlasse ich Berlin und bleibe bis zum 31. in Pakoslaw. Es ist durchaus nötig, dass ich jetzt reise, um nicht später noch mehr Zeit zu verlieren. Bitte die Frau Schulz, dass sie es übernimmt, falls wir in Zürich bleiben und Du eine Wohnung für uns gefunden, mir das nähere darüber zu schreiben, damit ich die meubles besorgen kann. Eine Frau kann das leicht übernehmen, und

Du sollst Deine Zeit nicht mit dergleichen ausfüllen. Hätte ich nur erst einen Brief, mein geliebter Schatz. Die Sehnsucht trinkt alle meine Gedanken.

Ich wünschte der König gäbe mir eine Audienz, nur um ihm zu zeigen, dass ich Deine Braut bin, nicht der Zufälligkeit nach, sondern der festen inneren Notwendigkeit.

Leb' wohl, mein Schatz, und denk' an mich, ich trage Dich im Herzen.
Deine
Emma.

Basel, 9. Januar 1843.
Mein lieber Schatz!

Ich muss Dir noch ein Wort zukommen lassen, ehe ich nach Zürich abreise, allwo ich morgen früh eintreffen werde. Baselland wird mir das Bürgerrecht, ohne Zweifel das Ehrenbürgerrecht erteilen, was freilich, trotzdem dass es geschenkt wird, dreimal mehr Kosten macht, als das gekaufte. Aber es muss gegen Preußen und die niederträchtige Aristokratie in Zürich eine Demonstration dieser Art gemacht werden. In Zürich liegen sich die Parteien meinetwegen fürchterlicher in den Haaren, als je. Doch darfst Du glauben, dass nicht alles denkt in Deutschland wie in Berlin, und wenn ich durch den Brief mir viel Feinde gemacht, so habe ich doch noch mehr Freunde gewonnen. Ja, man erwartete einen solche Schritt von mir, und es ist sehr gut, dass der Brief veröffentlicht wurde. Wasche nur tüchtig drauf los Deinen Berlinern den Kopf. Es soll übrigens nicht das letztemal sein, dass ich dieses Pack entsetzt habe; sie sollen noch mehr von mir zu hören bekommen.

Unsere Hochzeit kann gar wohl anfang März stattfinden, mein Herz – wenn Du Lust hast. Doch was solltest Du nicht, mein einzig, einzig Mädchen!

Schreibe viel und oft. Gott behüte Dich
Deinem
Georg.

Zürich, 13. Januar 1843.
Mein lieber Schatz!

Zürich hat die Nachricht der Augsburger Allgemeinen Zeitung, die Du seit dem 1. Januar nachlesen musst, um recht hübsche Sachen aus Berlin über mich zu erfahren, halboffiziell widerlegen lassen, und es denkt bis jetzt niemand daran, mir Schwierigkeiten zu machen. Die Demonstration der Studenten war insofern sehr passend. In Baselland werde ich wohl noch in diesem Monate mit dem Bürgerrechte zuweg kommen, und dann steht unserer Vereinigung auch nicht mehr das geringste im Wege.

Ein Logis mit der Aussicht auf den See, die ich Dir und mir gönnte, habe ich zur Stunde noch nicht aufgetrieben; es sind genug vorhanden, aber alle zu weit entfernt von meinen Freunden, die sämtlich umeinander herum plaziert sind. Sie haben mich in alter Liebe und Freundschaft aufgenommen, und Follen hat ein großes Mahl veranstaltet, als er den verlorenen Sohn wieder hatte. Er liebt Dich sehr und lässt Dich herzlich grüßen. Am Ende müssen wir auch ein Häuschen neben das seinige bauen, wenn wir's recht schön bequem haben wollen.

Ich habe erst einen Brief in Zürich von Dir erhalten; sei fleißiger, mein Herz! Dein letzter Brief war heroisch; so liebe ich mein Mädchen. Nein – wann wir nicht zusammenpassen, so passt der Teufel zusammen.

Wenn ich auch diesmal Deinen Eltern keinen Brief beilege, so wirst Du mich zu entschuldigen wissen. Ich bin mir nicht weich, aber, weiß Gott, ich kann heute nicht mehr. Grüße und küsse sie wie alle Deine Geschwister und meine kleine Nichte, deren Porträt ich täglich sehr oft zu betrachten Gelegenheit habe.

Adieu, mein Herz!

Dein

Georg.

NB: Noch was höchst prosaisches: Follen sehnt sich sehr nach geräuchertem Lachs, der hier und in der Nähe nicht zu bekommen ist. Wenn Du mir für ihn einige Pfunde schicken willst, so mache ich seinem Magen eine große Freude.

Pakoslaw, den 15. Januar 1843.

Mein lieber, teurer Georg!

Während die andern sich aus den Gebetbüchern ihren Sonntag holen, suche ich meinen Gottesdienst bei Dir, und bin sicher, ihn schöner zu finden, als jene. Seit drei Tagen bin ich hier unter meinen alten Freunden, welche mich mit Jubel empfangen haben, aber das Leben hier ist so geräuschvoll, dass man kaum einen ruhigen Augenblick findet. Fortwährend ist man gewärtig, Besuchende zu empfangen und unterhalten zu müssen, und da die Gäste immer während ganzer Tage sich einnisten, hält es schwer Geduld und gute Laune zu behalten. Heute rechne ich ganz bestimmt auf einen Gruß von Dir und weiß noch nicht recht, wie es werden soll, wenn meine Hoffnung betrogen wird. Zuweilen ist das Heimweh nach Dir so groß, dass es jeden Gedanken benimmt, dazu kommt, dass ich hier Karten spielen muss, um die alten Herrn zu amüsieren, eine Sache, die mich stets tödlich gelangweilt hat und jetzt rasend machen könnte. Man ruft, ich muss ausfahren nach einem fremden Gute und vielleicht gar zuvor noch in die katholische Kirche, wenn ich nicht während der Messe auf der Landstraße frieren will. Das wäre gar ergötzlich!

Diesen Abend bin ich mit Dir. – Wäre der Tag nur erst herum, meiner beginnt heute nach Sonnenuntergang.

Sonntag, Mitternacht.

Endlich habe ich alle zur Ruhe gebracht und kann Dir ungehindert schreiben, mein geliebter, einziger Georg. Den ganzen Nachmittag bis abends neun Uhr habe ich wieder am Kartentisch zugebracht – eine edle Beschäftigung! Des Mittags musste ich, wie vorher befürchtet, den abscheulichen Pfaffen hören und sehen, was mich innerlich ganz krank gemacht hat. Diese Lügenbrut! Die wollen Götter sein, und sind nicht einmal Fratzen von Gott, geschweige Menschen. Nach der Kirche habe ich einen heftigen Streit mit der ganzen Gesellschaft wegen der tausenderlei Abgeschmacktheiten gehabt, die sich doch wahrlich nicht mit ihren politischen Bestrebungen zusammenreimen lassen. Vergebens, wie stets. Zu Mittag haben alle Polen mit Begeisterung Deine Gesundheit ausgebracht, mit Leidenschaft nur eine – Deine! Nach vielfach überstandener Langeweile und einem tiefen, nicht zu sagenden Heimweh nach Dir, kannst Du Dir ungefähr das Willkommen denken, das Deinen beiden Briefen wurde, die um die neunte Stunde mir überbracht wurden. Ich soll von Dir lassen? Ich kann nicht von Dir lassen. Eine viel reizendere Braut hättest Du leicht haben können, aber glaube, eine deren Liebe so ihr tiefer Kultus ist, in dem sie ganz und gar aufgeht – auf der weiten Erde keine einzige. –

Du liebst Deutschland, das weiß ich, wie entrüstet Du auch sein magst, oder vielmehr Deine Enrüstung zeigt es – nur was wir lieben kann uns zur Verzweiflung bringen. Bin ich nur erst mit Dir, mich dünkt, ich könnt die Welt dann erobern, unsere Liebe scheint mir alles möglich machen zu können. –

Morgen in 14 Tagen bin ich in Berlin und will mich gleich malen lassen, es ist mir ja so lieb, dass Du es wirklich wünschest. Nimm dieses Misstrauen nicht falsch, ich bin bisher im Leben immer mehr die Gebende, was das Gefühl betrifft, gewesen, als die Empfangende, und soll nun mit einem Male denken, dass ich dem Einzigen unentbehrlich bin, der es mir ist. Wenn sie nun in Zürich Dich nicht duldeten, welcher Schade? Gibt's nicht tausend Orte, wo wir leben können, leben für die Welt, und dadurch noch mehr uns. Ja, wir wollen nicht nur lieben, wie keine anderen, mein Georg, lieben und hassen, schon zum Schrecken der Philister; ich wenigstens fühl's von mir und auch von Dir. Leb wohl, mein einzig Lieb. – Dass ich jetzt mit Dir auf den Alpen stehen könnte, so ganz allein mit Dir. Ich denke an keine Trennung, mit Dir gibt's nur ein Finden, denn wovon ich auch scheide, ich finde alles, alles, doch wenn es noch ein Drüber gibt, finde ich es in Dir. Gute Nacht, und bleib mir treu!

Deine Emma

Emilie Sczaniecka erwiedert Deinen Gruß von Herzen, und ihre schönen Nichten haben mich auch sehr gebeten, ein gleiches zu tun. Ich beklage jede Stunde, dass Du meine Freundin nicht kennst. – Es ist das edelste, großartigste und einfachste Weib, das ich je gesehen, und ich bin nur eine kleine schlechte Taschenausgabe in vieler Hinsicht von ihr. Wir sprechen, so oft wir allein sind, fast nur von Dir, und diese Stunden entschädigen mich für die vielen flachen und kalten, die einem die Geselligkeit aufdrängt. Wenn Du mir schreibst, grüße die beiden Mädchen nur beim Namen, sie möchten gern einen Gruß von Dir haben, und würden es nicht glauben, wenn sie es nicht sähen. Die eine heisst Emilie Lacka, die andere Nepomucena Sczaniecka. Es ist eine prachtvolle Mondnacht! Wenn der Vollmond zum zweiten Mal wiederkehrt, sind wir, ich hoffe, beisammen!

Zürich 15. Januar 1843.

Mein lieber Schatz!

Du bist grausam, sehr grausam, lässt Deinen kranken Georg nun sechs volle Tage in Zürich sein, und noch hat er keinen Brief von Dir aus Berlin. Oder hast Du geschrieben, und wäre der Brief im schwarzen Kabinett des Generalpostmeisters liegen geblieben? Die Unruhe Deinetwegen hat mir zwar heute ein Brief von Ruge benommen, der schreibt, dass Emma Siegmund tapfer und heiter sei, indessen möchte ich das doch am liebsten aus Deinem Munde hören. Von Straßburg nach Basel musst Du Briefe erhalten haben. Drei Briefe und keine Linie von Dir! Was soll das heißen, lieber, böser Schatz?

Herz, wann werd ich Dich hier haben? Anfang März – es bleibt dabei!

Da ich zur Stunde noch nicht ausgehn darf, konnte ich auch noch kein Logis aussuchen. Im nächsten Brief denk' ich aber genau Bericht erstatten zu können.

Wenn Philister über mich kommen, so weißt Du schon, was mit ihnen anzufangen.

Follen und alle meine Freunde sprechen sehr viel von Dir und haben Dich sehr lieb. Man findet Dein Porträt, das Miethe gemalt hat reizend.

Was treibt sie? Grüße alles, aber den besten Gruß und Kuss behalte für Dich, mein Herz.

Schreibe bald und viel
Deinem
Georg.
Der graue Schlafrock ist abgeschafft!

Zürich 18. Januar 1843.
Meine liebe Emma!
Nun schreibe ich Dir den fünften Brief, ohne einen von Dir erhalten zu haben. Treib's nicht zu toll – was soll das? Ist es Spaß, ist es Ernst von Dir? Oder stecken Spitzbübereien von höherer Seite dahinter? Reiß mich aus dieser peinlichen Ungewissheit! Doch wenn ich erst warten müsste, bis ich auf diesen Brief eine Antwort erhalte, würde ich schlechtweg rasend. Da ein Korrespondent der Allgemeinen Zeitung schon von meiner Liebe mich losmachen lässt, so begreifst Du, dass ich ein wenig unsicher geworden bin – glaub's nicht. Das ist unmöglich. Aber schreibe, schreibe! Seit vierzehn Tagen hättest Du keine Silbe an mich gerichtet? Ich will's, ich darf's nicht glauben. Nun kann ich nicht schweigen, ich jammere um Nachrichten aus Berlin, die Leute erfahren's, und gib nur acht, ehe 24 Stunden vergangen, scheiden sie uns. Jetzt, wo ich nach allen Seiten hin zu tun hätte, keinen Brief von Dir – Du nimmst mir alle Ruhe, alle Gedanken. Ich hab's auch hoch geschworen, keine Linie zu schreiben, bis ich Nachricht von Dir habe. Und ich werd' es halten.

Was ich Deinen Eltern sagen könnte, hast Du ihnen selbst, mein braves Mädchen, gewiss längst gesagt.

Und nun Gott befohlen!
Dein Georg.

Paroslav, Donnerstag, den 19. Januar 1843.
Mein lieber Georg!
Die Reise nach Posen wäre glücklich überstanden, und ich sitze wieder auf dem Lande, mir meiner Freundin, von Stunde zu Stunde hoffend, dass ein Brief von Dir ankommen soll. Gestern Abend war ich wie auf der Folter, zwei volle Stunden den Postboten erwartend, meine Hoffnungen aber gingen zu Wasser, er kam, ohne die ersehnten Nachrichten. Von meinem Leben in Posen kannst Du Dir keine Vorstellung machen. Die Tür schließt sich kaum einen Augenblick. – Besuche auf

Besuche. – Wir lagen noch im Bette, als schon zwei Herren unangemeldet eintraten, die von unserer Ankunft Kunde bekommen.

Die Polen haben eine große Begeisterung für Dich und sind glücklich, dass ich es so unaussprechlich durch Dich bin. In diesen Tagen wollen alle, die mich kennen, noch einmal herkommen, um mir das Geleite zu geben. Das wären denn ziemlich die äußere Fata meines Lebens, zu denen sich ein mir wichtiges Ereignis gesellt, nämlich, dass es mir gelungen, mit Hilfe eines deutschen Beamten, jenen armen Polen, den man mit Weib und Kind gerade an dem Tage meiner Ankunft in Posen auf die Landstraße setzen wollte, ohne Rücksicht auf Jahreszeit und Krankheit, die Erlaubnis auszuwirken, wenigstens bis zum Frühjahr in der Stadt zu bleiben. Während dieser Zeit werden dann Schritte geschehen können, welche seine Niederlassung sichern. Du willst mir wohl einiges Gewisses über unseren ferneren Wohnort schreiben, und zögerst deshalb mit der Absendung eines Briefes. Du glaubst nicht, was ich Dir danke; wenn Du meinst ich habe Einfluss auf Dich gehabt, so darf ich mit Recht ein Gleiches behaupten, und gewiss in größerem Maßstabe. Wohl soll unsere Liebe groß sein und ein Dorn in den Augen aller Feigen, sie soll unsere Kräfte verdoppeln und ich baue auf das Gelingen fest wie auf unsere Liebe. Das Volk soll erfahren, was es bedeutet, wenn ein Mann und ein Weib in der echten Bedeutung zusammentreten, denn was mir heute noch fehlt, so viel es auch ist, ich werde durch Dich es erlangen. Ich habe so lange ich lebe leichter aus dem Leben als aus Büchern lernen können, und daher ist's denn freilich gekommen, dass so vieles in mir unverhältnismäßig zurückgeblieben ist. Du wirst schon nachhelfen. In der Zeitung steht heute, dass Du in Zürich bleiben wirst. Grüße Follen, Frau Schulz und sage Bakunin, dass ich recht oft und mit Sympathie seiner gedachte. Das will übrigens etwas bedeuten bei einem Mädchen, das mit dem Russenhass aufgewachsen und verwachsen.

Leb wohl, mein Herz, und behalte mich im Herzen.
Deine
Emma.

Pakoslaw, den 20. Januar 1843, abends.

Mögen die mit wem sie wollen spielen, ich rühre keine Karte mehr an.

Follen lieb zu sein ist mir große Freude, ihm lieb zu bleiben, meine liebe Hoffnung. Ich schicke Dir, was Du wünschest, mit vielem Vergnügen und werde Müller durch Fanny benachrichtigen lassen.

Herz, liebes Herz, werde mir nicht krank, und wenn Du es wirst, lass mich es gleich wissen, vergiss nie, dass eine Verheimlichung in diesem Fall keine Schonung, wohl aber ein Verrath an unserer Liebe wäre. Ich beneide niemanden um seine Teilnahme an Deinen Freuden, wohl aber um jede Stunde der Sorge um und für Dich, die irgend ein Wesen mir unwissentlich abnimmt. Morgen früh um sieben Uhr reise ich meine zehn Meilen nach Lissa über Land und bin Montag erst zurück. Viel Zeit, um mich recht con amore Deinetwegen zu ängstigen, denn ehe ich hier bin, darf ich ja auf keinen Brief hoffen.

Leb wohl, mein einziger Schatz, dürft' ich Dich einen Augenblick in der Wirklichkeit ans Herz drücken, wie ich im Herzen Dich immer trage. Grüße Dein Volk und Bakunin. Nimm eine Wohnung wie Du willst, nur bald, und lass die Frau Schulz das Nötige über Stuben und Fensterbreite und Höhe melden. Das sind notwendige Berichte für mich und unleidlich für jeden, der sie ausführlich geben muss. Ehe ich das aber nicht weiß, kann ich nichts besorgen. Deine Entschuldigungen bei den Alten werde ich übernehmen.

Gott schütze Dich!
Deine Emma.

Zürich, 20. Januar 1843.
Mein liebes Kind!

Endlich nach vierzehntägigem Fasten, an einem Tage zwei Brief von Dir. Ich konnte Dir in meinem letzten Briefe meine Unrhe kaum beschreiben; für mein Glück finde ich nun vollends keine Worte. Das ist ein Feuer, eine Begeisterung, ein Mut in mir! jeder Odemzug fliegt Dir entgegen. Dich hatten die Menschen, wenn die Berliner diesen Namen verdienen, nicht zu beneiden; aber mich, mich sollen sie beneiden, beneiden, dass sie schwarz werden, jetzt schon, aber nachher noch mehr, wenn ich Dich bei mir, für immer ganz bei mir habe. Nicht wahr, ich kann auch recht schwärmen, ich bin nicht zu vernünftig geworden?

Nun, mein Herz, denke ich, arrangieren wir uns allmählich. Aber wie willst Du wohnen? Wo willst Du wohnen? Wie viel Zimmer, glaubst Du, werden wir für unsere stille Haushaltung brauchen? Die Hauptmöbel kannst Du wohl immerhin schon jetzt besorgen, die sind ja unabhängig von der Wohnung, die wir vielleicht heute, morgen, übers Jahr wieder verlassen. Ein Logis, das Follen früher bewohnte und das in unserm deutschen Quartier gelegen ist, habe ich eingesehen; nicht am See, aber doch nicht weit davon. Vor allem werden wir auch zwei Zimmer für Gäste, an denen es uns bei Deiner ausgebreiteten Bekanntschaft nicht fehlen wird, haben müssen, ein Zimmer und ein Schlafkabinett für dich, ein Zimmer und ein Schlafkabinett für mich. Oder wollen wir für immer ein Schlafzimmer zusammen haben? Lache nicht! Ferner ein Esszimmer und einen Salon, das heißt ein bescheidenes, nur etwas größeres Zimmer, wie es eben in Zürich zu haben ist. Und endlich, wenn es irgend angeht, ein Zimmerchen wie das Deine in Berlin, ganz so ausstaffiert, ganz so, für uns, für uns allein, wenn wir recht selig zusammen sein wollen. Summa Summarum: 6, resp. 7, und zwei Gastzimmer, 8, resp. 9. Das Logis, das ich eingesehen, enthält parterre die Küche und das einfenstrige Esszimmer, unser gemeinschaftliches Schlafzimmer und nebenan die Wohnzimmerchen mit einem (mit 2) Fenster. Im 2. Stock wäre der Salon (2 Fenster), wohin Du Deinen Flügel placieren kannst, mein Arbeitszimmer (ein Fenster), zwei kleine (je ein Fenster) Gastzimmer und unser kleines Berliner Gemach. Leider ist kein Garten dabei, was mir Deinetwegen herzlich leid tut. Schreibe mir hierüber offen und unumwunden Deine Wünsche! Die Zimmer sind ziemlich hoch und hell und haben Luftheizung. Meinen Geschmack kennst Du; ich wünsche sie recht vollgestellt und bequem eingerichtet. Nun ist noch ein dritter Stock vorhanden; wir müssen für die beiden andern 40 Louisdor bezahlen und bekommen am Ende das ganze Haus allein für 50 bis 55 Louisdor jährlich. Was meinst Du hiezu? Es wird wohl das Vernünftigste sein. Wie Du die einzelnen Zimmerchen einrichten willst, sei Dir ganz überlassen. Die Vorhänge wünsche ich etwas reich, das heißt wenigstens dicht; ich liebe zuweilen so ein bisschen Dämmerung. Auch ziemlich breiter als die Fenster. Ich will nun dieser Tage das Haus mit der Schulz ansehen, und sie soll einen vollständigen Verbalprozess darüber aufnehmen. Vergiss auch nicht für einige Statuen und Statuetten zu sorgen, wovon wir soviel gesprochen. Doch jetzt habe ich für heute das meinige getan. Das Ding wird langweilig, und ich komme mir gar komisch vor.

Noch etwas: Wollen wir eine kleine Reise machen nach Süden, wann die Hochzeit vorüber ist? Wenn es nicht nach Spanien geht, doch wenigstens ins südliche Frankreich oder nach Italien? Ich habe wirklich ein rechtes Bedürfnis, mich ein oder zwei Monate in einem schönen Winkel der Welt mit Dir zu vergraben. Es wird Dir und mir recht gut tun. Sprich darüber mit Deinen Eltern.

Und nun das beste: Mit dem Bürgerrecht in Baselland denke ich schnell zustande zu kommen; in vierzehn Tagen, in drei Wochen. Dann steht uns nichts mehr im Wege, und dann Glück auf! Wenn es auch noch vor dem März wäre.

Lebe wohl – grüße wer nach mir fragt, und da Dich dieser Brief ohne Zweifel noch in Polen trifft, vor allem Deine Freundin Sczaniecka.

Dein mit Leib und Seele! Georg.

Wenn Du ein Pferd mitbringst, wird auch ein Stall zu finden sein. Dein Bild, das ich eben ansah, erinnert mich daran.

Pakoslaw, den 24. Januar 1843.
Mein lieber, lieber Georg!

Nach einer ganz abscheulichen Fahrt, während welcher wir Gefahr liefen, zerschlagen und erfroren heimzukehren, bin ich endlich gestern angelangt und reise nun Freitag früh nach Berlin, um den Wagen nicht eher zu besteigen, als er mich zu Dir führen will. Woher Ruge weiß, dass ich tapfer und heiter bin, ist mir ein Rätsel, da er mich weder schriftlich noch mündlich gesprochen hat. Ich bin fest überzeugt, dass er sich übersiedeln wird und freue mich nicht wenig über den Freistaat in den Alpen. Alle braven Männer sollten auswandern, und den König zuletzt mit seinen Schranzen und seiner Bureaukratie allein auf dem Thron bleiben. Was das Wort nicht bewirkt, würde die Langeweile nachher fördern, ich glaube, das Pack käme nach.

Lissa ist auch ein gar grässliches Nest, in dem ich nicht tot sein möchte. Meine Anwesenheit dort als Deine Braut hat übrigens ein so rasendes Aufsehen gemacht, dass ich Mühe hatte, an dem einen Tage meines dortigen Aufenthaltes den lästigen Besuchen der verknöcherten Perückenstöcke zu entgehen, die mir ihre Aufwartung zugedacht hatten. Dass Deinen Freunden mein Porträt gefällt, begreife ich nicht. Sage nur hübsch allen, dass Deine Braut gar nicht hübsch ist, damit sie sich nicht später wundern. Bakunin kann es ja übernehmen, wenn Dir der Auftrag nicht gefallen sollte, er kennt mich ja genug. Im Nebenzimmer wird so viel und laut gesprochen, dass mir der Kopf brummt und die Gedanken ganz wirr durch das erhitzte Hirn fliegen. Anfang März hoffe ich bei Dir zu sein, freilich weiß ich nicht, wie es mit unseren meubles werden wird, die ich nicht früher besorgen kann, als ich genauen Bericht über die Wohnung habe. Wir werden die erste Zeit ein möbliertes Quartier nehmen müssen, denn der Transport dauert gewiss mehrere Wochen – oder im Mai Hochzeit machen, und das denke ich ist uns beiden zu lange, denn ich zähle die Tage, bis ich bei Dir bin, und bin unfähig etwas ernstlich vorzunehmen, so sehr bin ich mit Dir. Sei sicher, dass ich mich Deiner Liebe wert zeigen werde, die Philister sollen einsehen, was es bedeutet, Deine Braut sein! Adieu, mein Herz, behalte mich lieb mit Deiner ganzen Kraft.

Deine
Emma.

Zürich, den 24. Januar 1843.

Meine tapfere Emma !

Ich will es nur gestehen, dass ich eigentlich zu allem unfähig geworden bin, seit ich Dich verlassen, dass meine besten Pläne zu Wasser werden durch die fortwährende Beschäftigung mit Dir. So ein halber Zustand ist unerträglich, und alle Operationen laufen darauf hinaus, Dich so bald als möglich bei mir zu haben. Ich komme mir sonst wahrhaftig selbst abhanden – Schreibst Du nicht, so quält mich Angst und Unruhe zum Verzweifeln, schreibst Du, so lese ich zwei Tage lang an jedem Brief. Gut, dass meine Gegner nicht wissen, dass ich so mit Leib uns Seele an die Liebe verraten bin, die würden einmal jubeln. Freilich mit Unrecht – denn sie ahnen nicht wie stark und begeistert mich die Liebe erst zu ihrem Schrecken machen wird, wenn dies Interregnum vorüber. Mit dem Logis habe ich mich noch nicht entschieden; in den Hauptsachen wird Dich das nicht stören. Mein nächster Brief wird Dir bestimmten Aufschluss erteilen.

Morgen sitze ich zum erstenmal, um mich porträtieren zu lassen. Das Bild wird lebensgroß, stark Kniestück und gelingt gewiss. Du sollst es bald bekommen, wenn Du nicht früher schon beim Original sein wirst.

Auf meinen zweiten Band sind 8000 Bestellungen gemacht, ich kann aber und werde ihn jetzt nicht erscheinen lassen. Der Sommer wird mir an Deiner Seite Tüchtigeres und Einschlagenderes inspirieren. Ich muss und darf nur etwas geben, was die Wirkung meines ersten Bandes ums Zehnfache übertrifft.

Hoffentlich trifft Dich dieser Brief nicht mehr in Pakoslaw; dennoch will ich einige herzliche Grüße hersetzen an alle Deine Freundinnen, vor allem an Emilie Sczaniecka und an ihre schönen Nichten, die Dich ohne Zweifel einmal besuchen. Wie heisst die erste? Lacka? Das spreche wieder jemand aus! Nepomuccena Sczaniecka – habe ich noch lesen können.

Verliebe Dich beim Kartenspielen nicht in irgend einen Alten! Armer Schatz, wie kann man sechs Stunden Karten spielen?

Eben habe ich ein Logis betrachtet und so viel als gemietet, von dem aus Du mitten ins Herz der Berge siehst. Wir behalten es, falls Du nicht bis zum 6. oder 7. Februar Einsprache dagegen tun wirst. Du hast einen Balkon und bist sehr nahe am See, der in seiner ganzen Herrlichkeit vor dir ausgebreitet liegt.

Dasselbe besteht aus sieben ineinander gehenden Zimmern.

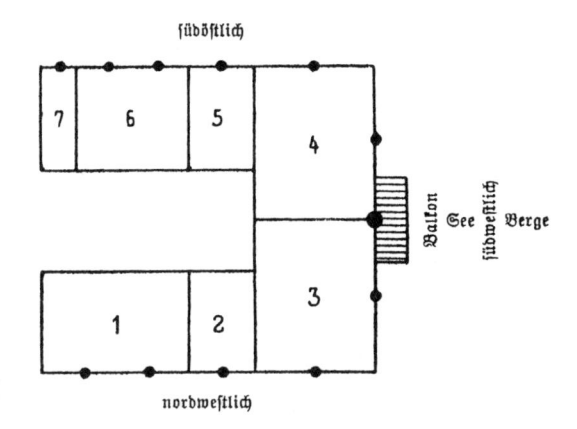

[Grundriss mit Zimmern 1–7, Beschriftungen: südöstlich, nordwestlich, Balkon, See, südwestlich, Berge]

Die Schießscharten bedeuten Fenster. Vor dem Haus ist ein Garten und Weinberg. Ferner gehören zum Logis ein Hausflur mit verschlossener Tür und 5 Wandkasten und 1 Sekretär. 2 Dienstbotenkammern. 1 geräumige Plunderkammer. 1 kleine Speisekammer; Keller, Holzstall, Brunnen, Waschhaus.

Die schönsten überaus freundlichen Zimmer sind 3–4 durch Flügeltüren verbunden, No. 3 unser soidisant Salon. Wie Du diese einrichten willst, bleibt Dir überlassen.

Nun wäre eine folgende weitere Einteilung möglich: No. 6 das gemeinschaftliche Schlafzimmer; dann müsstest Du für Dich, doch so, dass es im Notfall auch anderweitig benützt werden kann, No. 4, ein sehr schönes Zimmer, einrichten, da Dir No. 5 zu klein sein wird. Ich würde No. 1 als Arbeitszimmer nehmen.

Dann blieben zu unbestimmter Benützung die kleinen 2, 5, 7 übrig.

Oder ich nehme 1 und 2, 1 als Arbeitszimmer, 2 als Schlafkabinett, Du nimmst No. 6 und No. 5, No. 3 und 4 bleiben dann frei, und in 7 lässt sich ein Gast beherbergen. Das Ganze ist mir um jährlich 45 Louisdor angetragen. Das Haus beherrscht die ganze Gegend und ist getauft »Zur Falkenburg«. Willst Du mein Falke sein?

Adieu mein Kind!

Dein

Georg.

Pakoslaw, le 26. Januar 1843.

Mein lieber Georg!

Liebes Herz, wie mancher Brief wird nach Zürich fliegen, bevor ich bei Dir bin.

– Heute haben die Polen mir ernsthaft auseinandergesetzt, dass die beste Frau immer eine Fessel für den Mann ist, und dass derjenige, welcher sich ganz der allgemeinen Sache widmen wolle, das Opfer bringen müsse, sich nicht zu verheiraten. –

Ich hatte mir gedacht, das Resultat des Wirkens müsse größer sein, wenn zwei Wesen von gleicher Glut beseelt dafür kämpfen, und doch meinen alle, dass die Erfahrung dagegen stritte. Mir geht dies Gespräch arg im Kopf herum. Wenn ich Dich dem Volke, und wäre es nur um eine Kleinigkeit, entzöge, würde ich es mir nie vergeben. Wenn ich nicht die feste Hoffnung hätte, meine Liebe sollte Dich stählen, denn wer wäre so stark, dass er nicht noch stärker werden könnte? – würde ich unsere Vereinigung, welche ich bis heute als das höchste Glück betrachtet habe, wie ein Verbrechen ansehen und als ein Werk unseres Egoismus. Schreib mir darüber recht klar, frage Dich ganz streng ohne Rücksicht auf unser beiderseitiges Glück. Du hast einen höheren Beruf, eine höhere Pflicht zu erfüllen, als Millionen anderer Männer, Du fühlst es und musst es fühlen, und auch Deine Emma ist kein Mädchen, welches ihre Befriedigung in dem eigenen Wohl finden kann, wenn es auf Kosten des Allgemeinen geht.

Was werde ich durch Dich noch werden? Georg, wenn ich Dich nicht glücklich machte, so ganz und gar. Bilde Dir nur nie ein, dass Du eine Verpflichtung gegen mich hast, wenn ich Dir einst weniger lieb sein sollte, die einzige, die ich anerkenne, ist die strengste gegenseitige Wahrheit. Liebe ist durch und durch frei und bedarf ebensowenig eines Vermittlers, um sich zu entfalten, als eines Verteidigers nach dem Tode. Adieu mein Herz, ich bin mit jedem Pulsschlage Dein und wünsche nur das eine, Dich ganz zu beglücken.

Leb wohl, mein einziger Schatz.
Deine
Emma.
NB. Das ist kein heroischer Brief!

Zürich, den 26. Januar 1843, abends.
Mein liebes Herz!
Ich glaube, ich bin eifersüchtig; das zwingt mich, heute schon wieder zu schreiben.

Wenn sie Dich nur in Polen nicht zerreißen, dass ich Dich noch ganz und wohlbehalten nach Zürich bekomme. Wie Du schön schreibst und reflektierst! Meisterin! Du tust mir's unendlich zuvor; ich werde mich schämen müssen. Total gedankenlos – wenn ich mich nicht zuweilen über eine Schufterei ärgere. Zuweilen, das heißt doch ziemlich oft. Die Schufte sind wohlfeil geworden wie Brombeeren. Zunächst will ich Dich und sonst gar nichts in Dir; und dann wieder Dich, und dann erst noch einmal Dich. Je vernünftiger Du wirst, um so kindischer will ich werden. Glaub's nur, ich hab'es mir fest vorgenommen. Vorderhand gibt es nichts, als Dich für mich, keine Polaken und keine Russky, keinen Himmel und keine Erde; ich will gar nicht darüber nachdenken, was Du mir sein wirst; jetzt bist Du mein alles, alles mit Deinen Tugenden und Lastern, welch letztere, beiläufig gesagt, ich übrigens zu meinem Schrecken noch nicht entdeckt habe. Grüße niemand, frage nach niemand; ich richte nichts aus; es hat keine Seele ein Recht an Dich, als ich.

Nun pass auf und merke, was ich Dir sage. Besorge beizeiten, das heißt am besten augenblicklich, alle Papiere, die Du Deinerseits zum heiligen Ehestand nötig hast, damit ich Dir eines Morgens nur schreiben darf: So jetzt komm, mein liebes Kind und bleibe bei mir! Diese Papiere werden sein Dein Taufschein, wenn Du anders dieses Segens der christlichen Kirche teilhaftig geworden, Dein Kommunionschein, – so viel ich weiß, hat Papa Helm Deine Konfirmation auf dem Gewissen – Dein Heimatschein – den eigentlich nur ich ausstellen könnte, da laut Akten Deine Heimat in mir ist – wahrscheinlich braucht's noch ein Dutzend anderer Geschichten in dieser umständlichen Welt. Das werd' ich Dir haarklein in einem meiner nächsten Briefe auseinandersetzen können. Lass Dir auch einen Berliner Pass für Europa ausstellen, damit ich Dich jeden Tag wieder weiter schicken kann. Nein mein Herz; aber damit wir nicht geniert sind, wenn uns da oder dort die Menschen genieren. Einen gepackten Koffer und einen Dolch sollte man immer bereit haben, um abreisen zu können, sobald man Lust hat – sagt eine Berlinerin, die Frau Varnhagen.

Fünf Stunden bin ich heute dagesessen wie ein Götzenbild, um mich malen zu lassen. Morgen werden's gar sechs werden.

Behalte fest im Auge, dass wir bald zusammenkommen, zusammen müssen, und wie ich jeden Augenblick mit Dir bin, an Dir mich aufrichte.

Dein
Georg

Berlin, den 29. Januar 1843.
Mein herzallerliebster Schatz!
Das war noch eine Freude in tiefer Nacht! Um elf Uhr kehre ich gestern nach einer entsetzlichen Fahrt heim und finde als Willkomm Deinen Brief, den Du am

20. ausgesendet. Welch ein Brief! Jede Fiber glühte in mir, ich hätte die ganze Welt umarmen mögen als einen Teil von Dir.

Die Leute sind unklug. Sie denken, ich ziehe aus der Heimat, und ich weiß doch, dass ich hinein ziehe. Nicht so Schatz? Die Wohnung von der Du schreibst, ist mir ganz lieb, mein guter Georg; nur bitte Frau Schulz, dass sie nähere Beschreibung der Höhe und Tiefe der Zimmer und Fenster übernimmt, denn sonst kann ich nicht gut auswählen. – Du sollst Dich damit nicht befassen. Auch möchte ich wissen, ob ein Stübchen für unsere Mädchen im Hause ist, denn ich bringe meine eine mit und will dort die Köchin nehmen, und möchte ihnen wenigstens den kleinen Raum ihrer Freiheit gemütlich machen. – Die Schlafstube lass denn nur für beide sein. Morgen- und Abendstunden sind die schönsten, weil es die stillsten sind, nicht, Schatz? Da will ich lieber in einem Zimmer mit Dir sein. – Mir scheint, wir dürfen uns beide ohne Not nicht trennen, wird ohnehin mancherlei im Leben noch kommen, was uns äußerlich auseinander treibt. Auch ist besser, das Haus allein, als noch fremde Leute hinein. Es soll kein Mensch uns belauschen können, als wenn wir wollen. Du glaubst nicht, wie selig ich bin in dem bloßen Gedanken unseres Beisammenseins. Was die Leute Liebe nennen, ist mir lächerlicher, skizzenhafter Seelenkitzel. Man sieht ja, was daraus wird, – Kinder höchstens – für die Menschheit aber nichts, keine Tat, keine Selbstverleugnung, nichts als eitle Sichwiderspiegelung des jämmerlichen Subjekts, was man nicht gering genug anschlagen kann, wenn es gilt Opfer zu bringen in rechtem Sinne des Worts.

Leb wohl, leb wohl, mein Schatz! Bald sehen wir uns wieder! Denke mein.
Deine
Emma

Berlin, den 30. Januar 1843.
Mein lieber Georg!

Als ich gestern meinen Brief aussandte, vergaß ich in der Eile, Dich um eine Zeichnung für Deinen Schreibtisch zu bitten. Ich möchte ihn Dir ganz nach Wunsch bestellen, und fertig finde ich schwerlich einen nach Deinem Sinn, der in Größe und Einrichtung Dir ganz zusagte.

Die Eltern sprechen viel von Dir, und im Herzen der kleinen Anna und der Geschwister hast Du eine sichere Stelle gefunden. Dies soll kein Brief sein, nur ein flüchtiger Zettel. – Wenn Du den Eltern einmal schreibst, dann treibe mein Herz, dass sie ja nicht später als Anfang März sich aufmachen. Du weißt, wie die Eltern sind; gut, schwach und alles gern mit Muße betreibend. Das mag für andere taugen, ich bin nicht für diesen bedächtigen Schritt und falle lieber einmal unterwegs auf die Nase, statt dass ich langsam gehe. Meine Bekannten schlagen womöglich Hände und Füße über dem Kopf zusammen, dass ich so bald fort will, das hilft ihnen jedoch wenig. Vorwärts! das ist mein Wahlspruch. Wollte Gott, ich wäre erst bei Dir, mein einzig Herz. Lebewohl, mein lieber, lieber Junge; werde ich heute wohl Nachricht haben? – Ich küsse Dich, Schatz – wenn's nur wahr wäre! Adieu.

Deine

Emma

Bitte Frau Schulz, dass sie nicht vergisst, die Farben der Stuben zu melden, das ist wesentlich.

Zürich, 30. oder 31. Januar 1843.

Mein lieber, braver Schatz!

Brav, weil er beizeit wieder in sein schönes Berlin zurückgekehrt ist, seine sieben Sachen in Ordnung bringen und so bald als möglich zu mir fliegen wird. Ich kann übrigens gegenwärtig mehr an Dich denken, als an Dich schreiben, mein Herz; es kostet manche Stunde, bis ein Mensch fertig ist, und ich verzweifle über die Pinsel, die Dir mein Konterfei machen sollen. Das Bild wird sehr hübsch, da der Künstler (Conrad Hitz) mit großem Enthusiasmus dahinter her ist. So hast Du denn in den Tagen, da ich Dir nicht mehr gefallen werde, eine Erinnerung an die Tage, da ich Dir gefallen habe. Aber nein, jene Tage werden nie kommen, und wir werden uns bleiben, was wir uns jetzt sind.

Nun haben die Halunken auch die Rheinische Zeitung tot gemacht. Marx, der Redakteur, der dem Blatte alles geopfert und auch noch, nach einem Brief von heute, mit Eklat die Geschichte enden will, scheint in einer peinlichen Lage zu sein. Er schreibt mir, in Deutschland sei kein Bleiben mehr für ihn, da ihm ein Wirkungskreis in Preußen unmöglich geworden. Durch einen Familienzwist sei er ohne Mittel, überdies verlobt mit einem Mädchen, das schon viel, unendlich viel für ihn gelitten, und das er nicht verlassen wolle. Möchte sich an der Redaktion eines Schweizer Blatts beteiligen, in die Schweiz kommen. Was soll ich ihm schreiben? Die Schweiz, wenigstens Zürich taugt auch nicht viel, und ich fürchte, es geht nächstens den deutschen Regierungen zu Gefallen eine große Jagd gegen die Fremden los, denen es nicht gelungen ist sich einzubürgern. Gottlob! dass ich noch vor Torschluss dazugekommen: in vierzehn Tagen bin ich Bürger der Republik Baseland und zahle dafür diesen Spartanern 1300 Schweizer Franken.

Schreibe oft, öfter als ich, hörst Du? Und halte Dich bereit, denn die Hochzeit soll kommen wie ein Dieb in der Nacht. Und nun, mein Mädchen lass Dich küssen und drücken, unendlich ganz unendlich!

Grüße was Zeug hält; speziell die Eltern und die gute Fanny. Wer wird Dich zu mir bringen? Dein Bruder und Vater? Oder – schreibe mir auch das!

Dein

Georg.

Meinen 2. Band will ich doch erscheinen lassen; ich denke ihn zu bereichern und vollenden in Deiner Gesellschaft und in irgend einem Paradies der Erde. Wir wollen ein paar Monate zusammen pilgern. Das soll uns beiden gut tun.

Berlin, den 31. Januar (Dienstag) 1843.

Nach Mitternacht.

Mein Georg!

Auf Dein liebes Porträt freue ich mich unendlich und bin doppelt traurig, Dir nicht so bald eine gleiche Freude machen zu können. Magnus kann mich nicht malen, so gern er möchte (wie er schreibt) und Begas, bei dem ich heute gewesen, kann vor dem 19. Februar nicht anfangen; das Original wird daher früher bei Dir sein, als das Bild. Wenn ich mir's so recht vorstelle, dass wir in fünf Wochen vielleicht beisammen sein können, fürchte ich, mein Glück kaum zu erleben. Welche Zukunft! Ja, lass uns reisen nach dem Süden, die Eltern haben nichts dagegen, lass uns bald, vielleicht vierzehn Tage nach der Hochzeit auswandern, mein geliebtes, einziges Herz! Ich glaube, wenn wir jetzt nach Sibirien führen, es würde mir gefallen. Deinen heiligen Zorn will ich Dir unterwegs schon zu erhalten mich bemühen, aber die Bitterkeit sollst Du mir im Süden lassen, die taugt nichts, denn sie versperrt Dir jeden freien Blick, sie knechtet Dein Auge. Von der Wohnung bin ich ganz entzückt und möchte Dir gleich einen Kuss dafür geben, nur mit der Einteilung der Zimmer bin ich nicht ganz einverstanden. Du sollst entweder in No. 4 wohnen, das die Aussicht nach dem See hat, oder in No. 6 südöstlich gelegen und zweifenstrig. Wir können ja lieber zum Schlafzimmer No. 1 wählen, das auch zwei Fenster hat und geräumig ist. Ein Poet und die Aussicht nach Nordwest! Lieber Schatz, Du hast wahrlich die Gedanken verloren, – No. 5 soll meine kleine Stube werden, Du weißt, ich hatte auch hier nur eine mit einem Fenster. Ich werde ganz still sein, wenn mein Schatz arbeitet, sollst nicht von der nahen Nachbarschaft zu leiden haben. Vergiss nicht die Zeichnung von dem Schreibtisch, damit er auch ganz nach Deinem Sinn wird, die Farben der Stuben und die Breite der Fenster.

Das Verbot der Rheinischen Zeitung ist ein neuer Geniestreich, o ich bin so indigniert, dass ich den Tag segnen werde, wo ich diese Stadt verlasse. –

Ehe ich's vergesse, liebes Herz, muss ich Dich an das Schicken Deines Tauf- oder Konfirmationsscheins erinnern. Einer von beiden ist notwendig, sonst bietet uns kein Pfaffe hier in Berlin auf, erst wenn dies geschehen ist, können wir getraut werden. Ich werde auch einen von beiden mit dem nächsten Briefe besorgen. Wähle nur einen Pfaffen, der's kurz macht, sag' ihm was wir beide davon halten, und droh' ihm getrost damit, womit Du den hiesigen zum Schweigen bringen wolltest. Eine Sache, die faktisch ist, muss ich Dir noch schnell mitteilen. Denk, lieber Schatz, dass Brockhaus, um die Erlaubnis zur Veröffentlichung der Zeitung wieder zu erlangen, dem Könige eine Liste von all' den jungen Schriftstellern eingereicht hat, welche gegen die Regierung geschrieben. – Infolge dieser Schurkerei ist diesen Morgen um 10 Uhr ein junger Mann namens Daene (ich glaube so heißt er), welchem eine Anstellung zugesagt war, die nur noch der Unterschrift des Königs bedurfte, um dieselbe gekommen, weil Seine Majestät im selben Augenblick, wo man ihr das Blatt zur Unterzeichnung vorlegte, den Einfall hatte, nachzusehen, ob selbiger nicht auf jener Liste stehe, und den Namen fand. Was sagst Du dazu? Es ist ein verworfenes Pack!

Die Augen fallen mir zu, gute Nacht, mein Schatz, auf baldig', baldig' Wiedersehen. Das wird ein Leben werden! Wenn ich Dir in der Nähe so lieb bleibe, wie ich Dir jetzt bin; ich fürchte zuweilen, dass mich die Ferne Dir verklärt.

Jetzt will ich von Dir träumen, schlaf' wohl, mein liebes Herz!

Deine Emma.

Berlin, den 2. Februar 1843.

Mein geliebter Georg!

Die Schurkerei ist entdeckt! Unsere Briefe werden jedesmal nicht nur hier, sondern noch an mehreren Orten eröffnet und gelesen, wodurch die unerklärliche Verzögerung entsteht. Gustav weiß dies aus sicherer Quelle, hat aber versprochen, die Person, welche es ihm anvertraut, nicht zu nennen. Das ist für uns ganz gleichgültig. Die Sache bleibt infam, und unsere Vorsicht wird ganz notwendig. Diesen Brief erhälst Du durch einen meiner jungen Freunde in Basel, der ehemals hier studiert hat. Du schreibe künftig entweder unter der Adresse von Ottilie von Gräfe, Behrenstraße 48 (natürlich muss eine andere Hand die Adresse machen), oder unter Agnes Podesta, Behrenstraße 53. Hoffentlich haben wir die Post nicht mehr lange zu bereichern und können uns einander ganz heimlich sagen, was wir uns sind, so heimlich, mein Schatz, dass kein Mensch auf der Welt es hört. Beim Pfaffen bin ich eben wegen meiner Scheine gewesen. Er lässt Dich grüßen, ist ganz entzückt von Deinen Gedichten. Er findet es hübsch, scheint's, dass Du ein freier Republikaner bist. Das Pack betrachtet dergleichen wie irgend einen anderen Titel, den man beliebig wechseln kann. Übrigens, liebster Schatz, musst auch Du Deinen Taufschein und falls nicht hinlänglich Deine Volljährigkeit manifestiert, noch die Erlaubnis von Deinem Vater umgehend einsenden. Ich werde für ein gleiches sorgen.

Nun muss ich, da mein Taufschein aus Magdeburg verschrieben werden muss, noch einige Tage Geduld haben. Den Pass für Europa würde ich zu kurze Zeit unter meinem Namen benutzen können, um ihn mir ausstellen zu lassen.

Wenn Du mich nicht mehr leiden magst, brauchst Du es übrigens nur hübsch zu sagen, ich glaub', ich wäre fort von Dir, noch eh' Du's ausgesprochen. Ohne Deine Liebe, Schatz, möcht' ich Dich nimmer, nur so lange ich Dir sein kann, was Dein Weib sein muss. Nur so lange mag ich bei Dir bleiben. Es ist gut, dass unser Haus nahe am See liegt, da weiß ich gleich wohin. –

Diesen Abend ist bei uns noch einmal polnische Gesellschaft, übermorgen reisen meine Freundin und die Mädchen ab. – Der Abschied wird noch Tränen kosten, obschon ich bis jetzt, so oft ich von meiner Auswanderung gesprochen, so lustig ausgesehen habe, dass man es mir übel genommen. Dieser Abschied ist freilich schwer! Nur nicht wenn ich an das Wiedersehen denke, meine ganze Welt ist ja in Dir, einziger, lieber Georg! Ich fürchte nicht, dass Deine Lieb' zu mir Dich der Welt nimmt, wie kannst Du nur das noch denken? Wenn ich das dächte, wäre es ja aus mit unserer Liebe! Ich fürchte überhaupt nichts, nichts in der Welt, ach ja, die Mäuse abgerechnet – und dass Du dereinst sagen wirst, ich kann die guten Seiten in Dir nicht finden, wie Du jetzt um die nicht entdeckten Laster jammerst. Wir wollen uns einander nichts einreden. Engel haben wir beide nicht gewollt, nur ehrliche Menschen voll edler Leidenschaft; das sind wir beide, Du wie ich, also werden die Fehler sich schon herausstellen, und die Lieb' hilft sie tragen. Adieu, mein Herz ich muss mich nun putzen.

Noch eins: Bitte Frau Schulz, dass sie mir genau die Breite der Pfeiler in den einzelnen Stuben angibt, damit ich die Spiegel besorgen kann. Auch frage fein, ob man gute Federn und Pferdehaar zu Betten und Matratzen dort bekommt. – Entschuldige, lieber Poet, dass ich Dir davon schreibe, aber es geht nicht anders. – Leider hängt von solchen Albereien unsere schnelle Hochzeit ab, und das wird's Dich verzeihen und behalten lehren.

Adieu, mein Herz, Gott schütze Dich.

Deine   Emma

Der junge Mann vom Kriminalgericht, welcher durch Brockhaus angezeigt worden, heißt Temme und nicht Daene.

Zürich, den 3. Februar 1843.

Mein Herz!

Heute hab' ich zwei Briefe von Dir erhalten und einen frohen, glücklichen Tag verlebt. Wenn Dich doch die Leute mit ihren frostigen Besorgnissen um meine Lorbeeren und meine Zukunft verschonen wollten, wenn Du selber nur gar nicht mehr hörst auf das Gerede Deiner Freunde, die sich so bekümmern um den künftigen großen Mann in mir, den eine Heirat kaputt machen könnte. Glaub' mir, ich bin, da ich Dich nun einmal gefunden, zu Ende ohne Dich, und kann und will nur etwas werden mit Dir und durch Dich. Etwas werden? Etwas tun? Auch so weit reflektiere ich nicht. Lass ein für allemal Deine Skrupel und liebe getrost zu; je toller, je besser.

Komm zu mir, sobald Du kannst und Lust hast! Verlasse Vater und Mutter – die Bibel ist doch zuweilen brauchbar. Gelt mein Schatz?

Zehnmal wollte ich schon an Deine Eltern schreiben; so oft ich an Dich erst geschrieben, gönne ich keiner Seele mehr ein Wort. Du wirst ihnen sagen, wie ich ihre Tochter liebe und anbete – und das wird ihnen genügen.

Auch an Fanny will ich von Tag zu Tag schreiben. Du wirst Deine Korrespondenz mit aller Welt jedenfalls besser zu führen als ich. Das könnte mir eigentlich auch Skrupel machen.

So – mein Stolz ist und bleibt, Dir zu gehören, ich küsse Dich tausendmal!

Dein

Georg.

Berlin, den 3. Februar 1843.

Mein liebes Herz!

Helm ist diesen Morgen hier gewesen und hat mir gesagt, dass Du um mit Deiner Braut in Berlin kirchlich proklamiert werden zu können zuvor folgende Dokumente einsenden musst.

1. Von der Obrigkeit Deines Wohnorts einen Schein, dass Deine Braut Frl. E. S. nach den dortigen Gesetzen als Deine Gattin, auch als Untertanin dort aufgenommen werden könne.

2. Deinen Taufschein – gerichtlich bestätigt

3. Den väterlichen Konsens (nach dem preußischen Landrecht, § 46), gleichfalls gerichtlich bestätigt.

Hier hast Du die ganze Verordnung von der des Predigers abgeschrieben. Das ist eine Welt! Schade, dass sie einem nicht noch die Liebe gradweise zumessen können. Diese Pedantenseelen. Auch ich habe jetzt vom hiesigen Bischof ein Verzeichnis der Scheine, welche ich für Dich einschicken muss, und werde sie so schnell als möglich senden. Leider hängt ja unsere Vereinigung von diesen Dingen ab. – Diesen Morgen habe ich die ersten meubles zu unserer einen Stube bestellt, No. 4 – von schwarzem Holz mit dunkelroten Polstern, ich hoffe sie werden Dir gefallen. Wie lieb wäre es mir gewesen, Deinen Rat zu wissen. Nach der einen Zeitungsanzeige, welche ich Dir hier einlege, käme ich übrigens zu spät. Du bist längst mit Deiner Frau in Zürich angekommen, und ich muss entweder einen Mord begehen, um die einzige zu sein, oder hier bleiben, wenn ich das nicht will. Schöne Streiche, lieber Schatz, muss ich von Dir durch die Zeitung hören. Ich habe etwas Kopfschmerz, das Schreiben will deshalb nicht gehen. Nimm dies nicht als einen Brief, nur für einen Zettel, den ich aber senden musste, um schnell selbst nachfliegen zu können.

Morgen früh reist meine Emilie ab, und um wenigstens den letzten Abend mit ihr zu sein, muss ich in ein dreistündiges Ballett. – Das ist ein Vergnügen für Götter. Montag werde ich noch zu reiten anfangen, ich hab' Sehnsucht nach meinem Ross. Du glaubst nicht, wie bunt es jetzt in meinem Kopf aussieht. Lebwohl, es wird schon licht werden!

Deine

Emma

Zürich, den 4. Februar 1843. Samstag abend.

Schatz, unvergleichlicher Schatz!

Oui, je vous aime, je vous aime profondément, comme vous écrit Mr. Bacounine. Welche Freude hast Du mir durch Deinen ersten Brief aus Berlin gemacht! So hab' ich's gern! Du bist ein einzig, einzig Mädchen. Ja, komm in die Berge und lass Deinen Georg nicht länger allein. Er ist allein, denn auch das beste, was er vor Dir besaß, will ihm nur wenig mehr bedeuten, genügen gar nicht.

Die Breite der Fenster in unserem Logis beträgt 41/2, die Höhe der Fenster 6 Fuß Schweizermaß. Die Breite der Pfeiler zwischen den zwei Fenstern der beiden Balkonzimmer 4 Fuß 2 Zoll. Platz zu Sofas in diesen 7 Fuß.

In die Fenster sieht uns niemand, das Haus steht frei auf der Höhe und beherrscht die ganze Gegend; über uns wohnt auch niemand. Der liebe Gott wird mich nicht sonderlich stören. Für die Mädchen ist Platz. Eine Köchin hat sich bereits gemeldet.

Da wir aber nicht wissen, wann wir von unserer Reise zurückkehren, werden wir sie auch nicht dingen können.

Die Worte gehen mir aus, wenn ich an Dich schreibe, und wenn ich abends eine oder zwei Stunden auf dem Sofa hindämmere, wie gesprächig bin ich, welche Unterhaltung weiß ich mit Dir zu führen!

Ich küsse Dich tausendmal, tausendmal. Ob die Menschheit was davon hat, bezweifle ich, mache mir aber keine Skrupel drum. Ich bin mit Dir, alle Tage, bis an der Welt Ende.

Dein
Georg.

Berlin, den 7. Februar 1843.
Mein lieber Schatz!

Seit fast acht vollen Tagen bin ich ohne Nachricht von Dir und kann nicht glauben, dass seit dem 26. Januar Dir nicht einmal die Lust gekommen sein sollte, Deinem fernen Schatz zu schreiben. Es geht ganz abscheulich in der Welt zu. Die Beschuldigung von Zürich aus gegen Dich steht auch heute groß und breit in der Vossischen und so wenig dergleichen Dinge Dich und mich noch irgend einen Freigesinnten im geringsten berühren können, so sind sie doch laute und schmerzliche Zeugnisse der Gesamtstimmung.

Wann der Brief mit Deinem Bürgerdiplom oder wenigstens mit der bestimmten Nachricht davon hier eintrifft, dann juble ich ganz Berlin toll. Die Luft hier ist nur so verpestet, dass sie keinen gesunden Klang mehr wiedergibt.

Grüß Dich Gott, mein herziger Schatz, bleib' hübsch wacker, ich will auch den Mut nicht verlieren, und halte fest an Deiner Liebe, wie an der meinen. Auf baldiges Wiedersehen! Die Freude soll kein Philister uns trüben, entsetzen mögen sie sich darob immerhin.

Leb' wohl, mein Lieb!
Deine Emma.

Berlin, den 8. Februar 1843, nachts.

Herzliebster Schatz!

Ich hab' heute einen Brief von Dir, und das macht mich heiterer. Kurz ist er freilich, aber doch lang genug, um mir zu melden, dass Du gesund bist und ein wenig mein gedenkst. Auf Dein lieb Konterfei freue ich mich unendlich, wenngleich es seinen Zweck nimmer erreichen wird. – Hältst Du es wirklich für möglich, dass Du mir einst weniger sein könntest, und glaubst Du, dass in solchen Zeiten dies Bild mir angenehmer als Erinnerung sein würde? Ich denke, Du glaubst weder das eine noch das andere, wohl aber, dass Dein Schatz wieder einmal keinen Humor gehabt hat, und darin hast Du teilweise recht. –

Dein Entschluss, den 2. Band Gedichte füher zu veröffentlichen, macht mir Freude. Ich bin sicher, sie werden eine große Wirkung auf das politische Volksbewusstsein haben, und wer weiß, ob sie nicht die Vorläufer einer großen bewegten Zeit werden. Wenn der Eindruck eben nur Eindruck bleibt, nicht zur Tat wird, dann hol' der Kuckuck die ganze Schreiberei, aber Du wirst sehen, die kranke Lise und der arme Jakob finden den Weg zu den Hütten der Ärmsten, und ist erst das Volk gewonnen, dann kann man das beste erwarten. Nur aus den Massen der Proletarier ist jetzt ein Ostern zu erwarten, dass es aber kommt und wir es noch feiern helfen, steht klar in meiner Seele. Ich fühle es, wir werden noch, wenigstens ich, gewaltige Zeiten erleben, und ich erflehe sie mit der ganzen Glut meines Wesens. Dann sollst Du sehen, ob ich lieben kann, mein einziger Schatz. Marx tut mir herzlich leid. Weißt Du keinen Rat für ihn? Ich sage es ja stets, die Mädchen sind Blei für die Männer, wenigstens die meisten. Wäre der arme Teufel unverlobt, würde er schon wissen, wohin sich wenden. Auch Du wärest ruhig ohne mich auf deinem Turm geblieben, hättest nicht die Qual gehabt, sechs Stunden hindurch Dich anschauen zu lassen, und die Falkenburg hätte Dich nie gelockt. Es geht nun nicht anders Schatz. Tröste Dich fein und denk' recht fest: »Mein Mädchen ist kein Philister!«

Den 9. Februar 1843.

Meinen Tauf- und Kommunionschein habe ich bereits, warte nur auf den Heimatschein, der noch von der Polizei mir werden soll. Sobald ich ihn erhalten, sende ich sie Dir alle zu. Ich muss fort liebes Herz, leb' wohl. Morgen schreibe ich wieder und schicke Dir eine Zeichnung zu einem Schreibtisch für Dich, gefällt sie Dir, dann lass ich denselben danach anfertigen. Mit den übrigen meubles bin ich ziemlich fertig, das heißt sie sind bestellt. Auch die beiden bequemen Stühle für Dich und Follen sind nicht vergessen.

Adieu, mein Herzensschatz.

Auf Wiedersehen im Frühling! Das wird ein Leben werden!

Deine Emma.

Zürich, 9. Februar 1843.

Ich soll Dir eine Zeichnung von meinem Schreibtisch schicken? Das ist zuviel verlangt von einem ordentlichen Menschen, wie ich bin! Dein Geschmack ist auch mein Geschmack. Nur nicht zu kurz, dass ich auch Platz habe zur Unordnung, wie ich sie gewohnt bin und wie Du sie mir kaum abgewöhnen wirst.

Mein Porträt wächst stark nach unten und ist bis zur Taille fertig, Du sollst mich in Deinem Zimmer aufgehenkt finden wenn Du kommst.

Deine beiden letzten Briefe sollten, wie Du selbst schreibst, nur Zettel bedeuten; ich bin schon damit zufrieden, aber hoffe, dass die Briefe bald nachfliegen.

Mein Herz, ich empfehle mich Ihnen bestens. Leb' wohl, mein lieber, einziger Schatz und lass Dich küssen von

Deinem

Georg.

Die Fanny muss ausserordentlich gegrüßt werden, Dein Bruder und Minna zum mindestens ordentlich. Ich habe immer so eine kleine amour mit Deiner Schwester. Gelt?

Zürich, den 10. Februar 1843.

Meine liebe Emma!

Dieser Brief jagt dem letzten schnell nach. Nicht wahr? Aber's ist mir auch wohl die paar Augenblicke, die ich mich mit Dir unterhalten darf. Du weisst, ich bin nicht sentimental, ich hasse die Sentimentalität, und doch bringt mich die Sehnsucht schier um, ich kann den Tag nicht erwarten, da ich Dich fest unentreißbar in meinen Armen halte und mit Dir der ganzen Welt Trotz bieten will. Welch ein Leben wird mir aufgehen! Welches Leben war mir schon aufgegangen! Mädchen mach', dass Du kommst! Diese verdammten Zögerungen! Nun dauert es wieder seine acht bis zehn Tage bis ich den Konsens und Taufschein von Stuttgart erhalte, dann wieder sechs bis sie nach Berlin kommen, und so geht der Februar drauf und ich am Ende mit. Ich glaube nicht, dass ich glücklich werden soll und darf, bis ich Dir wieder in die Augen sehe. –

Um den Schein, der Dich betrifft, zu erhalten, werd' ich wohl Deine Papiere haben müssen. Zögere nicht, sie mir zu senden. Zögere mit gar nichts! Keine Sekunde soll man uns verkümmern.

Berlin, den 10. Februar 1843.
Mein lieber Georg!

Vor wenigen Stunden habe ich die Zeichnungen zu einem Tisch für Dich erhalten, sieh sie an, und gefällt Dir die eine davon, schicke sie schnell zurück, damit ich für die Ausführung sorgen kann. Den nächsten Montag werde ich auch die noch fehlenden Scheine erhalten und Dir senden, wenige Wochen später komme ich dann selbst, von den Eltern und Gustav begleitet. Fanny kann der Kleinen wegen nicht in dieser Jahreszeit reisen und gedenkt uns lieber im Sommer zu besuchen, wenn wir sonst schon von unserer Reise heimgekehrt sein werden. Je näher die Zeit unserer Vereinigung heranrückt, desto größer ist meinerseits mein Verlangen nach Dir, aber auch wieder die Besorgnis, Dich dauernd fesseln und befriedigen zu können, wie ich es möchte und überhaupt ein Weib es soll, wenn sie Deiner würdig ist. Du glaubst nicht, wie viel mir noch fehlt, wie viel Geduld Du auch wirst mit mir haben müssen und wie arm meine Natur in geistiger Beziehung im Vergleich zu der Deinen ist. Nimm, was ich Dir schreibe, nicht für eine Superbescheidenheit, ich bin nie bescheiden gewesen und halte diese Eigenschaft für ebenso einfältig als die entgegengesetzte. Das einzige, was alle meine Kräfte und mein Interesse ungeteilt in Anspruch nimmt, ist das Geschick, eigentlich die politische Entwicklung meines Volkes und meine Liebe, in allem übrigen bin ich Stümper, Dilettant, und ich hasse den Dilettantismus. – Nur in der Liebe fühle ich mich ganz fertig und gestählt zu dem Größten. Ich fürchte, dass es besser gewesen wäre, Du hättest mich ein Jahr später kennen gelernt, der Mensch vermag viel in einem Jahr, und ich wäre imstande gewesen, Dir besseres bieten zu können, – mehr Dich fortwährend anzuregen und heben. Genug, ich bin heute verstimmt, es ist besser, ich verarbeite dies im Stillen, als dass ich Dich und mich laut quäle.

Es ist gut, dass ich nicht mehr lange unter diesem Pack zu leben brauche, sie würden mich mit der Zeit zur lächerlichen Selbstüberhebung bringen, während Dir gegenüber meine eigene Person mir nicht in den Sinn kommt. Lass uns reisen, recht bald, recht weit und ganz, ganz allein. Sind wir erst beisammen, wird alles besser sein.

Adieu mein Herz; ich bomardiere Dich jetzt tüchtig mit Briefen, wenn sie Dir zu

oft kommen, denke fein, dass Du es so gewollt und Dein Schatz nicht anders gekonnt.
   Deine
   Emma.

Berlin, den 12. Februar 1843.
   Mein einziger Schatz!

Ich bin so glücklich durch Deine beiden Briefe, die gestern früh gemeinsam ankamen, dass ich sogar im Augenblick meines Glückes einen Philister umarmt hätte, und das will etwas bedeuten. Erstens ist das Umarmen mit andern Leuten außer – Du weißt schon, Schatz, mir zuwider, und dann die Braut eines Republikaners, einen Philister! Die Aufregung muss groß gewesen sein. – Die Eltern hindern mich gewiss nimmer an der Abreise und lieben verehren Dich sehr, daran glaube fest, was auch das elende Pack wieder geredet haben mag. Was könnte sie auch wankend machen? Bist Du nicht derselbe, der Du warst, als sie mit solchem Stolz und Freude Dich ihren Sohn nannten?

Noch vier Sonntage, mein Herz, und ich bin bei Dir, Dein Weib vielleicht Braut oder Weib, ist's nicht ganz einerlei, wenn wir nur eben beisammen sind? Schicke doch nur endlich die nötigen Scheine, kein Pfaffe proklamiert uns, ehe sie hier sind, ehe dies nicht geschehen, können wir in der Schweiz nimmer getraut werden. – Vergiss nicht den Konsens von Deinem Vater, gerichtlich unterzeichnet, hörst Du mein lieber Schatz, Du musst ihn haben, ob Du auch mündig bist. Dolche und Pistolen werde ich mir schenken lassen. Du darfst Dich meinetwegen nie stören lassen. Du hast ja keinen ängstlichen Schatz, hast gewiss vergessen, dass ich mich auf das Waffenführen verstehe. Lass es uns besprechen, wohin wir reisen, sind wir nur erst beisammen, dann findet sich alles.

Bakunin grüße herzlich, sein Brief hat mir große Freude gemacht, ich will ihn aber lieber mündlich beantworten. Was meinst Du mit den Skrupel, die Du Dir über meine Korrespondenz mit aller Welt machen könntest? Ich hab's nicht verstanden, so oft ich's auch gelesen. Heute werden gewiss wieder Leute kommen, mir graut recht vor ihnen, am liebsten blieb' ich auf meiner Stube, mein Herz, und träumte auf dem grünen Sofa von Dir. Heute sind's vierzehn Wochen, dass ich Deine Braut bin und Du es weißt, denn ich war's eigentlich als ich Dein liebes Buch zum erstenmal in Händen hielte, und das sind bereits zwei Jahre.

Ich werde gerufen. Ich verlasse Dich nicht, ob ich auch aufhöre, für heute zu schreiben.

Adieu, mein Herz, bald sehen wir uns wieder.
Deine Emma.

Zürich, 12. Februar 1843 Sonntag abend.
Mein liebes, einziges Herz!

Der Teufel hole mein und Dein prächtiges Vaterland, wenn die Posthalunken des Herrn Nagler auch diesen Brief, den ich direkt an Dich adressiere, mit Absicht, damit sie ihre eigene Schmach lesen können, unterschlagen oder eröffnen. Bakunin gibt mir den Rat auf die Adresse zu schreiben: Qui liront cette lettre seront pendus à la première révolution.

Die Sache ist nicht ganz gefährlich und verloren; jedenfalls gibt es tüchtige Demonstrationen zu meinen Gunsten. Dienstag (den 15. Februar) kommt die Klage an den großen Rat; möglich, dass es dort eine Majorität für mich gibt; und wenn nicht, auch gut, so blamieren sich die Burschen noch mehr. Es ist lächerlich, wie man Deinen Schatz und seine noch ungeborenen Kinder fürchtet. Der arme deutsche Bote! Zu Galgen und Rad im Mutterleib verurteilt!

Mit der Falkenburg wär's dann vorbei.

Richte Dich aber doch ganz so ein, als ob wir sie bezögen; das Logis hat, die Lage ausgenommen, gar nichts Außerordentliches in seinen Verhältnissen, und auf Wandern müssen wir und unsere meubles uns gefasst machen. Auch hat sich Dein Poet erkundigt und erfahren, dass es Federn und Rosshaar in der Schweiz gibt, so viel wir zwei Leute brauchen. Recht gut sogar, meint Frau Follen.

Wohin wir ziehen? Ich weiß es nicht, mein Schatz. Jedenfalls erwarte ich Dich noch in Zürich. Meine Freunde sind sehr und wahrhaft betrübt; auch ich trenne mich mit Schmerzen. Follen und die deutschen Professoren der Hochschule setzen alles für mich in Bewegung. Bis Du kommst, wird meine Bürgerrechtsangelegenheit in Ordnung sein. Heute werde ich von der Gemeinde gewählt. Dienstag wird der Regierungsrat die Wahl bestätigen; nur der Landrat kommt nicht vor dem 1. März zusammen, ich erhalte aber am selben Tag meine Urkunde ausgefertigt. Den Schein für Dich, dass Du als Untertanin aufgenommen werden kannst, erhalte ich vielleicht schon auf diejenigen Scheine hin, die Du mir morgen senden willst. Dann stünde wenigstens Deiner Proklamation in Berlin nichts mehr im Wege; denn meinen Taufschein und Konsens sende ich noch im Laufe dieser Woche an Dich ab. Geht die Sache schnell, können wir in der ersten, geht sie langsam, doch in der dritten Woche des März getraut werden. Dann fort in die Welt mit Dir. Ich habe viel auf dem Herzen und denke, manches soll Dir und der Welt Freude machen. Aber, mein lieber Schatz, komme so bald als möglich. Ich bedarf Deiner. Das sei Dir genug. Was für eine Beschuldigung steht von Zürich aus in der Vossischen Zeitung? Muss ich denn vorn und hinten von jedem Waschlappen besehen werden? Wie wenig braucht's doch, das Volk zu alarmieren! Es macht mich schlecht und unbedeutend und kann doch keinen Tag das Maul halten über mich. Zehn Jahre von meinem Leben sind mir jetzt nicht so viel wert, als die Veröffentlichung des Briefs. Bei dieser Gelegenheit hat sich Spreu vom Weizen recht gesondert. Das Schreiben strengt mich an, mein Herz; ich will mich aber ganz allein mit Dir im stillen beschäftigen, bis ich Dich in meine Arme schließe. Und mit Dir! Gott, wie groß fühle ich mich!

Dein
Georg.

Zürcher Damen, die mit Berlin korrespondieren, wollten wissen, dass wir uns entlobt haben; entleibt wäre noch wahrscheinlicher.

Gehst Du lieber nach Bern, Aarau oder Basel?

Alle drei taugen nichts ohne uns.

Zürich, Dienstag abends, 14. Feburar 1843.

Mein einzig Herz!

Wir sind zusammen zwei närrische Leute: Eins beklagt sich über das andere. Briefe taugen nichts mehr zwischen uns beiden; sie werden immer zurückbleiben hinter unserer Leidenschaft, wir mögen schreiben, wie wir wollen. Das sehe ich nun klar ein und wünsche, dass auch Du dasselbe einsehen mögst. Wenn Du eine Ahnung hättest von der Andacht, die ich zu Dir habe! Endlich ist das Haus leer geworden. Das geht nun von morgens früh bis abends spät mit lauter Teilnahme aus und ein! Die Deutschen halten sich vortrefflich. Die Professoren, die Handwerker, der Mittelstand. – Alles reicht Petitionen für mich ein; ich selbst habe mich heute auch beschwert beim großen Rat. Selbst die Schweizer Radikalen rühren sich und petitionieren. Hilft's nichts, so muss sich wenigstens diese Canaille von Regierung vor ganz Europa blamieren, dass es eine Art hat. Diese Schurken, die einen Akt der feigsten persönlichen Rache in die Region der Diplomatie erheben wollen, und wieder pfeifen, ehe sie die Noten haben!

Morgen, denke ich, wird der Spektakel im großen Rate vor sich gehen. Ich muss das Zimmer hüten; Follen wohnt einer Versammlung von Deutschen bei. Er ist in rührender Tätigkeit, wie die meisten meiner Freunde, die seit vier Tagen nichts anderes mehr beschäftigt. Vier Wochen Frist denke ich doch noch zu erhalten, und bis dahin, mein Herz, ohne das ich nun nicht mehr sein kann, bist Du musst Du hier sein. Wo wir uns, wie weit von Zürich entfernt wir uns ansiedeln, weiß ich noch nicht. Lass Dich in Deinen Arrangements nicht stören; ohnedies ist noch eine Hoffnung vorhanden. Außer den bezeichneten Scheinen muss ich auch noch ein gehörig legalisiertes Sittenzeugnis von Dir haben. Ein Sittenzeugnis für meinen Schatz. Das ist eine verrückte Welt!

Sind die Worte auch in diesem Brief kalt, so sieh mein Schatz, ob's nicht zwischen den Zeilen brennt. Ich küsse Dich ja mit der ganzen Glut meiner Seele.
Dein
Dein Georg.

Zürich (15. Februar).
Meine Consuelo, mein Trost!
Unser Haus ist fortwährend wie eine Herberge, Freunde aus, Freunde ein; Pläne gemacht, Pläne aufgegeben. Die Welt auf den Kopf zu stellen, sollte nicht mehr manœuvres erfordern. Aber es wird, wenig helfen. Das einzige, was herauskommt, wird ein Skandal sein, aus dem ich rein hervorgehe, der die Schweizer blamiert und den Bruch zwischen Deutschland und der Schweiz vollendet. Die Großräte, vor allem die liberalen sind dickhäutige Bauern, – Du weißt, ich schimpfe sonst nicht mit diesem Ausdruck – in denen auch der letzte Begriff von Ehre erloschen ist. Sie sehen nur eine persönliche Frage, die noch dazu einen Fremden betrifft. Was geht das sie an? Die Petitionskommission wird beantragen, zur Tagesordnung überzugehen, doch wird es immerhin einige lebhafte Diskussionen absetzen. Der Liberalismus taugt hier wie in der ganzen Welt nichts, und hat nur noch die Ehre, alles was charakterlos ist, in seinen Reihen zu zählen. Dagegen haben sich einige Radikale, die eine Petition eingereicht, musterhaft und nobel gehalten. Die Indignation ist allgemein. 120 Handwerker haben petitioniert. Es kommt nun alles darauf an – da diese schändliche Regierung ihren Beschluss, dem sie ein diplomatisches Gepräge geben, statt zu gestehen, dass er ein Akt infamster Privatrache ist, nicht zurücknehmen wird – es kommt nun alles darauf an, dass ich mich mit meinem Vaterland verständige, mich dort zu Gnaden aufnehmen und alle Papiere verabfolgen lasse. Bin ich dort legitim, muss ich es auch hier sein. Ich lasse es dann auf einen Gewaltstreich ankommen. Unterdessen werde ich freilich mich entschließen müssen, auszuwandern (in etwa 14 Tagen), und das soll nach Baden im Aargau sein, zwei Meilen von Zürich. In Baselland bekommen sie am Ende auch noch Manschetten, und des Menschen Sohn, das heißt dein

fürchterlicher Schatz, hat bald keinen Stein mehr, wo er sein Haupt hinlegen kann. Lorbeeren in Hülle und Fülle, und keine Heimat! Prächtig! Gefällt's Dir nicht auch, mein Schatz?

Die meubles stehen einstweilen bequem in Berlin, und wer weiß, ob ich nicht Berlin näher komme, als ich gedacht. Die Zeichnungen zu meinem Schreibtisch sind beide wunderhübsch – den ohne die Büsten würde ich vorziehen, wenn sich dennoch ein Plätzchen für eine oder zwei fände. Ob ich Dir sagen soll: Komm' oder bleib', bis wir vor den Pfaffen können, weiß ich nicht. Dein Herz um Rat. Ich sehne mich unsäglich nach Dir, über Berg und Tal, mich ganz in Dir zu vergraben und eine Heimat zu erobern, aus der mich Hölle und Himmel nicht vertreiben können. Ich bin stark, aber es wäre doch gut, wenn ich stärker wäre, und die einzige Stütze, die ich je brauchen werde, Dich jetzt zur Hand und in den Armen hätte.

Dein Georg.

Berlin, den 15. Februar 1843.

Mein geliebter Schatz!

Meine kirchlichen Dokumente liegen trotz fortwährenden Treibens noch in guter Ruhe im Ministerium der auswärtigen Angelegenheiten, müssen aber spätestens endlich morgen mir übergeben werden. Ich bitte Dich nochmals, mein Schatz, mir die Deinen ungesäumt zu senden, denn bevor sie nicht hier, kann nichts geschehen, und unsere Hochzeit wird immer mehr hinausgeschoben wie unser Wiedersehen! Nein, lieber, lieber Schatz, das letzte ist nur ein Spaß, denn, wenn Dir's recht ist, reisen wir den ersten März hier ab, also in vierzehn Tagen, doch wäre es heilsam, wenn Du meinen Alten nur in zwei Worten zu erkennen geben möchtest, dass Du uns dann bestimmt erwartest, damit sie sich hübsch beeilen. Mutter ist etwas umständlich, wie die meisten alten deutschen Leute! Ich habe in diesen Tagen so viel Kämpfe mit den Philistern gehabt, dass ich ganz mürbe bin und unfähig, einen gesunden Brief zu schreiben. Sähe ich nicht immer in der Ferne Dich, ich würde noch rasend, das hilft aber freilich, und wie sehr! Den Sonntag kam mir mitten in einem großen Kampfe Cybulski als treuer Genosse zu Hilfe. Nachdem ich bereits einer Philister-Weiberseele einige Bomben kühn entgegengeschleudert hatte, freilich nicht auf die höflichste Weise. Ich komme jetzt fast auf den jesuitischen Standpunkt, kein Mittel zu verwerfen, wenn es vorwärts führt. Ich sagte dieser Person nämlich: »Wenn das Gespräch Herwegh betrifft, muss ich Dich dringend bitten, Dich nicht hinein zu mischen, da Du weder imstande bist eine solche Natur zu begreifen, noch zu würdigen.«

Ich empfing einige schwere Seufzer der Anwesenden als Antwort; man fand mich unhöflich, was mir lieb war, denn an dieser verfluchten falschen Höflichkeit ist ganz Deutschland krank. Wäre unser Volk gerader, entschlossener, weniger rücksichtsvoll, stünde es anders. Wenn man die recht warme Menschenliebe im Herzen hat, bedarf man dieser Afterblume der Seele, der Höflichkeit, nimmer.

Heute in vierzehn Tagen fliege ich zu Dir, mein liebes, einzig Herz! Liebst Du mich auch noch?

Leb wohl, mein Herz, die Zeit der Trennung wird hoffentlich bald vorüber sein. Sei nur recht froh mein Schatz, dass Du mich bald wiedersiehst. Als wenn sich das so machen ließe, ich bin albern.

Adieu, mein Herz!

Deine Emma.

Lieber Schatz, daraus wird nichts! Dein Arbeitszimmer lass No. 6 sein, und erlaube mir, dass No. 1 zum Schlafzimmer gemacht wird; für die Schlafstube ist ja die Aussicht unwesentlich, und Deine möchte ich gern so gut als möglich gelegen haben. – In allem andern magst Du immer bestimmen, nur verdirb mir hierin nicht den Plan.

Berlin, 15. Februar 1843.

Mein Georg!

In diesem Augenblick bringt Crelinger die Nachricht, dass im Baselerblatte Deine Verbannung aus Zürich wegen Deiner feindseligen Gesinnungen gegen Preußen stehe, und nur ein zehnjähriges Bürgerrecht gegen dergleichen Ausweisungen aus irgend einem der andern Kantone sichere. Ob dies Gerücht, ob Wahrheit, weiß ich nicht, wie es aber auch sein mag, treibt mich's Dir zu schreiben, um Dir nochmals zu sagen, dass wohin zu ziehen Du Dich auch entschließen magst, mir jeder Ort ganz gleich ist, wenn er Dir zusagt. Wäre die Nachricht eine wahre, würde ich Deinetwegen im höchsten Grade entrüstet sein, – da ich weiß, dass ganz abgesehen von Deinen persönlichen freundschaftlichen Beziehungen es in politischer Hinsicht Dir einen empörenden und schmerzlichen Eindruck machen wird.

Wäre es wahr, es wäre das Schimpflichste, Infamste, was in letzter Zeit von Elendem geschehen. Ich weiß, mein Georg, Du bedarfst nicht meiner Zusprache, um, wie es kommen mag, den Kopf oben zu behalten. Ja, lass sie es aufs äußerste treiben, Dich können sie eben so wenig stumm machen, als mich hörend auf das feile Geschwätz der Menge. Lass sie Dich verfolgen, o, diese freien Republikaner!

sie werden fühlen, mit wem sie es zu tun haben, denn Dein Hass wird wachsen wie unsere Liebe, nicht so, Schatz? Warum kann ich im Augenblick nicht zu Dir? Ich bin Wut durch und durch, aber noch mehr als empört, in Liebe zu Dir. – Wollen sie Dich nicht in Zürich, nun wohlan, dann gehen wir in einen andern Ort, hat er nur Raum für Dich und mich. Ich weiß nun nicht, was Du beschließest. Sehen muss ich Dich bald, das fühle ich, selbst wenn wir noch nicht heiraten können. Schreib' bald Deinen Entschluss, denn ich zähle die Stunden bis auf einen Brief von Dir. Auf Wiedersehen im Baldesten! Ich küsse Dich tausendmal.
Deine
Emma

Berlin, den 16. Februar 1843,
Mein einziger, lieber Schatz!
Endlich kann ich Dir meine Papiere senden und darf hoffen, dass die Hindernisse nun nachgerade beseitigt sind. Unsere Abreise ist auf den 1. März fest gesetzt, den 8. oder 9. spätestens sind wir beisammen. Welcher Himmel für mich in diesem Gedanken liegt, lässt sich nicht beschreiben, fast fürchte ich, die Götter werden es uns nicht gönnen, weil wir uns so mit aller Kraft lieben. – Sonnabend, also übermorgen, reist Gustav schon ab, um noch die auf dem Wege dorthin zerstreuten Freunde zu besuchen, und es ist möglich, dass er einige Tage vor uns bei Dir eintrifft. Dein Brief hat den Eltern große Freude gemacht, sie werden alles aufbieten sich flott zu machen. – Die Erwiderung Deines Grußes an Fanny, der mir fast zu zärtlich ausgefallen, folgt in beifolgender sehr gelungener Zeichnung hier bei. Es ist wahrlich gar viel Zumutung von meinem Schatz, die eigene Braut zum postillon d'amour bei einer Dritten zu machen, und das verwandtschaftliche Verhältnis zur Cœur-Dame verschlimmert nur Deine Schuld.
Adieu, mein geliebtes Herz, ich muss noch zum Bischof, ihm meine kirchlichen Scheine zur Einsicht zu geben. Der eine wird Dir melden, dass ich nicht einfach als Mensch, sondern mit einer bestimmten Religionsform ans Licht der Welt gekommen, und der andere, dass meine Aufführung »so weit bekannt«, gut gewesen. Ich habe tüchtig über diese Philisterform lachen müssen. – Mir wäre ein jeder recht, wenn er mich meinem Ziele schnell entgegenführte. Auf Wiedersehen! Ich weiß keinen anderen Scheidegruß, er birgt all' mein Glück, all' meine Hoffnung, und auch Deine? Hat sich die Liebe an Dir gerächt?
Deine Emma.

Berlin, den 17. Februar 1843.

Mein Georg!

Dieser Brief sollte Dir auch schnell melden, dass unsere Abreise auf den 1. März festgesetzt ist. Acht Tage werden wohl zur Reise für die Eltern nötig sein, in zwanzig Tagen spätestens bin ich also bei Dir, mein herzinniger Schatz!

Sonntag über acht Tage wird noch eine große Abschiedsgesellschaft bei uns sein. Man wird verlangen, dass ich den Kopf hänge, und mir sprengt die Seligkeit zu meinem Schatz fliegen zu können, fast die Adern. Das wird schlimm werden, gelt Schatz? Du hast mir's arg angetan, liebes Herz. Seit ich Dich kenne, bin ich nimmer bei mir. Deinen Taufschein und Konsens erwarte ich ungefähr in vier Tagen, dann fehlt nur noch der dritte für mich, den Du, da er erst nach Ankunft meiner Papiere in Zürich Dir dort ausgestellt werden wird, und dies sich sehr in die Länge zieht, unter Fannys Adresse hierher senden musst; Fanny Piaget, Breitenstraße No. 1, ganz einfach. Ich werde einkommen, dass man uns statt in drei Malen, einmal aufbietet, damit wir nicht unnütz hingehalten werden; ist dies geschehen, kann ich schon in der letzten Hälfte März Frau Herwegh sein.

Nach der Magdeburger Zeitung halten wir freilich erst im April Hochzeit. Leb wohl, Herz, und vergiss mich nicht. Das ist klug, nicht wahr? Für einen Schwaben aber allzeit noch weise genug geschrieben. Sei froh, dass ich Dich jetzt nicht in den Armen halte, zerdrücken würd' ich Dich, verbrennen, aus unnennbarer Glut! Mein Schatz, mein einziger Schatz! Ich kann gar nicht los kommen, und doch muss es sein. Adieu.

Deine

Emma.

[Zürich, vermutlich vom 18. Februar.]

Mein guter, prächtiger Schatz!

Also zu mir kommen, bald zu mir kommen willst Du? Nun, es tut not, Dich zu haben und nimmer von mir zu lassen. Das ist ein Leben! Und doch bin ich stolzer, ja, Hass und Verfolgung lassen mich fühlen, dass ich etwas bin, noch besser als die Liebe. Die Liebe? Die Deinige ausgenommen; denn der konnt' ich nie würdig werden, ohne dass doch auch etwas an mir war. Die Deutschen haben sich tapfer gehalten und sind fast unisono für mich ins Zeug gegangen. Ich lege Dir hier die leserlichen Urkunden der Verhandlungen bei, und bitte Dich, gehörig Gebrauch davon zu machen. Der Bruch zwischen Deutschen und Schweizern, wenigen Radikalen ausgenommen, ist durch diese Angelegenheit komplett gemacht worden.

Die Brutalität dieses Volks ist grenzenlos, aber ich hoffe, die Deutschen werden nun auch einmal ihre Pflicht kennen und den Bettelpatriotismus der Musterrepublik Zürich in die gehörigen Schranken weisen. Es sind Worte über Deutschland gefallen, die jeder Journalist aufgreifen muss, mag er mir wohl oder übel gesinnt sein. Es handelt sich da nicht mehr um mich, es handelt sich um Nation gegen Nation. Auch die Gespensterfurcht vor fremden Noten, wegen eines Journals das noch nicht einmal erschienen ist, muss gehörig durchgehechelt werden. Es kommt viel darauf an, dass ein Berliner Blatt diese Leute, die wahrlich euch in Preußen einen Gefallen zu tun glauben, désavouiert. Solche Schritte sind denn doch in Deutschland unmöglich. Aber an wem liegt's? An der Feigheit, dem Egoismus der Liberalen, die bis auf den letzten Mann ausgerottet werden müssen. An den Herrn, die wie wir gern so ein Stückchen Freiheit hätten, wenn sie ihnen nur gebraten ins Maul flöge.
Dein Georg.

[Zürich, 20. Februar] Montag.
Mein Herz, mein einzig Herz!
Zwei Briefe an einem Tage – und wie verschieden die beiden! Der eine voll von Plänen für unsere Falkenburg, der andere mir der Geschichte meiner Verbannung sich beschäftigend. Glaube mir, ich bin stark; an mir soll es nicht fehlen. An Dir fehlt's auch nicht – eh bien! Was wollen wir weiter? Und dann wird diese Geschichte erst so spurlos vorübergehen; sie wirkt gut, sie hat hier auf einmal die Schafe von den Böcken gesondert und mich fühlen lassen, dass ich treue, aufopfernde Freunde besitze, wirkliche Freunde, die mich aufrichtig lieben. Ich bin des besten Humors, und so glücklich, als ich es überhaupt ohne Dich sein kann. Bis zum dritten März haben sie mir Galgenfrist gegeben; in Baselland bin ich von der Gemeinde und dem Regierungsrat als Bürger nicht ohne hartnäckigen Kampf angenommen worden. Heute über acht Tage wird die Sache vor dem großen Rate erledigt, und dann wirst Du den Schein bekommen, den Du verlangt. In vierzehn Tagen werden auch die Scheine aus Württemberg herausgeklopft sein – und dann vielleicht noch vierzehn, bis die einfältige Proklamation in Berlin vorüber und der Verkündschein wieder nach Baselland gelangt ist. Noch habe ich Hoffnung, Deinen Verkündschein überflüssig zu machen, wenn ich Deine andern Papiere besitze. Geht das, so wird weder Dir, mein Schatz, noch Deinen Eltern an der Historie viel liegen. Ich will schon einen Pfaffen finden, der uns traut, wenn wider Erwarten sich alles gegen mich empören sollte. Ich pressiere, denn ich muss fort mit Dir

in die Welt, ich muss zu mir selbst kommen, muss produzieren. Und wozu wirst Du mich nicht begeistern? Meine und nur meine Muse, die ich mit keinem deutschen Poeten zu teilen habe.

Doch auch in der Schweiz gibt es tüchtige Stimmen für mich. Die Churer fordern mich auf, mich bei ihnen niederzulassen. Das geht nicht. Ich muss in der Nähe Zürichs bleiben oder nach Deutschland, etwa nach Hamburg, ziehen, oder nach Paris. Darüber kann ich jetzt noch nichts bestimmen. Nur Dich, nur Dich will und muss ich jetzt haben. Also spute Dich, und komm. Wie schön muss es jetzt in der Provence sein! Wie schön mit Dir!

Und doch ahnt's mir fast, dieser, dieser Brief trifft Dich nicht mehr in Berlin. Ich bin so fröhlich, als wärst Du schon auf der Reise zu mir.

Wenn das wäre!

Deine Briefe kommen aber richtig an; also immer zu und immer an mich geschrieben.

Grüße was Zeug hält, schlag' die Philister aufs Maul und denk an gar nichts mehr, als an mich. Gute Nacht, mein lieber, lieber Schatz. Träume froh und freudig von

Deinem

Georg.

Ich reiße das Couvert noch einmal ab, um Dir zu sagen, dass Du keine solche Worte wie nie wiedersehen mehr brauchen sollst. Es liegt unter allen Umständen nur an uns, uns zu sehen. Erschrecke Deinen Schatz nicht.

[Zürich, vermutlich vom 22. Februar.]

Mein lieber, einziger Schatz!

Glück auf, alles geht gut und schnell, meine Schwester wird an Fanny die verlangten Scheine und Papiere senden, und ich denke fast, dass wir in Berlin Sonntag über acht Tagen aufgerufen werden können, und Sonntag über vierzehn verheiratet sind. Gib Auftrag, dass Fanny noch am Tage, da wir in Berlin aufgerufen werden, den Verkündschein auf die Post gibt und nach Zürich adressiert, damit wir getraut werden können. Dieser Brief soll um 8 Uhr auf der Post sein; einziger, herztausiger Schatz, Du musst Dich abermals mit den wenigen Zeilen begnügen, die mehr Seligkeit für Dich und mich enthalten, als fünfzehn der vorhergehenden.

Ich küsse Dich tausend – tausendmal mein Herz!

Dein

Georg.

August Follen (1794–1855) war Philosoph und Theologe, wurde wegen »burschenschaftlicher Umtriebe« drei Jahre in Berlin inhaftiert und emigrierte 1821 in die Schweiz. Dort lehrte er Deutsche Literatur an der Kantonsschule Aarau und war Mitglied des Zürcher Grossen Rats. Sein Haus war Mittelpunkt eines literarisch-politischen Kreises deutscher Flüchtlinge, wobei sich Follen speziell als Mäzen Georg Herweghs betätigte. Selber schrieb er romantische Balladen und Romanzen. (Bleistift- und Pinselzeichnung von Johannes Ruff, 1847, Ausschnitt.)

Nachspiel

Am 17. Februar 1843 erhielt Emma Siegmund einen Brief von August Follen, dem Freund und Gastgeber von Georg Herwegh in Zürich. Follen schrieb Emma, wie sehr er sich aufgrund des geschwächten Gesundheitszustands von Herwegh sorge. Insbesondere werde dieser wiederholt von starken Kopfschmerzen geplagt, »welche in Gehirnkrankheit umzuschlagen« drohten. Er bat Emma, so rasch wie möglich nach Zürich zu kommen, denn er wusste, »dass Herwegh nicht ruhig wird, und darum nicht gesund, bis Sie bei ihm sind (auch Bakunin, der mir sagt, dass er ihn nie eigentlich heiter gesehen, als in ihrer Gesellschaft, und unsere anderen Freunde sind der gleichen Überzeugung), so wünsche ich, dass Sie vor allem kommen; das andere wird sich alles leicht bewältigen lassen.«[13] Als

Emma Siegmund diesen Brief gelesen hatte, gab es kein Halten mehr für sie, wie ihr Sohn Marcel Herwegh Jahre später berichtet: »›Morgen mit dem ersten Zuge muss ich nach Zürich abreisen, keine Stunde später‹, rief sie den Ihren zu, die gerade beim Mittagessen saßen. Mit kurzen Worten erzählte sie den bestürzten Eltern den Inhalt des traurigen Briefes und bat ihren Vater, die zur Abreise nötigen Papiere zu besorgen. Ohne irgendeine Einwendung, ohne das geringste Zögern erfüllte er sofort ihren Wunsch.«[14] Am 18. Februar 1843 reiste Emma Siegmund in Begleitung ihres Vaters und ihrer Schwester Minna Caspari zu ihrem Verlobten nach Zürich, wo sie nach fünftägiger Fahrt am 23. Februar eintrafen.

Georg Herwegh war unterdessen auch aus Zürich ausgewiesen worden, weshalb, gemäß der Darstellung von Marcel Herwegh, Follen die Sache in die Hand nahm. Als Emma Siegmund sich am 7. März mit ihm traf, empfahl er: »›Dann lasst euch nur noch heute trauen.‹ ›Mein Gott, so brennt's doch nicht‹, entgegnete Emma, ›mein Vater ist noch nicht einmal in Berlin angekommen, um die übrigen zu holen.‹ ›Dergleichen muss in einem Fall wie diesem, wo jeder Moment neue Steine in den Weg werfen kann, unberücksichtigt bleiben, oder wollt ihr euch noch einmal trennen?‹ ›Das um keinen Preis! So wollen wir denn die Hochzeit, wenn's Ihnen, lieber Follen, recht, auf morgen festsetzen, bis dahin wird es keine Gefahr haben, nur kann ich ihm doch nicht sagen, dass er mich morgen heiraten soll.‹ ›Dies Unglück werde ich selbst ihm melden‹, entgegnete Follen lachend, ›und auch gleich die Hochzeitsgäste sofort mitbringen.‹«[15] Und so geschahs: Drei enge Freunde von Georg Herwegh (die beiden Ärzte Henle und Pfeufer sowie Michail Bakunin)[16] begleiteten Follen und Emma Siegmund nach Baden und überraschten Georg Herwegh im Freihof beim Dominospiel mit seiner zukünftigen Schwägerin Minna.‹ ›Was ist denn das für eine Überraschung‹, rief er aus. ›Wir kommen zu Deiner Hochzeit, du wirst morgen getraut werden‹, entgegnete Follen. ›Hurra!‹ war die kurze Antwort des Bräutigams, und darauf allgemeiner Jubel.«[17]

Der schnell herbeizitierte Pfarrer soll in Verlegenheit geraten sein und meinte, er sei doch gar nicht vorbereitet – »›Tut nichts, Herr Pfarrer, je kürzer, desto besser, der langen Reden bedarf's nicht‹, er-

Michail Bakunin (1814–1876), der russische Revolutionär und Begründer des Anarchismus, lebte seit 1841 im Exil. Georg Herwegh lernte Bakunin in Zürich kennen, er war bei der Trauung des Ehepaars Herwegh dabei und wurde zum guten Freund der Familie. Bakunin und Emma Herwegh pflegten ein inniges Verhältnis und teilten ihre politischen Ansichten, obwohl sie die Russen eigentlich nicht ausstehen konnte, schließlich waren diese Feinde Polens.

widerte der Bräutigam. So ging es denn gegen 11 Uhr in die Kirche. Der Schnee lag mehrere Fuß hoch im Tal und fiel den ganzen Tag in dichten Flocken nieder. Die Scheiben des Wagens, der das Brautpaar zur Kirche führte, waren zum Teil zerbrochen. Das Brautkleid und der Hochzeitsrock kamen erst acht Tage nach der Hochzeit an und der Bräutigam und die Braut mussten an ihrem Ehrentag in längst bekannte Kleider schlüpfen. Was tat's? Das Fest war in ihnen«, so kolportierte Sohn Marcel die abenteuerliche Trauung seiner Eltern.[18] Der von Emma auf ihrer Schweizer Reise so sehnsüchtig besungene Myrtenkranz war Wirklichkeit geworden, eigenhändig geflochten von der Schwester und mit einem improvisierten Schleier aus der Badener Altstadt versehen. Immer wieder gerne erzählt wurde auch die Rolle Michail Bakunins als Brautführer Emmas, der ihr beim Be- und Entsteigen der Kutsche jeweils galant assistierte.

»Hinten auf dem Wagen hatte sich Bakunin freiwillig als Jäger postiert. Vor der Kirche angelangt, sprang er von seinem Platze, öffnete den Wagen und reichte der Braut mit den Worten: ›Adieu, Mademoiselle‹ galant zum Aussteigen die Hand, um kaum eine halbe Stunde später denselben Dienst mit den Worten: ›Bonjour, Madame‹ zu leisten.«[19] Das gute Ende des Abenteuers mit einer Kurztrauung in Schweizerdeutsch, das wohl die Anwesenden kaum verstanden, wurde mit einem Bankett im Freihof zu Baden begangen, worüber Trauzeuge und Hochzeitsgast Jacob Henle in seinen Erinnerungen schreibt: »Eine lustigere Hochzeit habe ich nicht leicht erlebt. Wir waren unser zehn und haben gelacht für hundert, hernach auch getanzt, wozu die Braut spielen musste, und alle möglichen Volkslieder gesungen.«[20]

Die Eltern Siegmund nahmen es gelassen, dass sie die Hochzeitsanzeige ihrer Tochter während ihrer Reise in die Schweiz in den Frankfurter Zeitungen lesen mussten, und kamen erst eine Woche nach der Trauung in Baden an. Sie blieben einen Monat bei den Frischvermählten in der Schweiz, bevor sie nach Berlin zurückkehrten.

Nach mehrmonatiger Hochzeitsreise ließen sich die Flüchtlinge im Herbst 1843 in Paris nieder. Im November bekam Emma Herwegh ihr erstes Kind, Horace. Doch unterdessen brodelte es in Europa an allen Ecken und Enden. Und eigentlich wollte Emma Siegmund doch mit ihrem Prinzen die Welt erobern oder noch viel lieber befreien.

Einblicke

Toast auf Herweghs Braut

Auszug aus dem Toast Ludwig Walesrodes auf Herweghs Braut auf dem Königsberger Festmahl vom 2. Dezember 1842[21]

Und gewiss, nicht nur der Männer bedarf unsere Zeit, sondern auch der Frauen im Vollgewichte des Wortes. Frauen, welche dem Manne nachfühlen die ganze glühende Sehnsucht nach Freiheit; welche am Manne lieben den Trotz gegen alle Götzen des politischen wie religiösen Pfaffentums und den Mut und die Begeisterung des Kampfes; welche am Manne hassen die hohle Borniertheit der Mode und die Feigheit und die tausend kleinlichen Rücksichten auf eine erbärmliche Existenz im Beamtenstaate, im Philistertum und in der Familie, womit er sich vorsichtig gegen die Mahnungen der Freiheit unter vier Augen entschuldigt. – Frauen, welche nicht Mägde mit den Knechten sein wollen und welche den Eunuchen der Gesinnung, an denen Deutschland leider noch sehr reich ist, ihre ganze herzliche Verachtung zeigen.

Barrikade an der Breiten Straße 1848.

»Ich sehe schon nichts Anderes vor mir als Krieg, Revolution an allen Enden.«

Für die Freiheit

In liberalem Hause aufgewachsen ereiferte sich Emma Siegmund bereits als junge Frau innerhalb der politischen Diskussionen im elterlichen Salon. Als Emma Herwegh ergriff sie jede der für eine Frau recht eingeschränkten Gelegenheiten, sich einzumischen. Sie unterstützte die polnischen Gefangenen, zog in Männerkleidern in die Revolution und feuerte immer wieder revolutionäre Männer an, nicht aufzugeben, und half mit, sie aus dem Gefängnis zu befreien.

Liberale Berliner

Emma Siegmund wuchs in liberalem Klima auf, sie beteiligte sich im elterlichen Salon an politischen Diskussionen und formulierte ihre eigenen Ideen, die in der Regel die radikalsten der Runde waren. Ihr zentrales Anliegen war die Deutsche Einigung und die Befreiung Polens. Emma Siegmund träumte von einer Deutschen Republik mit demokratischen Strukturen, selbstverständlich ohne Kaiser. Freiheit war das entscheidende Schlagwort. »Gegen Abend mit Agnes wegen der Deutschen Freiheit debattiert. Sie meint, wenn aus Deutschland je Republik würde, müsse sich der alte Karl der Große noch im Grabe umdrehen. Nur zu! Er mag sich drehen denke ich, obschon mein Ideal in der Vereinigung des deutschen Staates schon fast erreicht ist. Wie aber, wenn eine Zeit käme, wo jeder Mensch königlich dächte, wo die Gesamtbildung eine so allgewaltige wäre, dass der Mensch im Andern nur den Bruder sähe, wo nur Verdienste anerkannt würden, wo der Geist des Göttlichen sich in jeder Brust offenbart hätte, bedürfte es dann jener Könige noch?«[1]

Als Emma Siegmund 1817 geboren wurde, waren seit der Französischen Revolution fast 30 Jahre vergangen. Napoleon war entmachtet, das revolutionäre Frankreich besiegt. 1815 zimmerten die Delegierten der Großmächte Russland, Österreich und Preußen das neue Europa und schickten sich an, die alte Ordnung in Europa wiederherzustellen. Deutschland war in 38 monarchische Einzelstaaten eingeteilt, Belgien den Niederlanden zugesprochen, Polen zum größten Teil zum Einflussgebiet Russlands erklärt, wobei zwei kleinere Teilgebiete an Preußen und Österreich gingen. Die Träume von einem unabhängigen Polen, von einem vereinten Deutschland oder Italien als Demokratien schienen in weiter Ferne. Obwohl bereits damals festgelegt wurde, dass jeder Staat eine schriftliche Verfassung erhalten sollte, ging es den Vertretern der europäischen Großmächte am Wiener Kongress vor allem darum, so zu tun, als wäre nichts geschehen. Natürlich gab es da und dort Fürsten und Könige, die sich etwas liberaler gaben, doch an der aristokratischen Ordnung der alten Welt wurde vorerst nicht mehr gerüttelt. Sogar in Preußen versprach der König eine Verfassung, dachte jedoch nicht daran, dieses Versprechen einzulösen. In diesem Klima war es möglich, dass sich im Hause des liberalen Hoflieferanten Johann Gottfried Siegmund ein Forum entwickelte, welches politische Diskussionen ermöglichte, die zum Teil weit über die Ideen des Gastgebers hinausreichten. In den dreißiger Jahren des 19. Jahrhunderts sah die Situation in den Deutschen Staaten, in Polen, Frankreich oder in Italien zwar noch nicht viel anders aus, doch formierte sich immerhin da und dort Widerstand. Die Revolution hatte nicht all ihre Kinder gefressen. Obwohl sämtliche Aufstände mit militärischer Härte und anschließender Repression bekämpft worden waren, wurden Themen wie Pressefreiheit, allgemeines Stimm- und Wahlrecht und natürlich die Forderung nach einer Verfassung wieder salonfähig im wörtlichen Sinn.[2]

Die Liberalen in Berlin vertraten zwar anfangs freiheitliche Ideen und bejubelten einen revolutionären Dichter wie Georg Herwegh, doch war ihnen vor allem die wirtschaftliche Freiheit wichtig. Sie ließen sich auch durch Zugeständnisse des Preußischen Königs beschwichtigen und wurden damit zum Feindbild von Emma Siegmund, dem sie noch so gerne Schimpftiraden in ihrem Tagebuch widmete: »– außerdem ist's in anderen Ländern auch nicht besser, – das sind die Argumente, auf die der Philister pocht, mit denen der Liberale sein Gewissen einschläfert und über die freie Naturen wahnsinnig werden könnten. Die Freiheit nach der wir streben, die wollen sie nicht, die ahnen sie nicht. Da ist nicht ein Funken heiliger Flamme, nicht ein Tropfen Blut, der nicht durchwässert wäre, nicht eine Persönlichkeit, deren bloße Erscheinung magnetisch auf die Menge wirken könnte. Philister, Egoisten, alte Weiber mit und ohne Hosen.«[3] Denn für die Befreiung und die Einigung Deutschlands brauchte es auch Leute, die bereit waren, vereint dafür zu kämpfen. Doch die waren nach der Einschätzung Emma Herweghs in Deutschland rar: »Wäre in unserem lieben Vaterlande nicht jeder seine eigene Republik, und mithin der natürliche Feind seines Nachbars, wenn dieser nur im Geringsten, ja, ich möchte sagen, sich nur im Einband von ihm unterscheidet, so wäre die große deutsche Republik längst zu Stande gekommen; aber dieses musikalische Volk par excellence begreift bis jetzt nur die Einheit in der Eintönigkeit und selten, sehr selten die tiefe Harmonie, die gerade erst aus der

Fülle und Mannigfaltigkeit der Accorde hervorgeht.«[4] Sie lieferte auch noch weitere Erklärungen, wieso ihre Ideen nicht schneller zum Ziel kamen und schon gar nicht mit den Liberalen: »Die wenigsten Menschen wollen ja dasselbe, oder wollen überhaubt etwas Bestimmtes und nur eine sehr kleine Zahl will wirklich die Freiheit, als das ewig zu erstrebende Ideal, als das Einzige, das des Kampfes wert ist. Die Mehrzahl begehrt gewöhnlich nur ein neues Kleid für den alten Götzen, den es dann je nach den Attributen bald Monarchie, bald Republik tauft, wobei im Grunde Alles beim Alten, jeder Stein unverrückt bleibt, und es nur auf etwas mehr oder minder Heuchelei herauskommt. Dass zu einer neuen Welt vor Allem neuer Stoff gehört, neue, breite Weltanschauungen, um den alten Egoismus; der alten Thorheit und civilisierten Barbarei dem Wesen nicht nur dem Schein nach den Garaus zu machen, – daran denken die Wenigsten, geschweige dass sie fähig oder Willens wären, sich selbst mit umzuschaffen – und ohne das, gehts nicht ehrlich vorwärts.«[5]

Alle Menschen sind gleich, auch das hatte sich die verwöhnte Tochter aus guter Familie auf ihre Fahne geschrieben. Und ihr war ernst damit. So konnte sie es beispielsweise nicht fassen, dass eine Freundin einen Verehrer abwies, weil dieser nicht ihrer gesellschaftlichen Stellung entsprach. »Kurc liebt Emilie, oder ist vielmehr in sie verliebt, – warum muss nun das Mädchen auf einer so niederen Stufe der Entwicklung stehen, dass der Unterschied des Standes eine Neigung unmöglich macht. – Sie, die sonst so lieb ist, und von der liberalsten Frau erzogen worden, würde Kurc nie lieben, weil der Gedanke an seine Geburt eine wahre Liebe bei der Gesinnung nie zur Reife bringen wird. – Und wir leben im 19. Jahrhundert, wo jeder Gebildete eine Leuchte, jeder Kluge liberal zu sein für nothwendig hält.«[6]

Im siegmundschen Salon wurde zwar diskutiert und Stellung bezogen, doch darüber hinaus waren die Möglichkeiten, sich politisch zu engagieren, für eine junge Frau ziemlich eingeschränkt. Die jungen Studenten, Handwerker oder Arbeiter organisierten sich in Vereinen und wurden aktiv, sie dachten jedoch gar nicht daran, Frauen an ihrem Kampf teilnehmen zu lassen. Sie kämpften für die Gleichberechtigung aller Männer. Den jungen Frauen blieb die Rolle als

Zuschauerinnen, die, wenn sie Glück hatten, allenfalls bei den politischen Diskussionen im Salon angehört wurden. Auch bei den im Anschluss an politische Veranstaltungen fast obligatorischen geselligen Beisammensein mit Musik und Tanz waren die Ehefrauen, Schwestern und Töchter der Demokraten natürlich gern gesehene Gäste.[7]

Doch das genügte Emma Herwegh definitiv nicht. Sie verfasste Petitionen und versuchte in ihrem bescheidenen Rahmen Einfluss zu nehmen. Als es 1847 in Berlin zum so genannten Polenprozess kam, ergriff sie die Gelegenheit, sich ihren eigenen Vorstellungen entsprechend politisch zu engagieren.

Noch ist Polen nicht verloren

Nachdem bereits 1830 ein Aufstand gegen die Russische, Österreichische und Preußische Besatzung in Polen gescheitert war und in der Folge verschiedene Autonomiezugeständnisse rückgängig gemacht wurden, planten Mitte der vierziger Jahre polnische Adelige einen weiteren Aufstand. Bevor die Rebellen jedoch zur Tat schreiten konnten, wurden sie verraten. In der Folge fand im Herbst 1847 der Polenprozess statt. 254 Polen waren in Berlin des Hochverrats angeklagt. Die Gefangenen wurden in der extra zu diesem Zweck umgestalteten Gefängniskirche von Moabit untergebracht. Ihnen wurde die Beteiligung an einem Aufstand vorgeworfen, der gar nicht stattgefunden hatte. Ziel des Aufstandes wäre die Schaffung eines polnischen Staates ohne Einfluss von Preußen und Russland gewesen. Als Emma Herwegh davon hörte, war für sie die Zeit gekommen, in ihrer alten Heimat politisch aktiv zu werden. Kurz entschlossen reiste Emma Herwegh von Paris nach Berlin.

Bereits im siegmundschen Salon in Berlin verkehrten polnische Patrioten und Patriotinnen. Emma Siegmund reiste als junge Frau auch immer wieder nach Polen, lernte die Sprache und ereiferte sich in Diskussionen für die Unabhängigkeit in einem demokratischen vereinigten Polens. Die Eigeninitiative rechtfertigte sie damit, dass »Georg der Weg nach Deutschland immer noch versperrt war«. Sie wollte die polnischen Führer im Gefängnis besuchen, betreuen und politisch unterstützen, allen voran Ludwig Mieroslawski, einen

Fanny Lewald (1811–1889) wurde nach einer außergewöhnlich guten Ausbildung Schriftstellerin und konnte anonym bei Brockhaus in Leipzig publizieren. Seit 1843 lebte sie in Berlin und wollte Emma Siegmund während des Polenprozesses unbedingt kennen lernen. Lewald gehörte zu den ersten erfolgreichen deutschen Berufsschriftstellerinnen und widmete sich in ihren Romanen aktuellen Themen, vor allem der Frauenemanzipation. An Emma Herwegh ging diese erste Frauenbewegung jedoch ziemlich spurlos vorüber.

Freund aus früheren Jahren. Zu den Gefangenen vorgelassen zu werden, hatte bis anhin niemand geschafft, obwohl auch die berühmte Schriftstellerin Bettina von Arnim dies versucht hatte. Bereits die Ankunft Emma Herweghs in Berlin, nach vier Jahren Exil in Paris, war eine kleine Sensation. Wie versprochen, schilderte sie Georg in zahlreichen Briefen ausführlichst ihre Erlebnisse. Ihr Bericht aus Berlin beschreibt nicht nur ihre abenteuerlichen Unterfangen, sondern liefert auch ein Stimmungsbarometer jener aufgewühlten Zeit. Nicht zuletzt zeigen die Briefe auch, dass Emma stolz war auf ihre Erfolge und Streiche, die sie dem Gefängnispersonal spielte.

Nach viermonatigem Prozess wurden am 2. Dezember 1847 acht Todesurteile und 97 Haftstrafen verhängt. Der Polenprozess war der erste öffentliche Prozess in der Geschichte Preußens, stieß auf reges Interesse und löste eine Sympathiewelle für die polnische

Sache unter den deutschen Demokraten in Berlin aus. Mieroslawski nutzte die Gelegenheit, in seiner Verteidigungsrede nichts abzustreiten, sondern für die Befreiung Polens zu werben. Wie es ihm auch Emma Herwegh bei ihrem Besuch im Gefängnis geraten hatte. Am 19. März 1848 wurde dem König eine Petition überreicht, in der er um eine Amnestie für die verurteilten Polen gebeten wurde. Als Zeichen der Sympathie versammelte sich die polenfreundliche Bevölkerung vor dem Schloss und zeigte sich entschlossen, die Polen notfalls mit Waffengewalt zu befreien. Der König gab nach, und die befreiten Polen wurden in einem Triumphzug durch Berlin geführt.[8]

»Schatz, wenn Krieg wird, zieh' ich mit!«

Unterdessen war Emma Herwegh schon längst wieder zurück in Paris und sah den revolutionären Aufständen in ganz Westeuropa mit gemischten Gefühlen zu. Im Februar 1848 formierte sich nach heftigen Barikadenkämpfen in Paris die provisorische Regierung, der König musste abdanken. Um der neuen Regierung eine Grußadresse zu überbringen, versammelten sich darauf in Paris rund 6000 dort ansässige deutsche Flüchtlinge. Bei der Gelegenheit entstand unter den Handwerkern, Studenten und ehemaligen Militärangehörigen die Idee, sich als Kriegszug zu formieren, um im süddeutschen Baden die revolutionären Truppen zu unterstützen. »Die hiesigen Deutschen waren noch voll von den Eindrücken der Februartage, die meisten der Arbeiter, welche später die deutsche Legion bildeten, hatten auf den Barrikaden mitgefochten – gesehen, gefühlt was ein Volk vermag, und zweifelten keinen Augenblick, dass dasjenige, was hier erobert und so leicht und freudig erreicht worden war, auch binnen kurzem das Eigenthum aller Nationen werden müsse«,[9] beschrieb Emma Herwegh die Stimmung unter den deutschen Flüchtlingen. Georg Herwegh wurde zum politischen Führer der Deutschen Legion gewählt. Alexander Herzen war (nachträglich) überzeugt, dass Emma Herwegh dafür gesorgt hatte, doch konnte er ihre Idee nicht begreifen. »Aus welchem Grunde hat diese Frau den Menschen, den sie so liebte, in diese gefährliche Situation gestoßen?« Die Antwort gibt er auch gleich selbst. »Es war zu erwarten, dass die Soldaten beim ersten Freiheitsruf die Waffen wegwerfen würden, dass das Volk die Insurgenten mit offenen Armen empfangen würde: der Dichter würde die Republik ausrufen, und die Republik würde den Dichter zum Diktator ausrufen.«[10]

Im heimatlichen Baden hatten sich bereits unter der Führung von Gustav Struve und Friedrich Hecker aufständische Truppen formiert, denen die Exilanten zu Hilfe eilen wollten, um den Umsturz in Baden zu beschleunigen. Emma Herwegh zog nicht nur als Ehefrau des politischen Führers des Zuges mit, sondern beteiligte sich aktiv am Geschehen und veröffentlichte ihren abenteuerlichen Kriegsbericht im Anschluss an den Kriegszug, um sich und vor allem ihren Mann öffentlich zu verteidigen.

Emma und Georg Herweghs revolutionärer Kriegszug war von einer Reihe von Fehleinschätzungen und Missverständnissen begleitet. So unterstützte zum Beispiel die provisorische Regierung Frankreichs die Legion nur mit 5000 Francs, jedoch nicht, wie versprochen, mit Waffen. »So viel ist gewiss, dass das revolutionäre Gouvernement vom 24. Februar in dieser ganzen Angelegenheit um kein Haar breit anders und offner gehandelt hat, als alle bisherigen Regierungen. Wir begehrten ja Nichts als Waffen, Waffen, um unsren bereits kämpfenden Brüdern eine wirklich energische Hülfe bieten zu können und auch die verweigerte man uns aus Furcht die Neutralität vis-à-vis der andern Mächte dadurch zu verletzen.« Doch für Neutralität hatte die engagierte Kämpferin schon gar kein Verständnis. »Neutralität! Die neue Zeit hat, seit das Reich der Diplomatie seinem Untergang nahe ist, und das der Demokratie, der Menschlichkeit, begonnen hat, einen treffenderen Namen für dieses Zwittergefühl. Es gibt Momente, wo die Neutralität allenfalls nur ein Zeichen von Geistesträgheit ist, es gibt aber andere, wie die jetzigen, wo sie zum offenbaren, schreienden Verrat wird«,[11] so Emma Herweghs bissiger Kommentar zum Verhalten der noch jungen revolutionären Regierung in Frankreich. Entsprechend militärisch dürftig waren die rund 1000 Revolutionäre ausgerüstet.

Sowohl die Bewaffnung als auch die Munition reichten nicht weit, doch erhoffte man sich die Beteiligung der badischen Bevölkerung und, was noch wichtiger war, man rechnete damit, dass die Soldaten der Regierungstruppen die Seite wechseln würden. Doch da die deutschen Zeitungen schon beim Marsch der Legion von Paris nach Straßburg von einer feindlichen, wilden und ausländischen Horde berichteten, traute sich der unterdessen ebenfalls ziemlich in der Klemme sitzende Hecker nicht, sich mit den Parisern zu solidarisieren, und ließ die Legion in Straßburg ohne Nachricht warten. In dieser unangenehmen Situation schritt Emma Herwegh zur Tat. Um Hecker zu suchen, reiste sie von Straßburg nach Mannheim und über Basel nach Konstanz, wo sie ihn schließlich fand und ihm die Situation der Legion beschrieb: »Sie wollen sich à tout prix schlagen, wenn nicht gegen Menschen, so gegen Windmühlen und da es ein Jammer wäre, wenn so viel guter Mut und so viel Kraft verloren gingen, denn die Menschen werden sich, wenn's Not thut, wie Löwen schlagen, so bestimmen Sie Herwegh möglich schnell: Tag, Ort und Stunde des rendez-vous.«[12] Hecker verriet Emma Herwegh zwar seine Pläne, doch vertröstete er die Legion weiterhin.

Mit diesem Bericht reiste Emma Herwegh zurück nach Straßburg, wo das Warten weiterging und langsam unerträglich wurde. Wieder wurde beschlossen, jemanden ins nachbarliche Kriegsgebiet zu schicken. »Aber Wen schicken wir nun? Freiburg und die ganze Umgegend bis ins Höllenthal sollen mit Truppen besetzt sein. – Mich, meine Herren, wenn's dem Präsidenten recht ist, und Sie mir die Botschaft anvertrauen wollen. Von Ihnen kommt Keiner durch, Sie würden festgehalten. Mich, lässt man überall passiren. Alle waren's wohl zufrieden, und so saß ich eine halbe Stunde später auf der Eisenbahn.«[13]

Emma Herweghs erneuter Einsatz als Kundschafterin verlief abenteuerlich. Sie machte sich auf die Suche nach Hecker, passierte feindliches Gebiet, wurde bespitzelt, konnte knapp einer Schlacht entrinnen und wurde schließlich fündig. »Als mich Hecker aussteigen sah, rief er aus: Sie sind's, Frau Herwegh? Na, Sie kommen grad recht, wir sitzen in der Mausefalle.«[14] Doch wieder wurde die Legion vertröstet. Die Zeitungsmeldungen von der »wild marodierenden Horde von Ausländern«, die einfallen würden, ließen den ohnehin schon unglücklich kämpfenden Hecker immer noch zögern, der ja seinerseits auf die Unterstützung der Bevölkerung angewiesen war. Aus dem Umfeld Heckers erfuhr Emma Herwegh endlich die

Friedrich Hecker (1811–1881) war einer der Führer des ersten badischen Aufstandes. Um Hecker in Baden zu unterstützen, bildete sich in Paris die Legion, an der sich Emma Herwegh beteiligte. Nach der Niederlage wanderte Hecker kurz vor dem zweiten Aufstand nach Amerika aus und wurde Farmer. Am dritten Badischen Aufstand wollte er zwar mitkämpfen, traf jedoch erst ein, als schon alles verloren war.

Begründung. »Sie wissen, wie unpopulär Ihre Sache, Dank der vielen lügenhaften Zeitungsberichte, hier geworden, dass die deutschen Arbeiter aus Paris überall als fremde Eindringlinge betrachtet werden. So infam, so abgeschmackt diese Gerüchte sind, sind sie dennoch in's Volk gedrungen, und ein einziger öffentlicher Aufruf an Sie, würde jetzt, wo die Soldaten noch nicht auf unsrer Seite sind, genügen, unser ganzes Unternehmen scheitern zu machen.«[15] Die Pariser Legion konnte ihm am ehesten helfen, wenn sie dahin zurückkehrte, wo sie hergekommen war. Doch das war natürlich nicht die Idee der einsatzwilligen Revolutionäre, die immer noch in Straßburg warteten. Es wurden verschiedenste unklare Abmachungen getroffen, und beim geringsten Vorfall, der sich als Zeichen interpretieren ließ, gab es für die schlecht informierte Legion kein Halten mehr. Als zu guter Letzt die übrig gebliebenen rund 600 Männer und eine Frau den Rhein Richtung Deutschland überqueren, waren ihre badischen Mitkämpfer bereits geschlagen.

Otto von Corvin, ein mitstreitender Offizier, beschreibt den Zug in seinen Erinnerungen. »Herwegh und seine Frau zogen an unserer Spitze, letztere in Männerkleidung. Sie trug schwarze Tuchpantalons und eine schwarze Sammetbluse mit einem Ledergürtel, in welchem zwei kleine Terzerole und ein Dolch steckten. Als Kopfbedeckung trug Frau Herwegh einen breitkrämpigen Hut ohne Kokarde oder Feder; das blondbraune Haar war nach Männerweise geordnet. Ihre äußere Erscheinung war nicht eben auffallend, denn wir sahen alle abenteuerlich genug aus; man hielt sie für einen halbwüchsigen Jungen.«[16] Nach eigenen Angaben soll Emma Herwegh die strapaziösen Märsche vor allem in einem der mitziehenden Wagen in der Mitte des Zuges hinter sich gebracht haben. Erst als die Situation kritisch wurde, musste auch sie auf unwegsamem Gelände zu Fuß marschieren. Da die Legion sich mit keinem anderen Zug vereinen konnte, da es einen andern schon gar nicht mehr gab und auch die Bevölkerung oder gar die Soldaten sich nicht, wie erhofft, mit den Revolutionären solidarisierten, blieb ihnen nichts anderes übrig, als sich durch das von württembergischen Truppen besetzte Gebiet zu schleichen und die Flucht in die Schweiz zu wagen. Unterwegs ergriff Emma ein weiteres Mal die Gelegenheit für einen Spezialeinsatz, als sich die völlig übermüdete Truppe in einer brenzligen Situation weigerte, weiter zu marschieren. Während sich die politischen und militärischen Führer zurückzogen, um zu beraten, was zu tun sei, hielt Emma den übermüdeten Soldaten eine flammende Rede und überzeugte auch den letzten vom Aufbruch. Nicht ohne Stolz beschreibt sie ihre mutige Tat. Sofort eilte sie zu den immer noch beratenden Männern: »Und so kehrte ich zum Comité zurück. Sie wollen Alle gehen, rief ich den Herren zu, ich hab sie gefragt, und Keiner will zurück bleiben. Der einzige der zu meiner Nachricht ungläubig den Kopf schüttelte, war Herr L. Er schien diese allgemeine Zustimmung für einen Akt der Galanterie zu halten, oder für einen tour de force um nicht in den Verdacht zu kommen, einer Frau an Mut nachzustehen. Möglich, dass dies bei einigen der Hebel war, aber war das ein Unglück, wenn man sie auf diese Art retten konnte.« Dennoch wurde die Legion in eine Schlacht verwickelt, bei der, trotz immenser Übermacht der württembergischen Truppen, die Legionäre aus Paris sich tapfer geschlagen haben sollen. So ist es zumindest bei Emma Herwegh nachzulesen. Im Anschluss daran gelang ihr unter abenteurlichen Umständen gemeinsam mit ihrem Mann – als Bauern verkleidet – die Flucht nach Rheinfelden.

Der offensichtliche Misserfolg der Legion war ein weiteres Mal ein gefundenes Fressen für alle, die Georg Herwegh feindlich gesinnt waren. So wurde er in der deutschen und schweizerischen konservativen Presse als der Schuldige am Debakel dargestellt und als Feigling, der sich hinter dem Rockzipfel seiner Frau versteckte. Er soll sich bei der Schlacht unter dem Spritzleder des Wagens versteckt haben, auf dem Emma oben saß und ihn tapfer verteidigte, berichteten die Zeitungen. Die Geschichte vom Spritzleder veranlasste Emma Herwegh abermals, ihre nicht allzu hohe Meinung über die Presse abzugeben und die Geschichte in ihrem Bericht richtig zu stellen: »Jene vielbesprochene Kutsche, die nach der einstimmigen Aussage aller Zeitungen jedenfalls ein verzaubertes Fuhrwerk gewesen sein muss, denn wie hätte sie sonst Herwegh, der viele Schritte davon entfernt stand, Schutz bieten können? – war für den unbefangenen Beschauer nichts – als ein offener, unbedeckter Leiterwagen, dessen einzige Bekleidung in etlichen Bündeln Stroh bestand, und von dem aus ich mit einigen vom langen Marsch Verwundeten dem Gefecht zusah.«[17]

Ihre Schrift mit dem provokativen Titel »Zur Geschichte der deutschen demokratischen Legion aus Paris, von einer Hochverräterin« wurde 1849 veröffentlicht und, wie nicht anders zu erwarten, gleich darauf von der Zensur verboten und beschlagnahmt.[18] Schließlich wurde Emma Herwegh aufgrund ihrer Beteiligung am Kriegszug in Württemberg steckbrieflich gesucht.

Nach der Flucht in die Schweiz ließ sich das Ehepaar Herwegh vorerst wieder in Paris nieder. Georg Herwegh stürzte sich in Melancholie, Emma Herweghs Glaube an ihre politischen Ideen und an ihren Mann blieb ungetrübt, obwohl die 1848er Aufstände, außer in der Schweiz, allesamt gescheitert waren, die revolutionäre Regierung in Frankreich abgewählt und durch eine konservative ersetzt worden war und Georg Herwegh sich zum Gespött der Emigrantenszene gemacht hatte. Ihr persönliches Fazit der politischen Situation in Deutschland nach den Aufständen: »Es giebt ein junges, demokratisches Deutschland! Ein Deutschland, das mit der alten Welt und ihren Sünden abgeschlossen hat, das nicht eher die Waffen niederlegen wird, bis Polen, bis Böhmen, bis Italien, bis ganz Europa frei, der letzte Kerker geöffnet, bis die letzte Kette gesprengt ist.«[19] Auch nach den in ganz Deutschland gescheiterten Revolutionen ließ sich Emma Herwegh nicht beirren, Alexander Herzen schätzte ihre Art der Verarbeitung der Niederlage als naiv ein: »Die äußerlich veranlagte, bewegliche Emma hatte nicht das Bedürfnis nach intensiver innerlicher Arbeit, die offensichtlich nur Schmerzen verursachte. Sie gehörte zu jenen unkomplizierten Zweitakt-Naturen, die mit ihrem Entweder-Oder jeden gordischen Knoten, ganz gleich ob von links oder von rechts, zerhauen, nur um irgendwie davon loszukommen und aufs neue weiterzueilen – wohin? Das wissen sie selber nicht.«[20]

Ein Einlenken oder Kooperieren mit den verhassten Mächtigen kam nicht in Frage. Was auch verhinderte, dass Georg Herwegh einem Broterwerb nachgehen konnte. Doch dazu war er als Künstler ja sowieso nicht gemacht. Auf den Vorschlag von Bettina von Arnim, Georg Herwegh solle doch in Württemberg leben, wo er auf den Kronprinzen gewiss viel Einfluss haben könnte, entgegnete Emma entrüstet: »Es scheint mir, dass in einer Zeit wie die uns're ein Mensch wie Georg eine höhere Aufgabe hat als die, blödsinnige Kronprinzen zu erziehen.«[21]

Italienische Revolution

Emma Herwegh setzte sich weiterhin für ihre Ideen ein, und auch wenn sie sich nach diesem Abenteuer nicht mehr aktiv an Aufständen beteiligte, so gelang es ihr doch noch da und dort, bei politischen Aktionen vor allem im Kampf um die Einigung Italiens aus dem Hintergrund mitzumischen. Zu diesem Engagement für die italienische Sache gehört die Geschichte mit Felice Orsini. Seit August 1853 führten die beiden einen regen Briefwechsel, in dem Orsini Emma Herwegh über all seine Aktivitäten und Unterneh-

Vittorio Imbriani (1840–1886) lebte als Kind des liberalen Kämpfers Emilio Imbriani in Nizza, als Emma Herwegh dort ihre italienischen Kontakte knüpfte. 1858 folgte er seinem Lehrer Francesco de Sanctis, der an die Universität berufen wurde, nach Zürich. Er war der Ungestümste von allen italienischen Freiheitskämpfern im Umfeld der Familie Herwegh und ein offener Bewunderer Emmas. 1860 zog Imbriani nach Berlin weiter und wurde dort vom stürmischen Revolutionär zum reaktionären politischen Journalisten.

mungen auf dem Laufenden hielt. Nach einer missglückten Verschwörung gegen Österreich im Dienst Giuseppe Mazzinis wurde er des Landes verwiesen und reiste nach London, von wo er Emma wehmütige Briefe schrieb, sich um seine Familie sorgte, seine Untätigkeit und das triste Leben in England beklagte. Schließlich gelang ihm nach einem Jahr die Rückreise nach Italien, wo er wiederum agitierte und erfolglose Kämpfe für Mazzini bestritt und dabei einige Male nur knapp den feindlichen Regierungstruppen entkam. Nach einer beschwerlichen Flucht über die Bündner Alpen kam er schließlich am 31. August 1854 bei Emma Herwegh in Zürich an. Dort machte er sich Gedanken, wie es weitergehen sollte, und wälzte verschiedene Pläne wie etwa, sich der russischen Armee anzuschließen, um endlich wieder einmal seiner offenbar unbändigen Kampfeslust frönen zu können. Emma gelang es, ihn von diesen Plä-

Piero Cironi (1819–1861) war einer der italienischen Patrioten im Umfeld Emma Herweghs. Ludmilla von Assing verfasste 1867 seine Biografie. Er war beteiligt an der Befreiung Orsinis aus dem Gefängnis von Mantua. Cironi lebte von 1853 bis 1856 in Zürich. Er soll gemäß einem englischen Historiker in Emma Herwegh verliebt gewesen sein und seinen Genossen Felice Orsini, um ihn loszuwerden, in gefährliche Kriegsgebiete geschickt haben.

nen abzubringen und ihn von neuem für den italienischen Freiheitskampf zu begeistern.

Sein Genosse Piero Cironi, der gemäß dem englischen Historiker Michael St. John Packe in Emma verliebt war und Orsini loswerden wollte, schlug ihm vor, bei den übrig gebliebenen revolutionären Truppen in Mailand nach dem Rechten zu sehen. Dies stachelte Orsinis Abenteuerlust von neuem an, und er brach mit einem gefälschten Pass von Georg Herwegh im Gepäck zur Weiterreise auf. Die Idee war in Emma Herweghs Kopf entstanden, als sie auf dem alten Passfoto von Georg Herwegh die verblüffende Ähnlichkeit zwischen ihm und dem italienischen Patrioten bemerkte: dieselbe Haar- und Barttracht, dieselben dunklen Augen, dieselbe strenge Miene. So wurde auf dem Papier aus Georg Herwegh »Giorgio Hernagh«, und Orsini reiste damit mehrere Monate unbehelligt nach Osteuropa. Von dieser Reise schrieb er Emma mehrere lange Briefe, in denen er sich über seine Mission, seine Gesundheit und zu ihrer Freundschaft äußerte: »Was die Freundschaft zwischen uns beiden angeht, so schien sie mir in Zürich noch viel wirklicher als in Nizza, auch von meiner Seite aus, also halte ich mich an meiner Vorstellungskraft aufrecht: Im Moment höre ich ohne Leidenschaft und ohne Übertreibung auf mein Herz. Es spricht zu mir von wahrer Freundschaft und Wertschätzung, und dies empfinde ich für Sie.«[22]

Doch Emmas List mit der vertauschten Identität hielt nicht lange vor: Orsini wurde Mitte Dezember 1854 in Hermannstadt (Transsylvanien) verhaftet, nach Wien gebracht und dort verhört, schließlich des Hochverrats angeklagt und ins Gefängnis von Mantua gesteckt.

Da er dort früher oder später die Todesstrafe befürchten musste, sann Orsini über Fluchtpläne nach. Er erreichte bei der Gefängnisleitung die Erlaubnis, mit Emma Herwegh in Kontakt zu treten, und schrieb ihr kurze, belanglose Botschaften. Zwischen den Zeilen enthielten diese Briefe mit Zitronensaft geschriebene Nachrichten wie Bitten um Geld, Beschreibungen der Zustände im Gefängnis, Informationen für Mazzini oder Fluchtpläne. Emma Herwegh beschreibt, wie sie und Georg hinter das Geheimnis kamen: »Nachdem er in Wien angekommen war, schrieb er mir mehrere Male unter verschiedenen Namen, wie wir es vereinbart hatten: Dann, nach mehreren Wochen Stillschweigen, schrieb er mir einen Brief aus Mantua, an meinen richtigen Namen adressiert, der nur wenige Worte in Französisch enthielt und mit ›Georges Hernagh V.S.‹ unterzeichnet war. Dieses ›V.S.‹, wie wir später erfuhren, war das Visum von Sanchez, dem Gefängnisdirektor von Mantua. Noch kamen mir keine Zweifel, obwohl ich nicht ganz verstand, warum der Briefinhalt so bedeutungslos war. Erst Georg, dem ich den Brief zeigte, sagte: ›Ich glaube, das Briefpapier ist präpariert, das Siegel fehlt auch – wir sollten ihn einmal etwas der Wärme aussetzen.‹ Er holte eine kleine Berzelius-Lampe, und in deren Schein entpuppte sich das Papier als langer Brief, der alle Details über die Bedingungen im Gefängnis von F. enthielt. Ich begann sofort, ihn zu kopieren, um seinen Inhalt an Cironi und Mazzini weiterzuleiten. Ohne diesen klei-

Giuseppe Mazzini (1805–1872) gründete als Emigrant in Marseille 1831 das »Junge Italien« und war einer der Führer im Kampf um die nationale Einheit Italiens. Er lebte von 1833 bis 1837 in der Schweiz und war gemeinsam mit Emma Herwegh beteiligt an der Befreiung Felice Orsinis aus dem Gefängnis von Mantua.

nen Zwischenfall, nur dank der Aufmerksamkeit von Georg, hätte ich wahrscheinlich Brief um Brief erhalten, ohne etwas zu ahnen.«[23] – Womit wieder einmal Emma Herweghs Eigenart zum Vorschein kommt, die guten Taten ihres Ehemannes in den Vordergrund zu stellen.

Diese Korrespondenz dauerte bis März 1855 an. Die Briefe enthielten von der Seite Orsinis nicht nur Geldforderungen, für die die Herweghs in Zürich regelmäßig Sammelaktionen in revolutionären Komitees machen mussten, sondern auch abenteuerliche Ideen für Fluchthilfe. So schlug er zum Beispiel vor, Emma solle ihm einen Mantel schicken, in dessen Knöpfen Opium versteckt sei, mit dem er bei Gelegenheit die Gefängniswachen betäuben könne. Zuerst ließ Mazzini einen solchen Mantel in London präparieren, doch dessen Zustellung missglückte. Daraufhin fabrizierte Emma in Zürich das

Gewünschte und schickte es erneut nach Mantua. Leider hatte das Betäubungsmittel nicht die gewünschte Wirkung, als es Orsini eines Nachts anlässlich einer Feier unter dem Gefängnispersonal ausprobieren wollte. Schließlich behalf er sich mit Literatur: Seinen Bitten, ihm die Werke des französischen Physikers und Astronomen François Arago zu schicken, kam die Gefängnisleitung nach. Emma besorgte die Bücher in Zürich und ließ in deren Buchdeckel dünne Metallfeilen einbinden. Mit deren Hilfe schaffte es Orsini in nächtelanger Kleinarbeit, die Gitterstäbe seines Fensters zu durchsägen, und am 30. März 1856, morgens um 2 Uhr, seilte er sich an der Gefängniswand ab. Es gelang ihm durch eine Reihe glücklicher Zufälle, aus Österreich zu entkommen. Am 11. April 1856 erhielt Emma eine Nachricht von ihm: »Liebste Emma. Ich bin seit 12 Tagen frei, seit 2 Tagen außerhalb Österreichs.« Eine Woche später fand er wieder Zuflucht in ihrem Haus in Zürich.

Es sollte das letze Mal sein. Am 21. Mai verließ er Zürich wieder in Richtung London, wo er bald in die Vorbereitungen für das Attentat auf Kaiser Napoleon den III. verwickelt war. Es fand am 14. Januar 1858 vor der Pariser Oper statt. Obwohl dem Kaiser selber nichts Ernsthaftes geschah, starben acht Personen bei dem Attentat, viele weitere wurden durch die Bombenexplosion verletzt. Orsini wurde verraten, verhaftet und hingerichtet.

Die selbstlose Rolle Emma Herweghs wurde während des Hinrichtungsprozesses vom Verteidiger Orsinis, Jules Favre, vorgebracht, um die Emotionen des Publikums für sich zu gewinnen. In seinem Schlussplädoyer soll er gesagt haben: »Eine Frau wollte nicht, dass er stirbt! Mit einem Gespür, einer Hingabe und Weisheit, wie es nur warmherzige Frauen haben können, schaute sie dafür, dass er die Instrumente für seine Befreiung erhielt!«[24] Doch trotz dieses Einsatzes gab es keine Rettung für ihn. Orsini wurde am 13. März 1858 in Paris öffentlich hingerichtet. Marie d'Agoult, die damals in Paris lebte, schrieb Emma Herwegh über die Stimmung in der Stadt: »Ich habe Ihnen wohl schon erzählt, dass 10000 Soldaten die Leute abhalten mussten, sich dem Platz zu nähern, aber einigen gelang es, auf die umliegenden Bäume zu klettern, und auf ein Signal hin, das sie vereinbart hatten, um den entscheidenden Moment an-

Felice Orsini (1819–1858) lernte Emma Herwegh 1850 in Nizza kennen. Der italienische Freiheitskämpfer wurde zu einem ihrer engsten Freunde, der auch verschiedentlich als ihr Liebhaber gehandelt wurde. Durch den Kontakt mit ihm begann Emma Herwegh, sich für den Kampf um die italienische Einheit zu begeistern. Felice Orsini bewunderte Emmas revolutionären Geist und ihre unkonventionelle Art. Nach einem Attentat auf Napoleon III. wurde Orsini in Paris zum Tod verurteilt und hingerichtet.

zuzeigen, zog sich das dichtgedrängte Volk in den umliegenden Straßen mit Respekt und in tiefer Stille zurück. Man hat mir zudem hier versichert, dass der österreichische Botschafter reservierte Plätze hatte auf dem Platz gegenüber des Schafotts!«[25]

Die abenteuerliche Fluchtgeschichte ging später in die Volksliteratur ein. Noch zu Emmas Lebzeiten wurde ein Theaterstück im Juli 1868 in Mantua uraufgeführt unter dem Titel: »Processo e fuga di F. O. dal Castello di S. Giorgio in Mantova«. Es wurde mehrere Male in der »Arena virgilania« in Mantua von Voksschauspielern aufgeführt. Die Figur der Emma Herwegh wurde dabei zur Geliebten des Hauptdarstellers.[26] Diese romantischen Anspielungen auf eine heimliche Liebesaffäre zwischen Emma Herwegh und Felice Orsini tauchen in der Literatur immer wieder auf, sind aber bis heute nicht erwiesen.

Wilhelm Rüstow (1821–1878) war als deutscher Exilant der 1848er-Bewegung ein häufiger Salongast bei Emma und Georg Herwegh in Zürich. Ursprünglich preußischer Offizier, wurde er wegen Kritik an den deutschen Armeeverhältnissen kriegsgerichtlich verurteilt und floh in die Schweiz. Dort lehrte er zuerst Militärische Wissenschaften an der Universität Zürich und wurde 1870 Dozent für Kriegswissenschaften am Polytechnikum Zürich. Er publizierte mehrere Standardwerke zur Militärgeschichte.

Eine Art Nachfolger für die Ermunterungen Emmas bildete nach dem Tod Orsinis Friedrich Wilhelm Rüstow, ein enger Freund der Herweghs, der seit 1852 mit ihnen in Zürich lebte. Rüstow stammte aus Preußen, war ein leidenschaftlicher Stratege und Militärhistoriker gewesen und hatte zwischen 1838 und 1848 für die preußische Armee als Offizier gearbeitet. Als sich seine politischen Ansichten mit der Zeit radikalisierten und er sich in einer Publikation für den Nationalstaat und die Demokratie einsetzte, wurde er 1850 von Preußen des Hochverrats angeklagt und zu 31 Jahren Gefängnis verurteilt. Von diesen verbrachte er sechs Monate in Posen, dann gelang ihm beim Transport in ein anderes Gefängnis im Juli 1850 die Flucht. Als Frau verkleidet, schaffte er zusammen mit zwei Freunden per Kutsche und Zug den Weg in die Schweiz. Dort ließ er sich wie die meisten in Zürich nieder und lebte zuerst von seinen Schrif-

Giuseppe Garibaldi (1807–1882) eroberte 1860 mit dem »Zug der Tausend« Sizilien. Emma Herwegh übersetzte die Autobiografie des Revolutionärs unter dem Titel »Memoiren des Generals Joseph Garibaldi« ins Deutsche. Emma Herwegh war bis an ihr Lebensende begeisterte Garibaldi-Anhängerin und trug das Ihre dazu bei, seinen Ruhm auch im deutschen Sprachraum bekannt zu machen.

ten, von 1852 an hatte er eine Stelle als Privatdozent für Militärische Studien an der Universität. Zusammen mit dem Altphilologen Hermann Koechly gab er mehrere Werke zu antiker Militärgeschichte heraus. 1853 ließ er sich einbürgern und arbeitete bald darauf als technischer Berater und Autor eines Strategie-Handbuches für die Schweizer Armee.

Als häufiger Gast bei den Herweghs nahm Wilhelm Rüstow regen Anteil an den politischen Diskussionen im Kreis der italienischen Patrioten. Emma Herwegh ermunterte ihn im Frühling 1860 dazu, seine militärische Erfahrung und seine strategischen Talente in den Dienst Giuseppe Garibaldis zu stellen. Rüstow tat dies, bis er nach einem Kampf um Neapel von der Kompromissbereitschaft seines Vorgesetzten enttäuscht war und kriegsmüde nach Zürich zurückkehrte. Trotzdem waren beide Herweghs von einer wahren Garibaldi-Begeisterung getragen und trugen das Ihrige dazu bei, seinen Ruhm auch im deutschen Sprachraum bekannt zu machen: Emma Herwegh übersetzte die Autobiografie des Revolutionärs unter dem Titel »Memoiren des Generals Joseph Garibaldi« ins Deutsche und konnte sie in Zürich beim Verlag Schabelitz publizieren. Georg Herwegh übernahm den lyrischen Part und übertrug die Garibaldi-Hymne ins Deutsche.

Emma Herwegh blieb ihr Leben lang radikal und ließ sich auch 1871, als die Deutsche Einigung unter preußischer Führung durchgesetzt wurde, nicht beeindrucken. Ihre Republik durfte keinen König haben und schon gar keinen Kaiser. Die freie Erde ihrer Heimat konnte nur in der Schweiz sein. Deshalb ließ sie ihren Mann 1877 in Liestal begraben, und deshalb liegt auch sie selbst dort, neben ihm.

Einblicke

Emma Siegmund über politische Opportunisten
Aus dem Tagebuch der 25-jährigen Emma Siegmund, 18. Juli 1842

Ich habe nie eine Scheu vor den argen Aristokraten gehabt, die mit Freimütigkeit ihre Farbe trugen, so fern ich selbst ihrer Ansicht bin, aber einen tiefen Widerwillen hege ich gegen jene Menschenmasse, die weder groß genug sind nach der Freiheit zu streben, noch mutig genug, sich dreist der entgegengesetzten Partei anzuschließen. Dieses sogenannte juste milieu, aus dem weder eine Tugend noch ein Verbrechen hervorgeht, für das es in der ganzen Farbwelt keine bestimmte giebt, diese Zwitternaturen halb liberal, halb royal, diese aechten Schmarotzerpflanzen, die heute auf die Auferstehung Polens und Morgen auf den Kaiser Nikolaus ihre Toaste ausbringen, in dem einen Knopfloch den Orden der légion d'honneur, und dicht daneben einen für *geheime* Staatsverdienste, vielleicht in Russland erworben, tragen, das ist die Brut, die ich vertilgt sehen möchte. Glaubt was ihr wollt, nur habt den Muth eure Gesinnung öffentlich zu bekennen und zu vertreten. Damit ist von keinem Herausschreien seiner politischen Ansichten die Rede, nicht davon, dass man dem ersten Besten Hansnarren ins Gesicht rufe ich bin liberal, ich bin Royalist – nein, nur davon im Falle der Nothwendigkeit, wo es darauf ankommt, die gegenseitigen Meinungen auszutauschen, da seid offen mit einander. – Seid lieber erklärte Opponenten als falsche Mitschleicher – wie der Schlamm auf den grünen Gewässern, der sich auf den klaren Wasserspiegel setzt und ihn entstellt. – Dieser Schlamm ist das ächte Bild jener Höflinge und Speichellecker, die schon bei Lebzeiten Seele und Leib den Convenienzen zum Opfer gebracht haben und doch so wenig wahre Rücksichten kennen, so wenig von dem, was das Gefühl der Nächstenliebe uns zu tun gebietet.

Bei den gefangenen Polen in Berlin
Aus den Briefen Emma Herweghs an Georg Herwegh

Berlin, 29. Oktober 1847

Was die Gefangenen betrifft so scheinen die Liberalen loskommen à tout prix als das einzig Richtige in solchem Fall zu sehen, das einzig Angemessene für Leute, die Besitz, Familie etc. haben. Wenn ich die Wahl hätte, das Liebste, was ich besitze zum Tode verurteilt zu sehen oder unter diesen Bedingungen freigesprochen, ich würde keinen Augenblick schwanken. – Für mich fängt die polnische Niederlage erst mit dem Prozess der Gefangenen an, bis dahin waren sie Gefangene, aber nicht Besiegte, jetzt haben sie sich moralisch tot gemacht.

Berlin, 3. November 1847

Man ist so vergnügt, wenn man was durchsetzt, so geht's auch mir, die ohne irgend besondere Schritte zu tun, auf eine Unterredung mit dem Staatsanwalt Wentzel hin, den ich Montag Abend bei Fanny Lewald gesprochen, dennoch allen guten Freunden zum Trotz ins Gefängniss gelangen werde. Ich gestehe, dass das Selbstgefühl bei diesem Reüssieren etwas angeregt worden, was man entschuldigen und menschlich finden wird, wenn man bedenkt, dass mir ohne irgend eine Konzession auf ganz geradem Wege etwas geglückt, um das Bettina sich vergeblich bis an die höchste Instanz gewendet. Nun, Glück muss zu Allem sein, aber Wille auch, und es gehört zu einer erlaubten und angenehmen Genugthuung das Bewusstsein zu haben, wenigstens im kleinen erreichen zu können, was man erstrebt.

Meine Begegnung mit dem Staatsanwalt war sehr förmlich und verursachte allgemeines Gelächter; ich kam seinem Entsetzen, das der Name Herwegh jedesmal bei diesen Leuten hervorruft, durch die Bemerkung zuvor, dass ich H. Lewald, meinen Begleiter, der auf dem Wege war mich zu nennen, mit der Bitte unterbrach, meinen Namen erst nach unserer Unterredung zu sagen, da sonst bei dem Herrn Beamten schwer auf eine menschenfreundliche Unterhaltung zu rechnen wäre. Dies brachte selbst den Herrn Anwalt in solche zugängliche Laune, dass er vorerst gegen diesen Verdacht, auch er könne zu denen gehören, für die der Name Herwegh ein Feuerzeichen, lebhaft protestierte und zuletzt nach fünf Minuten bewilligte, was sein Kollege so ungefällig verweigert. Ich sagte ihm auch zum Schluss, dass ich ihn für einen Beamten recht human fände und sobald ein Tag kommt, wo seine Sitzung ist, besuch ich meine lieben Gefangenen.

Ich hätte zehn zu eins wetten wollen für eine Amnestie, wenn sie sich sämtlich für schuldig erklärt hätten, statt sich auf's Leugnen zu legen. Ach sie fühlens jetzt auch fast alle selbst, und Mieroslawski hat erst neulich zu Berwinski geäußert: Ich weiß eigentlich kaum, ob ich mir die Freiheit wünschen soll, ich bin ein verlorener Mensch; zu tun ist im Moment nichts und schreiben kann ich auch im Gefängniss!

Berlin, 25. November 1847

Nun höre wie es kommt: ich fahre mit Lewald nach Moabit, werde in das Zimmer des Hauptmanns geführt, der entschlossen war, mir Mieroslawski nicht zu zeigen, und kaum war ich fünf Minuten da, sind Spezialverbot und alle möglichen Bedenken beseitigt, ohne ein Wort meinerseits, das ich nicht jedem sagen könnte, und der alte gutmütige Herr antwortet: Ich weiß nicht warum, aber so schwach war ich mein Lebtag nicht; Sie sollen ihn sehen, aber ich verlange, dass Sie es niemandem hier sagen und die Schwester Mieroslawskis besonders beauftragen, in ihren Briefen an den Bruder oder sonstige Gefangene nichts darüber zu erwähnen (denn sie darf von meinem Besuch beim Bruder nichts wissen), damit ich keine Unannehmlichkeiten habe. Der Herr Direktor ist aber, beiläufig gesagt, ein solcher Esel, ein so gutmütiger, schwacher Mensch, dass nicht acht Tage vergehen, und er hat's selbst aller Welt erzählt, welche Heldenthat er begangen. Schon am nächsten Abend wurd' es ihm schwer, den Mund zu halten, nur will ich nicht die Veranlassung sein. Zuerst wurde Matecki zu mir geführt. Der arme Mensch konnte sich vor Freude gar nicht fassen und rief einmal übers andere aus: Das werd' ich Ihnen nie vergessen, Frl. Emma! Er sah sehr wohl aus und war auch heiter, wenigstens gefasst. Über das Berliner Staatsgefängniss klagte übrigens kein einziger, nur sind die Zellen sehr klein und traurig, denn das Licht fällt durch eine schräglaufende Spalte spärlich hinein, so dass sie weder Himmel noch Erde sehen können. Die Krankenzellen sind heller und besser, und in einer solchen wohnen Matecki und Libelt gegenwärtig. Matecki wie Mieroslawski sehen die Verkehrtheit des ganzen Verteidigungssystems ein und werden nicht appellieren, wie auch das Urteil ausfällt. Lewald hatte mir nämlich unterwegs gesagt, dass er seinen Klienten entschieden von der Appellation an die zweite Instanz abreden wolle, weil wenig davon zu hoffen und viel zu fürchten sei. »Appellieren die Gefangenen um Verringerung der Strafe«, so sagte er mir, »dann appellieren der Staatsanwalt und sämmtliche Richter um Verschärfung, während, wenn die Angeklagten bei dem ersten Erkenntniss, das den 4. oder 5. Dezember verkündet werden wird, es bewenden lassen, sämmtliche Richter übereingekommen sind, die allgemeine Amnestie vom König zu erzwingen, um das Schicksal nicht von dem persönlichen Gnadengesuch an ihn abhängig zu machen, wozu sich keiner der Führer und auch wenige der andern verstehen würden.« Dies teilte ich beiden mit, obschon ich wohl wusste, dass von diesen keine Appellation zu befürchten. Diejenigen natürlich, welche jeden Anteil an der Konspiration bisher geleugnet, werden auch darin beharren, wie sich's von selbst versteht, bis man sie freigesprochen. Länger als zwei Jahre, meint Lewald, wird vermutlich keiner sitzen, wie auch das Erkenntniss ausfallen wird. Mieroslawski trat mit den Worten ein: Que je suis content de vous voir, Madame, laisser vous regarder, il y a un an que je n'ai vu de femme – (das war echt!). Von seiner 1½-jährigen Haft in Posen erzählte er die schändlichsten Dinge mit dem Zusatz, dass die vollständige Einsamkeit, in der man ihn gehalten, das Fürchterlichste von allen Übeln gewesen. Sein Aussehen ist frischer und blühender denn je und was seinen Humor anbetrifft, so ist der auch noch derselbe. Sein persönliches Schicksal kümmert ihn, so scheint's, sehr wenig, und er fühlt auch sicherlich, dass auch seine Lorbeeren nicht so voll und frisch sind, wie sie sein sollten. Neues wusste er nicht und fragte mich danach. Bücher hat er, aber er wollte wissen, wie es in der Welt aussieht, und ich bemerkte zum eigenen Entsetzen, dass man sich ohne Furcht, ein Ignorant zu werden, jetzt getrost jahrelang einstecken lassen kann. Zeitungen, Bücher melden ja fast alles, aber die Offenbarung durch Menschen ist selten. Er fragte nach der Stimmung über die polnische Sache; ich sagte ihm frei heraus, was wir Alle schmerzlich gefühlt und Alle, die in diesem Kampfe mehr als einen Partei-Kampf gesehen. Als Mieroslawski sich zurückgezogen wurde Kaplinski (der Maler) vorgerufen, aber nur unter der Bedingung, dass ich meinen Namen nicht nannte und mich als Lewalds Schwester vorstellen ließ. Ein Mann mit einem schönen Gesicht, mit schönen, glatten, schwarzen Haaren, freier, feiner, geraden Nase, scharf und in leichtem Bogen gezeichneten Brauen, dunklen melancholischen Augen, einem feinen, frischen Mund, dazu Gestalt und Bewegungen jugendlich, halb noch die eines Kindes. Mieroslawski, der jeden Besuch allein haben wollte, der Kaplinski unausstehlich findet, protestierte durchaus gegen die Bewilligung dieser Audienz und rief, als alles nichts half: Je proteste au nom de Mr. Herwegh. – Ich sagte aber Herrn Grabowski, dass ich gut und sicher gepanzert wäre, er möge das Wunder nur vorführen, ich wär' das Schönste gewöhnt.

    Lewald und Grabowski fuhren mit mir bis vor die Thür, wo ich dem Direktor die Gefängniss-Schlüssel zurückgab, die ich bei meiner Ankunft, als er sie mir gezeigt, eingesteckt hatte, und nach denen ich ihn wohl eine Viertelstunde vor der Abfahrt ruhig hatte suchen lassen. Er konnte vor Staunen und Lachen kaum sich fassen, drückte mir die Hand und fuhr mit Lewald zu Thiermann, einem Berliner Delikatessenhändler, seinen Geniestreich im Rheinwein zu vertrinken und in Austern zu veressen. Morgen nehme ich ihm als Angebinde die »Gedichte eines Lebendigen« mit und werde den Spaß haben, dass ein königlicher Gefängnissdirektor sich für Georg Herwegh begeistert. Lewald, dem ich's gesagt, freut sich schon im voraus.

Berlin, 1. Dezember 1847

Gestern war ich wieder im Gefängniss, habe die Bekannten wiedergesehen. Beim alten Hauptmann stehe ich gerade dadurch, dass ich keine Winkelzüge gemacht und den Kopf stolz auf den Schultern als Emma Herwegh zu ihm gekommen, dermaßen in Gunst, dass er mich zu einem wiederholten Besuch bei den Gefangenen aufgefordert und mir die Zellen gezeigt hat, was sonst nicht im Reglement steht. Bis auf die mattgeschliffenen Scheiben, die den Gefangenen vermöge ihrer Höhe und Undurchsichtigkeit jeden Blick himmel- und erdenwärts verwehren, ist die übrige Einrichtung für ein Strafgefängniss erträglich – die Fenster sollen abgeändert werden. Dem Direktor Grabowski habe ich die »Gedichte eines Lebendigen« mit einem revolutionären Schreiben gesandt, wie es ein Kerkermeister wohl selten bekommt. Freisinnige Menschen haben in uns'rer Zeit einen doppelten Ruf, sich, wenn der Moment es fordert, frei zu äußern. Durch die Hinterthür zu irgendeinem Vorzug zu kommen, ist nicht mein Geschmack; ich will das, was ich im Leben erstrebe als Georg Herweghs Weib erreichen, nicht als Magd, darum fügte ich dem Buche einige Worte bei. Der Brief schloss nämlich ungefähr so: »Ich glaube Ihnen kein wahreres Zeichen meiner Anerkennung geben zu können, als indem ich Ihnen dieses Buch sende und Ihnen dadurch mit Zuversicht eine heilige Waffe gegen die Sklaverei anvertraue.« Köstlich ist es aber doch, dass die »Gedichte eines Lebendigen« einem Kerkermeister als Andenken geschenkt werden.

Berlin, 7. Dezember 1847

Die meisten der freigesprochenen Gefangenen haben mit ihrer Freiheit nichts erlangt, als die königliche Erlaubniss zu verhungern oder durch die Not den Aufruf zu einer Wiederholung. Die ein Amt hatten, sind, wie natürlich, entsetzt; die Studierenden werden jeder Aussicht auf eine Stelle beraubt; selbst die Gewerbetreibenden um jede Möglichkeit gebracht, sich zu etablieren, und so ist eigentlich auch diese Gnade rein illusorisch. Wenn die Regierung klug wäre, so pensionierte sie statt der Poeten lieber die entlassenen Gefangenen, denn der Hunger ist der Dutzbruder der Empörung. Hab' ich wohl recht?

Berlin, 11. Dezember 1847

Mieroslawski, Elzarowski, Kurowski und der Priester werden nicht appellieren, Kofinski hat sich bereits um Begnadigung an den König gewandt und einstweilen die Zusicherung von höchster Hand bekommen, dass vom Tode keine Rede sei, und er sein Schicksal im weiteren Geschäftsgang erfahren werde. Ob niemand hingerichtet wird, ist eine ungelöste Frage: die allgemeine Stimme ist der festen Überzeugung, es werde nicht geschehen; mit einem König wie dieser jedoch, der so inkonsequent und wo alles vom Wein, von dem, der den Vortrag stellt, und der Himmel weiß, welcher Zufälligkeit abhängt, kann man auf nichts fest schwören, eh' man es gehört, und dann kaum.

Auf Dabrowski wird von Seiten Russlands gefahndet, das ist authentisch, nicht etwa nach Hörensagen. Dicht bei seinem Gute, d. h. an der russischen Grenze, also ungefähr eine Stunde von Winagora, hält eine Kosacken-Schwadron von einem General angeführt, dessen Namen ich vergessen, die nur auf den Moment der Rückkehr wartet, ihn sammt der Frau gegen Belohnung von 1000 Silberrubel zu fangen und zu transportieren.

Berlin, 14. Dezember 1847

Über das Urteil der acht zum Tode verurteilten weiß man noch nichts, und Lewald, den ich am Abend zuvor, um Sicheres über den Fortgang des Prozesses zu erfahren, zu mir beschieden, versichert, dass vor acht Monaten an keine Veröffentlichung des Erkenntnisses zweiter Instanz zu denken sei und selbst das Schlussurteil der Vier, welche nicht appellieren und sich ebensowenig an die königliche Gnade wenden werden: Mieroslawski, Kurowski, Tododziecki, keineswegs vor dieser Frist bekannt und vollstreckt werden wird. Die Vollziehung des Todesurteils irgend eines wird doch selbst von allen Richtern für so unmöglich gehalten, dass einer der Minister, dessen Namen ich leider nicht weiß, laut geäußert haben soll, im entgegengesetzten Falle seine Stelle niederzulegen. Dies sind keine vagen, sondern positive Nachrichten, ebensowenig wie diejenige, dass der Staatsanwalt nur gegen drei um Verhärtung der Strafe antragen wird. Libelt, mit dem ich ein mehrstündiges Gespräch gehabt, ist auch der festen Überzeugung, dass keiner der Gefangenen länger als etliche Jahre sitzen wird, und die hiesigen Richter hoffen auf allgemeine Amnestie am Silberhochzeitstage des Königs, nächsten 29. November. Libelt hat mir unendlich gefallen; eine edlere und würdigere Erscheinung kann man kaum sehen und es ist ein Jammer, dass solche Menschen eingekerkert sein müssen. Ich würde mich keinen Augenblick besinnen hier zu bleiben, wenn ich dadurch nur den Schimmer einer Hoffnung haben könnte, einem, selbst dem Unbekanntesten der Gefangenen zu nützen – aber Alles, was man hier vermag, und auch eine Frau, wenn sie Herz hat, thun muss, ist, sich wenigstens mit Worten gegen das schändliche Verfahren zu empören; die verhallen aber mit dem nächsten Winde, weil kein Echo da ist, das sie auffängt und tausendfältig wiederholt.

Vielleicht, dass der einfache Bericht in der Zeitungshalle die Herren nötigt, aus Politik zu thun, was sie aus Herz nicht thun würden. Von dieser grenzenlosen Lauheit und Schlaffheit der Berliner hat eben nur der eine Vorstellung, der sich in jeder Minute, wie ich zur Stunde, an ihnen stößt. Wäre ein Verfahren wie das gegen M. denn außer in Russland irgendwo möglich, wenn es hier Menschen gäbe und nicht bloß Maschinen. Wo der starre Beamte anfängt, hört der Mensch auf, und die Disziplin ist dem Preußen so eingebaut, dass er eher sich selbst verrät, als vom toten Buchstaben abzuweichen. Morgen Abend bin ich bei Bettina. Die schreibt Brief auf Brief an den König und ist, was man auch sagen mag, die Einzige hier von denen, die ich kenne, die das Herz auf dem rechten Fleck hat.

Berlin, Ende Dezember 1847

Die Menschen sind zu kalt, zu gefühllos hier und nehmen das ganze Elend ihrer politischen und socialen Verhältnisse wie ein Verhängniss auf, nicht wie ein Übel, das zu bewältigen ist und mithin auch bewältigt werden muss. Ja, wenn jeder mit den ihm zu Gebot stehenden Kräften wirken und kämpfen wollte, dann wäre noch Aussicht. In Betreff der Verurteilten habe ich sie nach Möglichkeit aufgerüttelt und ihnen unzähligemale wiederholt, dass jeder Einzelne einen Teil der Schmach und des Fluches auf sich lade, der es versäumen würde, eine solche Ausführung unmöglich zu machen.[27]

Emma, die Amazone
Auszug (Schluss) aus Simplicissimus I von Heinrich Heine[28]

Als Amazone ritt neben ihm
Die Gattin mit der langen Nase;
Sie trug auf dem Hut eine kecke Feder,
Im schönen Auge blitzte Extase

Die Sage geht, es habe die Frau
Vergebens bekämpft den Kleinmut des Gatten,
Als Flintenschüsse seine zarten
Unterleibsnerven erschüttert hatten.

Sie sprach zu ihm: »Sei jetzt kein Has,
Enthemme dich deiner zarten Gefühle,
jetzt gilt es zu siegen oder zu sterben –
Die Kaiserkrone steht auf dem Spiele.

»Denk an die Not des Vaterlands
Und an die eigen Schulden und Nöten.
In Frankfurt lass ich dich krönen, und Rothschild
Borgt dir wie andren Majestäten.

»Wie schön der Mantel von Hermelin
Dich kleiden wird! Das Vivatschreien,
Ich hör es schon; ich seh auch die Mädchen,
Die weißgekleidet dir Blumen streuen« –

Vergebliches Mahnen! Antipathien
Gibt es, woran die Besten siechen,
Wie Goethe nicht den Rauch des Tabaks,
Kann unser Held kein Pulver riechen.

Die Schüsse knallen – der Held erblasst,
Er stottert manche unsinnige Phrase,
Er phantasiert gelb – die Gattin
Hält sich das Tuch vor der langen Nase.

So geht die Sage – ist sie wahr?
Wer weiß es? Wir Menschen sind nicht vollkommen.
Sogar der große Horatius Flaccus
Hat in der Schlacht Reißaus genommen.

Das ist auf Erden des Schönen Los!
Die Feinen gehn unter, ganz wie die Plumpen:
Ihr Lied wird Makulatur, sie selber,
Die Dichter, werden am Ende Lumpen.

Emma Herwegh über die Presse
Auszug aus »Die Geschichte der deutschen Legion, von einer Hochverräterin«, 1849

Bei dieser Gelegenheit möchte ich es nicht versäumen, den Herren Mitarbeitern und Redakteuren der verschiedenen gelehrten und ungelehrten Blätter, wie der deutschen Hofrats-, der Baseler und Karlsruher Zeitung (diese letzte hat sich hartnäckig geweigert, jeden berichtigenden Artikel, welcher von Seiten der Gefangenen an sie gesandt, aufzunehmen), meinen Dank auszusprechen, für die lobenswerte Bereitwilligkeit, mit welcher sie auf guten Glauben ohne den Schatten eines Beweises, denn woher könnten sie ihn haben, da keiner existiert – Allem ihre Spalten geöffnet, was Herweghs guten Ruf schänden und wenn es wahr gewesen, ihn mit vollem Recht jede Wirksamkeit in Deutschland hätte abschneiden müssen.

Zum Beweis, dass ich nicht wie jene Herren auf Kosten Anderer zu improvisieren und nur genau zu referiren verstehe, rufe ich dem unparteiischen Leser die allerliebste Geschichte vom »Spritzleder« zurück, welche die Runde durch alle wohlorganisierten Lügenbureaux deutscher Journalistik gemacht hat, und als patriotisches Phantasiestück (denn wer anders als ein kaum amnestierter Kopf, giebt sich mit derlei Erfindungen ab), den anonymen Autoren zur großen Ehre gereicht. Ob jene Herren Skribenten glauben, weit weniger verächtlich zu sein, wo sie, weil der Liberalismus allein rentirt, ihr Schergenamt mit dem Wahlspruch: ›Alles für das Volk, alles durch das Volk‹ versehen, als gestern, wo sie Herwegh ›Mit Gott für König und Vaterland‹ wegen seines Radikalismus verfolgt haben, will ich nicht entscheiden und mich nur auf die Beschreibung des Wunderwägelchens beschränken. Jene vielbesprochene Kutsche, die nach der einstimmigen Aussage aller Zeitungen jedenfalls ein verzaubertes Fuhrwerk gewesen sein muss, denn wie hätte sie sonst Herwegh, der viele Schritte davon entfernt stand, Schutz bieten können? – war für den unbefangenen Beschauer nichts – als ein offener, unbedeckter Leiterwagen, dessen einzige Bekleidung in etlichen Bündeln Stroh bestand, und von dem aus ich mit einigen vom langen Marsch Verwundeten dem Gefecht zusah.[29]

Emma Herwegh 1849

Grabplatte von Emma und Georg Herwegh auf dem Friedhof in Liestal, Schweiz.

»Vielleicht führt Dich der Stern und mich die Liebe«

Liebe und kein Ende

Für eine künstlerische Karriere fühlte sich Emma Siegmund zu unbegabt. Eine politische Laufbahn war den Männern vorbehalten. So entschloss sie sich zu einem Leben für die Liebe. An der Seite des über alles vergötterten Ehemannes widmete sie sich der Aufgabe, seinen Ruhm zu vermehren. Und sie hielt hartnäckig fest an ihrer großen romantischen Liebe, auch wenn sich die Realität etwas komplizierter gestaltete.

Liebe, romantisch

Die Liebesgeschichte der Emma Herwegh ist schnell erzählt. Emma Siegmund, eine reiche gebildete Bürgerstochter, verliebt sich in die Gedichte eines armen, aber erfolgreichen Poeten. Und weil Emma sich »entweder mit ganzer Leibeskraft oder nie«[1] verliebt und sie zudem in dem, was sie macht, beständig, um nicht zu sagen stur ist, gelingt es ihr, den Poeten kennen zu lernen, verliebt sich in ihn, und die beiden heiraten schließlich. Werden alt und glücklich, bis dass sein Tod sie scheidet.

Aber so einfach war es natürlich nicht. Georg Herwegh war nicht das erste und einzige Objekt der Liebesbeteuerungen der jungen Emma Siegmund. Und sie war auch bei weitem nicht die einzige Frau, die, beeinflusst von der Romantik, nur darauf wartete, jemanden richtig lieben zu können. Die Vorstellung der Romantik geht davon aus, dass zwei Menschen, ein Mann und eine Frau, vor ihrer irdischen Geburt eins waren im Universum. So gilt es im irdischen Leben die verloren gegangene Ergänzung wieder zu finden. Auch Emma Siegmund wartete auf ihren Gegenpart: »Wenn wir annehmen, was ich glaube, dass für jeden Menschen ein zweiter in der Welt, also auch für mich eine Seele ist, und es nur darauf ankommt, dass diese beiden verwandten Seelen sich begegnen, kann's mich ordentlich traurig machen, dass ich noch so zurück bin, dass der liebe Gott mich noch nicht reif für diese Freude halten kann, sie kennen zu lernen.«[2] Natürlich war Emma Siegmund nicht ganz sicher, ob dem so war und ob sie ihren zweiten Teil tatsächlich finden und erkennen würde, bevor es niemanden mehr gab, der sie noch heiraten würde. Trotzdem wollte sie niemals irgendeinen Mann nehmen. So wartete sie und himmelte unterdessen Freunde und Freundinnen an.

Durch die eifrige Lektüre von Liebesromanen kannten belesene Bürgerstöchter Beschreibungen von leidenschaftlicher Liebe. Um selber in Schwärmerei zu geraten, brauchte es nur noch ein geeignetes Objekt. Dies war nicht selten eine gleichaltrige Freundin oder etwa eine ältere Lehrerin. Emma Siegmund liebte zunächst ihre Italienischlehrerin Agnes Podesta, von der sie seitenlang in ihrem Tagebuch schwärmte. Sie widmete ihr Tagebuch der »geliebten Agnes«

und ihrem Schwager Jules Piaget, den sie ebenfalls über alles liebte. »Ich habe für einige Menschen eine starke Zuneigung, aber für niemanden solche Zärtlichkeit höchstens für Agnes.«[3] Nach dem Tod Piagets richtete sie ihr Tagebuch nur noch an ihn: »An Dich mein geliebter Bruder, der Du schon unter den Seligen wandelst, und den ich vielleicht zuletzt wiedersehen werde, an Dich lass mich jetzt meine täglichen Gedanken richten. So lang Du mit uns auf der Erde wohntest, holte ich mir Trost und Rath und Lebensheiterkeit von Dir, jetzt bist Du todt, aber Du hast die innige Liebe, welche ich für Dich, seit ich Dich kannte, empfand, mit in jene schönern Gefilde hinübergenommen, lass sie das Band sein, das mich dauernd mit Dir und mit allem Edlen und Guten verbindet.«[4] Als Ehemann ihrer jüngeren Schwester Fanny war Piaget, unerreichbar für Emma Siegmund. Trotz Liebesschwüren im Tagebuch, die sich zum Teil sehr konkret anhören, schien sie diese Liebe vor allem auf dem Papier ausgelebt zu haben. Emma Siegmund war jeweils zutiefst betrübt, wenn sich Jules und Fanny Piaget stritten, und nur glücklich, wenn das Ehepaar Piaget glücklich war. Nach seinem plötzlichen Tod im Frühling 1840 wurde er noch unerreichbarer und damit ein noch besseres Ziel für Schwärmereien. Emma ging sogar so weit, sich zu überlegen, ob er wohl ihre zweite Hälfte sein könnte: »Und möcht ich doch so gerne den bittersten Schmerz für Dich leiden, um durch ihn gekräftigt und geadelt unserem Ziele der Vereinigung mich schneller zu nähern.«[5] Während Monaten steigerte sie sich in melancholische Trauer.

Jugendlieben

Ihre Liebe gehörte jedoch auch der um zwölf Jahre älteren polnischen Patriotin Emilie Sczaniecka, die zum politischen Vorbild von Emma Siegmund wurde. Deren Beschreibungen von Begegnungen mit Emilie lesen sich wie ein Liebesroman. »Nachts. Ist es möglich, vor einer Stunde öffnet sich die Thür, und sie stand vor mir. – Ich kann weder schreiben, noch sprechen, nur mein ganzes Gefühl der Liebe für sie kommt über mich, – das der Freude entwöhnte Herz bedarf auch Zeit, sich in das Glück zu finden. – Ich könnte vor Glück den Kopf verlieren, es waren ihre lieben Augen, die ich gesehen, ihre

Hände die ich gefasst habe. Wenn ich nur nicht bis morgen vor Seeligkeit erkranke.«[6] Emma widmet Emilie Sczaniecka Gedichte, bekam dafür Blumen und einen Ring mit der Inschrift »Noch ist Polen nicht verloren«, den sie ihr Leben lang trug. »Der Ring von meiner Liebe macht mich ganz stolz, ich sehe ihn immer an, und es hat mir noch nie so leid getan, keine hübsche Hand zu haben als jetzt. Dieser Ring ist auch ganz anders als alle, die ich jemals sah, er kommt mir vor wie das verkörperte geistige Band zwischen mir und jenem lieben Volke.«[7] Doch auch die Liebe zu Emilie war nicht die Erfüllung ihrer Träume, trotz der leidenschaftlichen Zuneigung galt auch Emilie in der Vorstellung von Emma Siegmund als unerreichbar. Eine Frau konnte nicht die Ergänzung einer Frau sein. Mit wachsendem politischem Interesse der jungen Emma Siegmund erhält ihre Liebe eine politische Dimension. Emilie Sczaniecka setzte sich mit ihrem großen Vermögen für die Befreiung Polens ein. Sie unterstützte Aufständische finanziell, versteckte Flüchtlinge und veranstaltete in ihrem Haus konspirative Treffen. Während des Aufstandes von 1830 ging sie nach Warschau, wo sie sich sechs Monate lang als Nonne verkleidet in einem Krankenhaus an der Arbeit beteiligte, was ihr nach dem Aufstand eine Gefängnisstrafe einbrachte.[8]

Beim ersten Konzert des Pianisten Franz Liszt in Berlin war Emma Siegmund ebenfalls hin und weg, konnte sich kaum fassen und wünschte, sich den Künstler persönlich kennen zu lernen. »Liszts erstes Concert. Nachts. Der Morgen graut, und ich kann noch nicht zur Ruh', jeder Nerv zittert, jeder Blutstropfen ist in heftiger Bewegung, welches Spiel! – Was würde ich geben um seine Bekanntschaft, wie muss die Seele sein, in der Sturm und Frieden, Klage und Seeligkeit, Gott und die Hölle vereint wohnen!« Doch scheint er ihr zu groß und sie sich zu klein, zu nichtig, um ihn kennen zu lernen. »Wäre ich eine Frau wie Emilie oder George Sand, dann, ach dann könnte ich Anspruch machen, diesen Künstler persönlich kennen zu lernen, dass ich auch Nichts, ach so gar nichts bin.«[9]

Bei den Verehrern, die bei ihr anklopften und um ihre Hand anhielten, wusste sie jeweils genau, dass es nicht der Richtige sei, doch sie war sich nicht sicher, ob der Richtige noch kommen würde. Ihre Freundinnen und Schwestern berieten sie kräftig, machten ihr Vorwürfe, wenn sie wieder einen Verehrer abwies. Doch Emma Siegmund wartete auf die einzige große Liebe ihres Lebens. Immer klarer wurden dabei auch ihre politischen Ansprüche. Innerhalb des politischen Aufbruchs vor 1848 wurde Politik zum ersten Mal »Herzenssache«. Männer und Frauen »liebten« ihr Vaterland und »entflammten« sich für Freiheit und Demokratie. Karl Marx sieht den Grund für das »ganze Unheil«, welches über Deutschland gekommen war darin, dass »man deutsche Politik bisher für eine ernste, wichtige und nicht für eine Herzenssache hielt«. Und da Herzenssachen immer auch in erster Linie Frauensachen sind, hält er Frauen für berufen, »diesem Missverständniss ein für allemal abzuhelfen. Fragt nicht nach dem Wie? Ihr wisst es selbst am besten. Lasst Eure alten Männer laufen; nehmt neue Männer, revolutionäre Männer – voilà tout!«[10] Nach dem Rat von Karl Marx galt es also für politisch engagierte Frauen, dem revolutionären Mann eine begeisterungsfähige Gefährtin zu sein.[11]

Doch wo sollte Emma Siegmund ihren Helden finden? Die »liberalen Schöngeister« in ihrer Umgebung kamen nicht in Frage, der Zukünftige müsste die Freiheit lieben und natürlich die Polen: »Nein ich möchte um keinen Preis einen Polenfeind haben, denn wer die Polen nicht liebt, deren Tugenden und Fehler zur Freiheit gereift sind, der kann überhaupt die Freiheit nicht lieben und einen solchen Mann möchte ich nie.«[12] Emma Siegmund blieb standhaft, bis der Richtige kam.

»Einen so freien Mann sah ich nie«

Schließlich traf das ein, was sie in so vielen Romanen gelesen und worauf sie immer gewartet hatte. Am 12. November 1842 notierte sie – an den toten Piaget gerichtet – in ihr Tagebuch: »Ich habe diese ganze Zeit nicht schreiben können, der Himmel ist in mich und über mich gekommen. Ich weiß jetzt, dass ich noch Keinen geliebt, außer Dir, mein verklärter Bruder, sah ich noch keinen Mann, der meine Seele in solchem Maße erschüttert hätte; mag mein Schicksal jetzt sich vollziehen, wie es Gottes Wille ist, aber mich durchschaudert der Gedanke an eine Trennung. Das war der sichtbare leuchtende Tritt eines Engels. Einen so *freien* Mann sah ich *nie*, ebensowenig einen, der so ohne jede Spur von Egoismus gewesen wäre, sich nur als Werkzeug zur Vollziehung einer großen Idee betrachtend.«[13] Liebe auf den ersten Blick oder im Sinne der Romantik, sie erkannte ihre zweite Hälfte sofort. Vor allem liebte sie in Georg Herwegh seine politische Mission: »Der Mann ist am Größten, am Schönsten, wenn er sein eigen Schicksal vergisst und nur die einzige Verwirklichung der Freiheitsidee erstrebt.«[14]

Bereits am 28. September 1841 hatte Emma Siegmund in ihr Tagebuch geschrieben: »Erste Klänge von Herwegh. Der ›Gang um Mitternacht‹ von Herwegh ist unendlich tief und schön, ich wünschte, ich kennte den jungen Dichter.«[15] Bei der ersten Lektüre seiner Gedichte soll sie ausgerufen haben: »Das ist die Antwort auf meine Seele!«, worauf ihr anwesender Bruder meinte: »Das fehlte noch, da kämen ein paar aufgeregte zusammen!«[16] Sie war entschlossen, auf irgendeine Weise Kontakt mit ihm aufzunehmen. »Ich muss an Herwegh schreiben, es treibt mich mit allen Kräften dazu.«[17] Herwegh, der junge Dichter, der mit seinem Poesieband »Gedichte eines Lebendigen« beim Publikum Furore gemacht hatte, befand sich im Herbst 1842 auf seiner gefeierten Reise durch die deutschen Länder und machte dabei auch in Berlin Station. Kurz darauf soll sich gemäß Marcel Herweghs Bericht Folgendes abgespielt haben. »Sonntag den 6. November befand sich Emma Siegmund mit ihrer intimen Freundin Ottilie von Graefe auf der Gemäldeausstellung, als sich ihnen ein Bekannter der letzteren, ein Lieutnant von Held mit den Worten näherte: ›Wissen Sie auch, wer in Berlin angekommen ist?‹ ›Wer denn?‹ entgegnete jene. ›Nun, Georg Herwegh.‹ Bei dieser Nachricht raunte die spätere Braut ihrer Freundin ins Ohr: ›Um die Bekanntschaft würde ich gern zehn Jahre meines Lebens geben, aber damit hat's keine Not. Man lernt so viele Menschen kennen, aber selten etwas Rechtes.‹« Doch bereits bei Rückkehr aus der Ausstellung rief ihr die Schwester zu: »›Weißt Du, Emma, wer uns einen Besuch gemacht, nach dir gefragt und mit uns zu Mittag speisen wird?‹ ›Ach wer wird das wieder sein‹, entgegnete diese, noch ganz unter dem Eindruck der eben erhaltenen Neuigkeit.

›Nein, nein denk dir, was dir das Angenehmste wäre.‹ ›Doch nicht etwa Georg Herwegh?‹ ›Ja, gerade der, er kann jeden Augenblick eintreten. Vater hat ihn, da du nicht da warst und er deinen Brief dir selbst abzugeben wünschte, zu Mittag eingeladen, und er hat es mit Freuden angenommen.‹«[18] Und so kam es, wie es, Emma Siegmund zufolge, kommen musste. Der Gast blieb neun Stunden im Haus, sprach ausschließlich mit ihr und bat sie schließlich darum, ein Porträt von ihm zu zeichnen. Herwegh war beeindruckt vom Porträt des Historikers Max Duncker, das Emma gezeichnet hatte, und wollte sich ihr ebenfalls für einige Sitzungen anvertrauen. Vom Resultat war er so begeistert, dass er einen Kupferstich daraus anfertigen und das Bild in Umlauf bringen ließ, was seinem Konterfei eine größere Aufmerksamkeit als je zuvor verschaffte. Emma Siegmund selber war natürlich mit ihrer Arbeit unzufrieden und soll an der letzten Sitzung geseufzt haben: »So jetzt müssen wir aufhören, denn meine Kunst hat hier ein Ende, und ich würde Sie unsinnig bemühen.«[19]

Die langen Stunden zu zweit hatten die beiden einander näher gebracht. »Den folgenden Nachmittag, genau acht Tage nach seinem ersten Besuch, sollte Georg Herwegh zum letzten Male vor seiner bereits festgesetzten Reise nach Königsberg im siegmundschen Hause speisen. Eine kleine gewählte Gesellschaft fand sich dazu ein, als er zu seiner Nachbarin halblaut sagte: ›Nach dem Essen machen Sie mir doch noch, wie Sie es versprochen, eine kleine Profilzeichnung auf Ihrem Zimmer, und ich schreibe Ihnen, wie Sie es gewünscht, meinen Morgenruf in Ihr Gedichtbuch.‹ Gesagt, getan! Als beide wieder in den Salon zurückkehrten, wussten sie, ohne viele Worte verloren zu haben, dass sie sich für immer angehörten.«[20] Den Heiratsantrag soll Emma Siegmund auch gleich selber gemacht haben, wie sie einem Journalisten der »Zeitung für die elegante Welt« berichtete. »Sie stand auf und sagte zu dem schüchternen Jüngling: Ich kann dir Freiheit und Unabhängigkeit bieten; noch mehr, ich liebe Dich. Willst Du, so sei der Bund auf ewig geschlossen et hony soit qui mal y pense!«[21]

Der nächste Eintrag in Emma Siegmunds Tagebuch: »Er liebt mich.« So erfüllte sich Emma Siegmunds Traum von der Liebe ihres

Lebens, die sie wie ein Blitzschlag treffen würde und für ewig halten sollte – als Gefährtin eines gefeierten Genies wollte sie von jetzt an all ihre Kraft und Energie der Förderung seiner Kunst und damit unmittelbar der revolutionären Befreiung Deutschlands widmen.

Viele Frauen haben zu der Zeit solches erlebt, was nicht heißen soll, dass ihre Gefühle, nur weil sie literarischen Vorbildern folgten, nicht ernst gemeint waren. Viele sind jedoch nach kurzer Zeit aus dem siebten Himmel auf den Boden zurückgekehrt, weil ihre Träume im Alltag nicht aufrechterhalten werden konnten, weil die Gewissheit, die zweite Hälfte gefunden zu haben, nicht immer für einen langjährigen Ehealltag ausreichte. Was bei Emma Siegmunds Geschichte anders war: Sie meinte es ernst, ließ sich durch nichts beirren und pflegte den Glauben an ihre einzige große Liebe bis ans Ende ihres Lebens. Ganz egal, wie sich Georg benahm, er blieb ihr Held.

Trotz des Vorbilds der unverheirateten, politisch engagierten Emilie Sczaniecka sah Emma Siegmund für sich als Frau eine revolutionäre Funktion nur an der Seite eines politisch engagierten Mannes. Denn zwei sich Liebende sind im politischen Kampf zu allem fähig: »Ich hatte mir gedacht, das Resultat des Wirkens müsse größer sein, wenn zwei Wesen von gleicher Glut beseelt dafür kämpfen.« Gleichzeitig teilte sie jedoch auch die Meinung ihrer Freunde, dass eine Frau der revolutionären Karriere eines Freiheitskämpfers nur im Wege stehen kann. So beteuerte Emma Siegmund ihrem Helden: »Wenn ich Dich dem Volke, und wäre es nur um eine Kleinigkeit, entzöge, würde ich es mir nie vergeben. Wenn ich nicht die feste Hoffnung hätte, meine Liebe sollte Dich stählen, denn wer wäre so stark, dass er nicht noch stärker werden könnte? – würde ich unsere Vereinigung, welche ich bis heute als das höchste Glück betrachtet habe, wie ein Verbrechen ansehen und als ein Werk unseres Egoismus.«[22]

Nach drei Monaten Verlobungszeit, welche die frisch Verliebten gezwungenermaßen getrennt verlebten, und einer turbulenten Hochzeit ließ sich das Ehepaar Herwegh in Paris nieder. Kaum dort angekommen, stürzte sich der Gatte in seine erste außereheliche Affäre.

Liebesabenteuer

In Paris lernten Georg und Emma Herwegh die Salonnière Marie d'Agoult kennen und waren beide angetan von der schillernden Figur der Gräfin. Georg begann viel Zeit mit ihr zu verbringen, zu diskutieren und korrespondieren. Aufgrund von Briefen mit geheimnisvollen Andeutungen und sehnsüchtigen Botschaften Georg Herweghs wird deutlich, dass sich mit der Zeit mehr zwischen ihnen abspielte als nur freundschaftliche Gefühle. Und die unterdessen hochschwangere Emma war nicht naiv. Als am 28. Dezember 1843 Horace, der erste Sohn von Georg und Emma Herwegh, geboren wurde, begann die junge Mutter ein an ihn adressiertes Tagebuch zu verfassen. Auf den Umschlag malte sie liebevoll das Bild eines Schiffes im Meeressturm. Das Tagebuch für den Erstgeborenen wurde jedoch schon bald zum Sorgenbuch von Emma Herwegh, in dem sie ihren Kummer über die heimliche Affäre zwischen ihrem Ehemann und der Gräfin d'Agoult loswurde.

Sie schwankte zwischen Verzweiflung, Eifersucht und Großmut – war jedoch am meisten enttäuscht von der Tatsache, dass ihr Mann versuchte, die Liebesgeschichte vor ihr zu verheimlichen: »Sei immer offen gegen mich, Georg, das ist das Einzige, was ich mir erflehe, lass keine Dritte zwischen uns treten, lass mich die Freude an dem, was Dich beglückt, mitgenießen, nur verheimliche mir Nichts. Bedenke, dass es Nichts gibt, was Liebe nicht entschuldigt, was Liebe nicht verstünde – nur Wahrheit!«[23] Emma Herwegh ließ sich jedoch in ihrer Liebe zu ihrem Ehemann nicht erschüttern und war wild entschlossen, um ihn zu kämpfen. »Die letzten Tage haben mir Schmerzen gebracht, Schmerzen, wie ich sie bisher noch nie gekannt. Du denkst, ich bin eifersüchtig, weil eine andere Frau Dich fesseln kann. Ich bin es nicht, mein Herz. Ich kann nicht die ganze Menschheit Dir ersetzen, ich möchte es nicht, denn von dem Moment an, wo ich allein Dir genügen würde, wärest Du nicht mehr was Du bist, was Du sein solltest – ich bin nicht eifersüchtig – obschon bei der ersten Bekanntschaft mit jener Frau ein trübes ahnungsvolles Bangen sich unwillkürlich meiner bemächtigt hat. Ich weiß, Georg, Du liebst mich wie kein anderes Wesen es im Stande ist, ich fühle, Du *musst* mich lieben, denn ich bin Dein mit jedem

Georg Herwegh genoss das gutbürgerliche Leben, welches er sich auf Grund des Geldes der Familie Siegmund leisten konnte.

Athemzuge, aber eben, weil ich dies Alles weiß, weil ich ganz in Dir aufgehe, nichts will als Dich, selbst das Beste nur durch Dich, weil ich die Größe Deines Berufs in tiefster Seele fühle, darum schmerzt es mich, dass während ich geize, Deine Zeit für mich in Anspruch zu nehmen, Andre sie sorglos sich widmen zu lassen.«[24]

Bezeichnend, ja schon fast rührend von Emma Herwegh sind dabei die gesundheitlichen Argumente, die sie vorbringt, die ihrer Ansicht nach Schuld an den amourösen Verstrickungen von Georg Herwegh haben. »Glaub mir Georg, so liebenswürdig, so geistvoll das Wesen sein mag, das Dich jetzt so vielfach beschäftigt, die Atmosphäre in der sie lebt, ist nichts für Dich und während Du Stunden und halbe Nächte mit ihr verplauderst, bringst Du Dich um die höchsten Momente. Freiheit ist die erste Bedingung in jedem Verhältnis und nur dadurch hat das Zusammenleben Heiligung und

Comtesse Marie d'Agoult, geborene Flavigny (1805–1876), war Schriftstellerin und Salonnière in Paris. Sie veröffentlichte ihre Schriften unter dem Pseudonym Daniel Stern. Marie d'Agoult war die jahrelange Lebensgefährtin von Franz Liszt, mit dem sie drei Kinder hatte, darunter Cosima, die spätere Frau von Richard Wagner. Georg Herwegh lernte die Gräfin in Paris kennen, verliebte sich in sie und begann eine Affäre, unter der Emma Herwegh sehr litt.

Wert. Wollte ich Dich daher verhindern, so ausschließlich Deine Zeit einer Andern zu widmen, was würde ich gewinnen? Mein Schatz, dazu liebe ich Dich zu sehr! Ich fürchte nur, dass die Luft Dich mehr aufregt als fördert, und ein langer fortgesetzter Umgang mit ihr, Dich statt zu kräftigen schwächen wird. Aus der frischen Alpenluft hat man Dich plötzlich in eine von tausend Parfums geschwängerte Salonluft gebracht, das ist nicht die Atmosphäre für Dich.«[25] Emma Herwegh litt weitere zwei Monate unter der Affäre und dem damit verbundenen Klatsch ihrer Umgebung. Darauf entschloss sie sich, aus der Opferrolle auszubrechen, und entwickelte eine Gegenstrategie. Im Mai 1844 beendete sie das Tagebuch und begann sich an die Gräfin d'Agoult zu wenden, indem sie ihr Briefe schrieb. »Da mich mein Georg liebt, dünkt mich, muss auch etwas in mir sein, was Ihnen gefallen könnte.«[26] Es gelang der betrogenen

Ehefrau, eine eigene Beziehung zur Geliebten ihres Mannes aufzubauen, in der Folge beendeten Georg Herwegh und Marie d'Agoult ihr Liebesverhältnis. Das Ehepaar Herwegh hatte den ersten Sturm ihrer noch kurzen Liebe mit Ach und Krach überlebt und stürzte sich erst mal in das politische Abenteuer der »Herwegh-Legion«.[27]

Die Herzenaffäre

Kaum zurück aus dem Feldzug, verstrickte sich der unglückliche Revolutionsführer in seine nächste Liebesgeschichte. Die berüchtigte »Herzenaffäre« ist alles andere, als einfach zu erzählen, verschiedenste Versionen kursierten damals wie heute. Alexander Herzen, der betrogene Ehemann, verewigte seine Version in seinen Memoiren, die jedoch erst nach Emma Herweghs Tod herausgegeben werden durften, zu Recht, denn was darin stand, hätte sie bestimmt nicht sehr erfreut. Emma Herwegh selbst erzählte ihre Version in hohem Alter ihrem jugendlichen Freund Frank Wedekind, der alles in seinem Tagebuch notierte, das später veröffentlicht wurde. Die Liebesbriefe Georg Herweghs an seine Geliebte Nathalie Herzen wurden von dieser aus Angst vor Entdeckung vorzu verbrannt. Obwohl sie Georg Herwegh inbrünstig darum bat, all ihre Briefe sofort zu vernichten, bewahrte dieser die rund 300 Briefe, die Nathalie während ihrer Liebesbeziehung an ihn schrieb, fein säuberlich auf.[28] Und schließlich schildert Edward Carr aufgrund dieser Briefe die Geschichte in seinem Werk »The Romantic Exiles« ausführlich.[29]

Im Winter 1848/49 begann die intensive Freundschaft Georg Herweghs mit dem russischen Emigranten Alexander Herzen. Sie fanden sich als Gleichgesinnte, Herwegh verehrte Herzen als ein politisches und persönliches Vorbild. Die Briefe, die sie sich gegenseitig schrieben, lesen sich wie Liebesbriefe. Alexander Herzen berichtet in seinen Memoiren vom Beginn der Freundschaft mit Herwegh. »Gegen Ende des Jahres 1848 begann Herwegh uns fast jeden Abend zu besuchen; zu Hause langweilte er sich. In der Tat, Emma behinderte ihn schrecklich. Sie war von der Badener Expedition genauso zurückgekehrt, wie sie hingefahren war; ein Nachdenken über das Vorgefallene gab es bei ihr nicht; sie war wie ehemals, verliebt, zufrieden, schwatzhaft – gerade als wäre sie von einem

Siege zurückgekommen, zum mindesten ohne Wunden auf dem Rücken.«[30] Georg Herwegh hingegen befand sich nach den Beschreibungen Herzens in einem äußerst schlechten Zustand. Der persönliche politische Misserfolg sowie die Niederschlagung aller Freiheitsbewegungen vernichteten die hoffnungsvolle Aufbruchstimmung der Jahre zuvor. Er verfiel in eine anhaltende Melancholie. Nathalie Herzen befand sich in derselben Stimmung. Die »Gleichgesinnten« verliebten sich, was jedoch der Liebe zum starken Alexander Herzen und zur starken Emma Herwegh in ihrem Empfinden keinen Abbruch tat.

Aufgrund der Repression der neuen französischen Regierung floh der revolutionär gesinnte Alexander Herzen Mitte Juni 1849 aus Paris und zog nach Genf. Anfang Juli folgte ihm Nathalie Herzen in Begleitung ihrer Kinder und Georg Herweghs, der in Paris ebenfalls befürchtete, verhaftet zu werden. Emma Herwegh blieb mit den Kindern in Paris. Während Alexander Herzen in Genf verschiedensten Geschäften nachging, verbrachten Nathalie und Georg die Tage gemeinsam. »Herwegh hatte Herzen zwei Jahre lang seiner vollkommen unbedeutenden Frau wegen bemitleidet, verliebte sich aber in Genf in sie, und alle drei mieteten am Genfer See eine Villa«, berichtet Wedekind. Sie erteilte ihm Russisch, und er führte sie in die Botanik ein. Sowohl Nathalie als auch Georg berichteten Emma fleißig von ihren Erlebnissen in Genf.

Die Situation schien ziemlich verworren. Nathalie Herzen wollte ihrem Mann nichts gestehen und flehte Georg an, auch Emma nicht zu unterrichten. Im Frühling 1850 erfuhr Emma die ganze Geschichte von ihrem Mann, der unterdessen in Zürich weilte. Seine Offenheit gegen den Willen der Geliebten wurde von Emma bereits als Sieg für sie interpretiert. Sie wurde damit zur Verbündeten und war sich nicht zu schade, sich in dieser Funktion ohne Grenzen zu erniedrigen. Einerseits half sie den Liebenden, indem sie etwa Briefe überbrachte oder sie schützte, wo sie nur konnte, andererseits führte sie einen Kleinkrieg gegen Nathalie Herzen. Letztlich wollte Emma vor allem, dass ihr Georg glücklich war, egal mit wem. So berichtete Emma Nathalie sofort, dass Georg ihr alles gestanden hatte. Emma erklärte Nathalie auch, dass sie nur eine von vielen Geliebten ihres

Mannes sei, er aber immer bei ihr bleiben würde. Nathalie würde Georg auch nicht wirklich lieben, sonst wäre sie bereit, Herzen zu verlassen.

Unterdessen planten die Männer, gemeinsam in Nizza zu leben. Der arglose Herzen mietete sich eine Villa mit Blick aufs Meer, in die Herweghs im Obergeschoss einziehen konnten. Um Geld zu sparen, sollten die Mahlzeiten gemeinsam eingenommen werden. Emma zog Ende Mai nach Nizza, Mitte Juni folgten Alexander und Nathalie, nur Georg ließ auf sich warten. Alexander erklärte er, er komme erst später, weil das Wetter für die Reise zu heiß sei und er sich nicht wohl fühle. Nathalie schrieb er, er komme nicht, weil er nicht wisse, ob sie ihn wirklich liebe. Und Emma schließlich erhielt die Information, er komme nicht, weil er es nicht ertrage, dass seine Geliebte schwanger sei, womöglich von einem anderen, was Emma natürlich prompt Nathalie weitererzählte. Zudem eröffnete sie der Geliebten ihres Mannes, dass sie diesen ohnehin am besten kenne und wisse, dass der wirkliche Grund seines Ausbleibens nur eine weitere Liaison in Zürich sein könne.

Im September traf dann Herwegh ein. Drei Monate lebten die Familien Herzen und Herwegh zusammen in Nizza. Emma bearbeitete Nathalie, alles zu gestehen, Alexander wurde langsam argwöhnisch. Doch erst im Januar gestand Nathalie ihrem Mann die ganze Geschichte.[31] Alexander Herzen fiel aus allen Wolken und stellte sie vor die Entscheidung, entweder weiter mit ihm und den Kindern oder mit Herwegh zu leben. Da sowohl Nathalie Herzen als auch Georg Herwegh mittellos waren und es für Herzen keine Frage war, dass die Kinder bei ihm bleiben würden, stellte sich für Nathalie Herzen die Frage, mit wem sie zusammenleben würde, nicht ernsthaft. Zudem beteuerte sie, beide zu lieben, wie auch Georg Herwegh immer wieder gelobte, seinen Freund Alexander Herzen zu lieben. Wedekind erzählt aus den Erinnerungen Emma Herweghs. »Georg Herwegh hatte sich mit Herzens Frau dahin verabredet, sie wollten ein Jahr getrennt leben, um jeder seine Schuld zu sühnen, dann wollten sie sich scheiden lassen, sie von ihrem Mann, er von seiner Frau, und sich heiraten. Vor der Abreise nach Nizza hatten sie sich schon zusammen erdolchen wollen, ein Entschluss, den gleichfalls Herweghs Frau vereitelt hatte. Sie besitzt den Dolch heute noch.«

Alexander Herzen versprach seiner Frau, kein Blut zu vergießen, wenn Herwegh bis zum nächsten Morgen verschwunden sei. Die Familie Herwegh zog nach Genua. Ende April beschlossen Emma und Georg Herwegh, sich zu trennen, worauf Georg nach Zürich zog. Dort machte er die Affäre zum öffentlichen Gerede, er erzählte die ganze Geschichte den politischen Freunden und stellte Herzen als Patriarchen dar, der seine Frau zwang, bei ihm zu bleiben, und dass sie ihn verlassen werde, sobald er sich etwas beruhigt habe, was Herzen wiederum zu Ohren kam. Alexander Herzen stellte seine Frau zur Rede, sie versöhnten sich, worauf auch Nathalie jeden Kontakt mit Herwegh abbrach. Im Januar 1852 forderte der beleidigte Liebhaber den betrogenen Ehemann zum Duell auf. Obwohl Herwegh beteuerte, nie im Leben auf seinen verehrten Freund Herzen schiessen zu können, war er überzeugt, dass sie sich bei einer solchen Gelegenheit versöhnen würden. Herzen akzeptierte die Forderung jedoch nicht, da nur ein Mann von Ehre ihn herausfordern könne. Der italienische Freiheitskämpfer und enge Freund Emma Herweghs, Felice Orsini, wollte ein revolutionäres Ehrengericht zusammenstellen, das den Fall, der unterdessen in aller Munde war, beurteilen sollte. Herwegh saß in Zürich, zutiefst beleidigt, weil sowohl Nathalie als auch Alexander Herzen seine Briefe ungeöffnet zurückschickten und ihn verachteten. Er bat Emma, Herzen unter Druck zu setzen, sie solle ihn aufklären, dass nicht er der Schuldige sei, und falls er das nicht begreife, solle sie die Geschichte auch in Nizza und Genua an die Öffentlichkeit zerren. Emma weigerte sich jedoch, da sie Herzen ihr Wort gegeben hatte zu schweigen und ihm immer noch Geld schuldete. Während Georg Herwegh gemäß Wedekind in Zürich »in tiefster Verkommenheit lebte«, hatte »seine Frau in Genua bald einen Hof von Verehrern aus der italienischen Emigration um sich«.[32] Als Herzens Mutter und ein Sohn bei einem Schiffsunglück starben, erkrankte die schwangere Nathalie Herzen, sie erholte sich nicht mehr und starb am 2. Mai 1852. Es folgten Beschuldigungen und Rechtfertigungen in der »Neuen Zürcher Zeitung«. Emma Herwegh veröffentlichte ihre Stellungnahme im »Ave-

Alexander Herzen (1812–1870), der russische Erzähler und Publizist, flüchtete 1847 mit seiner Familie nach Paris, wo er 1848 Georg Herwegh kennen lernte. Die beiden verband eine innige Freundschaft, bis Herzen entdeckte, dass Herwegh eine Liebesbeziehung zu seiner Frau hatte. In seinen Memoiren wetterte Herzen jedoch vor allem gegen Emma Herwegh, die die ganze Geschichte schon viel früher erfahren hatte, ihrem Georg jedoch treu zur Seite stand.

nir de Nice«. Alle waren informiert und verachteten Herwegh. Dieser war nicht nur als zurückgewiesener Liebhaber, sondern auch als verstoßener Freund beleidigt. Bis zu Nathalies Tod glaubte er an ihre Liebe und an eine gemeinsame Zukunft. Seine verzweifelten Versuche, sich zur Wehr zu setzen, endeten in der Regel peinlich.

Kurz vor ihrem Tod schrieb Nathalie Herzen noch einen Abschiedsbrief an Georg Herwegh, in dem sie sich entschieden von ihm distanzierte. Wobei vermutet wird, dass der Brief ihr mehr oder weniger vom Ehemann diktiert wurde. Georg Herwegh schickte diesen Brief ebenfalls zurück. Da Herzen Herwegh die Schmach nicht ersparen wollte, schickte er zwei seiner Mitstreiter nach Zürich, um Herwegh den Brief vorzulesen. Als diese in Herweghs Anwesenheit das Siegel brachen, flatterten Notizen von Herwegh aus dem Umschlag – er hatte den Brief offensichtlich bereits gelesen –, worauf

Nathalie Herzen (1817–1852) wird als melancholische, schwache Frau beschrieben, die ganz unter dem Einfluss ihres Gatten stand. Sie beschwor ihren Geliebten Georg Herwegh des Öfteren, er möge ihre Briefe verbrennen, damit niemand etwas von ihrem Liebesverhältnis erfahren könne. Sie selber vernichtete Herweghs Briefe. Nathalie Herzen starb kurz nach Beendigung der verhängnisvollen Affäre, nachdem sie sich wieder mit ihrem Mann versöhnt und von Herwegh öffentlich distanziert hatte.

Herwegh von Herzens Kumpanen eine Ohrfeige fasste und unter Todesangst die Polizei rief.

Emma Herwegh ihrerseits schrieb Nathalie Herzen einen Abschiedsbrief, in dem sie sich erstaunlicherweise entschuldigte. »Nathalie! Pardon de tous et pour tous et alors oublie de tout, et je te serre la main de tout mon cœur. Adieu! Emma Herwegh. 29. avril 52.« Drei Tage später starb Nathalie Herzen.

Die seitenlangen Schimpftiraden Alexander Herzens in Richtung Emma Herwegh erklären, wieso der dritte Teil seiner Memoiren erst nach ihrem Tod veröffentlicht werden durfte. Gegen Georg Herwegh schimpft Herzen kaum, er stellt ihn jedoch als unausstehlichen, schwächlichen Magier dar, der seine unschuldige Frau in seinen dunklen Bann gezogen habe. Der Hauptvorwurf gegen Herwegh war jedoch, dass dieser nicht aufrichtig gegenüber seinem

Freund gewesen sei und er ihm die ganze Sache nicht von Anfang an gebeichtet hatte. »Man kann sehr wohl ein Geheimnis hüten und es niemandem anvertrauen, aber dann wirklich niemandem. Doch wenn er schon von seiner Liebe sprach, konnte er nicht einem Menschen gegenüber schweigen, mit dem er in einer so innigen seelischen Gemeinschaft lebte, und auch das Geheimnis, das diesen unmittelbar selbst anging, nicht verschweigen – und gesagt hat er nichts.«[33]

Emma und Georg Herwegh fanden schließlich wieder zusammen, in Wedekinds Worten: »Nachdem Herwegh in der Schweiz drei Jahre lang die Schweine gehütet, bat er seine Frau, zu ihm zurückzukehren. Sie sagte damals, ich kann das nur, wenn ich sicher bin, dass nie ein Vorwurf über meine Lippen kommt. Sie will diese Bedingung, die sie sich gestellt, erfüllt haben. So kam sie in den fünfziger Jahren nach Zürich in die Gesellschaft von Liszt, Bülow, der Gräfin Hatzfeld, Semper, Moleschott, Lassalle etc. Dies ist die Herzensgeschichte, die mir die Herwegh vor mehreren Wochen erzählt hat und von der sie sagt, dass eine Frau sich entweder damit abfinden oder das Maul halten müsse. Ich werde begreifen, warum sie trotz aller Anerbieten und Ermunterung keine Memoiren schreiben könne.«[34]

Tatsächlich begann Georg Herwegh schon bald, seine Frau, die unterdessen wieder in Nizza lebte, nicht nur um Geld anzuflehen, sondern sie auch zu bitten, zu ihm nach Zürich zu ziehen. »*Komm liebe Emma, das ist das Einzige, was ich noch sagen kann und sagen will.*«[35] Doch Emma Herwegh nahm sich Zeit, überlegte reiflich und ließ ihn jammern. Nach drei Jahren Trennung zog sie schließlich doch zu ihrem Mann nach Zürich. Von da an lebten sie bis zu Georg Herweghs Tod zusammen. Von weiteren amourösen Eskapaden ist nichts bekannt. Emma Herwegh schwärmte weiter von ihrem Georg, der immer noch nichts zustande brachte. Auch nach Georg Herweghs Tod kämpfte sie unverdrossen weiter um dessen Ansehen, indem sie Schriften von ihm veröffentlichte oder sich für ein Herwegh-Denkmal in Liestal einsetzte. Zu guter Letzt übertrug sie ihren ungebrochenen Glauben an das künstlerische Genie auf ihren Sohn Marcel und ging damit wohl nicht nur Frank Wedekind auf die Nerven.

Emma Herwegh 1865 in Zürich.

Emma Herwegh hatte die einzige und wahre Liebe in ihrem Leben gefunden, konnte oder musste sie den realen Begebenheiten ab und zu ein wenig anpassen, doch letztendlich lebte sie ihr Ideal und blieb dabei. Ihr Sohn zementierte und beschönigte das Bild, zu dem seine Mutter bereits das Fundament gelegt hatte. Und in diesem Bild gibt es keine Nathalie Herzen und keine Marie d'Agoult. Auch die zahlreichen Verehrer von Emma Herwegh kommen darin nicht vor. Felice Orsini etwa wird immer wieder als Geliebter von Emma Herwegh gehandelt, und selber erzählt sie davon auch ihrem Freund Frank Wedekind. »Es war die Zeit, wo sie Orsini, Garibaldi, den Conte Pepoli, Mazzini, Fabrici etc. kennenlernte. In einen derselben verliebte sie sich und schrieb es, da sie sich nicht sicher fühlte, ihrem Mann. Herwegh schrieb ihr zurück, er habe seine Rechte an ihr verloren. Sie sei frei. Sie sagt, sie habe das furchtbar grausam gefunden.«[36] In den Briefen, die sich Georg und Emma Herwegh in den Jahren ihrer Trennung von 1851 bis 1853 zwischen Nizza und Zürich hin und her schickten, ist jedoch kein Hinweis auf Emma Herweghs Liebesgeschichte zu finden, was aber auf die archivarische Nachbereitung der Briefe durch Marcel Herwegh zurückzuführen sein könnte.

Die späte Liebe? Wedekind

Über eine andere »Liebesgeschichte« sind wir besser informiert. »Sie war eine 75-jährige Matrone, die Witwe des freiheitstrunkenen Revolutionssängers Georg Herwegh. Ohne viel Geld, aber mit zahllos klingenden Erinnerungen an eine frühere, schönere Zeit hauste die Arme in zwei bescheidenen Dachkammern im Quartier Latin. Es war ein merkwürdiges Liebespaar, der 28-jährige, in Paris herumzigeunernde deutsche Dichter und die weißhaarige tapfere Matrone Emma Herwegh.«[37] Die intensive Beziehung zwischen Wedekind und Emma Herwegh ist unbestritten. Der Schriftsteller protokollierte alles in seinem Tagebuch. Wedekind soll bis über beide Ohren in Emma verliebt gewesen sein, traute sich jedoch nicht, seine Liebe zu gestehen. Die zahlreichen sexuellen Begegnungen, die Wedekind in seinem Tagebuch aus Paris beschreibt, sollen nur zur Kompensation gedient haben, weil er Emma nicht körperlich lieben konnte. »Wie schade, dass man ein solch seltenes Wesen nicht mehr heiraten kann. Sie wäre die richtige für mich.«[38] So die Worte, die Herbert Eulenburg Wedekind in den Mund legte.

Auch im hohen Alter und mit bescheidenen Einkünften gelang es Emma Herwegh, am gesellschaftlichen Leben in Paris teilzunehmen. Aus den Pariser Tagebüchern von Frank Wedekind tritt uns das Bild einer rüstigen alten Dame entgegen. Der junge, noch erfolglose Dichter lebte und schrieb in Paris. In seinem Tagebuch beschreibt er vor allem erotische Begegnungen mit jungen Frauen und seinen Tagesablauf, der meist darin bestand, spät aufzustehen und sich in Cafés die Zeit zu vertreiben. Zwischen 1893 und 1894 besuchte Wedekind »die Alte Herwegh« fast täglich. Sie las und kritisierte seine Texte, half ihm bei Übersetzungen und verwöhnte ihn auch mal mit Datteln, Marzipan, Rum und Zigaretten: »Die Alte empfängt mich

Frank Wedekind (1864–1918) lernte Emma Herwegh in ihren Witwenjahren in Paris kennen. In seinen Tagebüchern liefert er das Bild einer rüstigen alten Dame, zu der der junge, noch erfolglose Dichter eine intensive Beziehung pflegte. Zwischen 1893 und 1894 besuchte Wedekind »die Alte Herwegh« fast täglich in ihrer Wohnung in Paris. Sie las und kritisierte seine Texte, half ihm bei Übersetzungen, daneben wurde geklatscht, über Bekannte, Politik, Päderastie, Gott und die Welt.

mit ungeheuchelter Freude. Wir haben uns seit drei Tagen nicht gesehen. Sie braut mir einen Grog und setzt mir Datteln vor. Darauf gratulieren wir einander zum neuen Jahr.« Daneben wurde geklatscht, wobei Emma Herwegh noch so gerne die Gespräche auf eine sexuelle Ebene brachte. »Wir sprechen von Mlle Rousseil, von ihrer Korpulenz, und die Alte sagt: Sie hat ein bedürftiges Fleisch, vielmehr ein begattungsbedürftiges Fleisch. Sie bringt die Matratze gleich selbst mit.«

Wedekind ist gerade dabei, seine »Lulu«, ein Stück über eine Femme fatale, zu verfassen. Er liefert Akt für Akt an Emma Herwegh, die mit Kritik nicht zurückhält und ab und zu einen ganzen Akt fürchterlich findet. Sie selber lässt Kritik, vor allem an ihrem Sohn, dem Violinisten Marcel Herwegh, nicht zu. »Felix Vogt hat vorgestern eine abfällige Kritik über Marcel geschrieben. Sie sagt von ihm: Dieser Caliban! Dieser Sauhund! Wenn dem jemals die Musen und Grazien erschienen, um ihn zu begaben, so sind sie es mit ihrer Kehrseite und zwar direkt ins Maul hinein.« Noch deutlicher wird sie in einem Brief. »Darauf liest sie mir einen Brief an Mme. Schweizer vor, worin sie ihr wörtlich schreibt, wenn die Musen und Grazien dem Felix Vogt jemals nahe getreten wären, so sei es höchstens geschehen, um ihm ins Maul zu scheißen.«

Trotz oder gerade wegen dieser derben Art scheint Wedekind von ihr begeistert gewesen zu sein. Emma Herwegh ihrerseits pumpte ihn an, ließ sich von ihm zu gesellschaftlichen Abenden begleiten und feierte Silvester mit ihm, was ihre Freundinnen mit Neid erfüllte. Nach einer Begegnung mit Marcel Herwegh ärgerte sich Wedekind dermaßen darüber, wie dieser seine Mutter behandelte, dass er einen »Nervenanfall« erlitt. »Er behandelt Sie unter aller Kanone«, kommentiert Wedekind auf wiederholtes Bitten von Emma das Verhalten ihres Sohnes. »Sie hat mich nur darum gebeten, um ihn verteidigen zu können, um womöglich den elenden Eindruck, den er auf mich gemacht, zu verwischen. Er meine es nicht böse etc. etc., er habe es von seinem Vater, sein Vater sei ebenso gewesen.«[39] Dennoch bringt Emma Herwegh Wedekind dazu, sie zu Marcels Konzert zu begleiten und sogar Begeisterung zu mimen. »Der Saal ist schon zur Hälfte gefüllt, alles Einladungen, ein unelegantes Publikum. Bevor Marcel zum zweitenmal auftritt, packt mich die alte Herwegh krampfhaft am Arm und sagt: ›Wenn er wiederkommt, gehen sie doch ein wenig aus sich heraus. Tun sie mir den Gefallen.‹ Ich gehe also aus mir heraus, indem ich den Ekel überwinde, den mir sein Anblick verursacht und den scheußlichen Eindruck, den mir die Sängerin hinterlassen.«[40]

Wie immer man diese Beziehung beurteilt, eine starke Anziehung zwischen der über 70-jährigen Frau und dem jungen Dichter ist offensichtlich. Emma Herwegh beeindruckte Männer und Frauen ihr ganzes Leben lang und war auch nicht geizig, wenn es darum ging, intensive Gefühle zu leben und zu zeigen. Ihr Masterplan aber war ihre einzige große Liebe zu Georg Herwegh, dem begnadeten Revolutionär und Dichter. Diese Liebe inszenierte sie ein Leben lang und erhielt sie aufrecht, was immer auch auf sie zukam.

Einblicke

Emma Herwegh über Georg Herwegh
Aus Emma Herwegh: Eine Erinnerung an Georg Herwegh, 1875

Wenn je ein Mensch unter dem Schutz der Musen und Grazien geboren ward, so war's Georg Herwegh. Wohl selten ist bei einem Menschen der innere Adel so glücklich und so vollkommen zur Erscheinung gekommen, wie bei ihm. Alles war harmonisch, wohltuend, bis auf den Klang der Stimme. Er besaß bei der größten Unerschrockenheit und Kühnheit des Geistes die ganze Zartheit, Feinfühligkeit einer echt weiblichen Natur.

Wenn ihm die Festigkeit seines Charakters, die unerschütterliche Prinzipientreue und die Rücksichtslosigkeit, mit der er das, was er für recht und wahr hielt, mit Wort und Tat verfocht, unzählige Feinde zuziehen musste – viel Feind, viel Ehr! – so glaub' ich doch kaum, dass er deren persönliche haben konnte, so liebenswürdig, so bescheiden bei allem Wissen, so herzgewinnend war er im geselligen Verkehr. Er war in allen Gebieten der Kunst und Wissenschaft zu Haus, und wenn Wissen Freiheit ist, so gehörte Georg Herwegh auch nach dieser Seite hin zu den freiesten Menschen seiner Zeit.[41]

Schimpftirade eines Feindes
Auszug aus »Mein Leben« von Alexander Herzen[42]

Einer der allgemeinsten Züge aller schwärmerischen deutschen Frauen und Mädchen ist ihre Götzenanbetung, die sie Genies und großen Menschen entgegenbringen. Da aber Genies selten sind und Heine in Paris lebt, Humbolt jedoch zu alt und zu sehr Realist ist, stürzen sie sich in einer hungrigen Verzweiflung auf gute Musiker, auf passable Künstler.

Mangels gemeindeutscher großer Leute nahmen sie schließlich sozusagen mit Teilgenies vorlieb, die sich durch irgend etwas auszeichneten.

Die Geister in Deutschland waren in den vierziger Jahren sehr erregt. Als diese Zeit auf ihrem Höhepunkte war, erschienen die politischen Lieder von Herwegh. Großes Talent habe ich in ihnen nie entdeckt, Herwegh mit Heine vergleichen konnte nur seine Frau. Herweghs Gedichte lösten 1842 Begeisterung aus – im Jahre 52 waren sie vergessen. Es ist unmöglich sie wiederzulesen. Herwegh, der preisgekrönte Dichter der Demokratie, reiste von einem Bankett zum anderen durch ganz Deutschland und erschien schließlich in Berlin.

Einige Schritte entfernt vom Schloss in Berlin lebte ein Bankier. Die Tochter des Bankiers war schon lange in Herwegh verliebt gewesen. Sie hatte ihn nie gesehen und hatte keinerlei Vorstellung von ihm, aber beim Lesen seiner Gedichte hatte sie in sich die Berufung verspürt, ihn glücklich zu machen. Als sie ihn nun bei einer Abendgesellschaft, die ihr Vater veranstaltete, erblickte, überzeugte sie sich endgültig davon, dass dies Er war, und er wurde tatsächlich zu ihrem Er.

Das unternehmungslustige entschlossene Mädchen führte darauf ihre Attacke energisch durch. Anfangs prallte der 24-jährige Dichter beim Gedanken an eine Ehe zurück, noch dazu einer Ehe mit einer sehr hässlichen Person, mit ein wenig junkerhaft-derben Manieren und lauter Stimme: die Zukunft öffnete vor ihm beide Flügeltüren ihres Paradiesgartens – wer konnte da an Ruhe in der Familie, an eine Ehefrau denken! Aber die Tochter des Bankiers öffnete ihrerseits, und in der Gegenwart, die Säcke mit Goldstücken. Der Dichter war arm wie Iros.

Emma hat mir selbst erzählt, wie genau und bis ins einzelne gehend der Dichter die Verhandlungen bezüglich der Mitgift geführt hat. Er hatte sogar aus Zürich Zeichnungen von Möbeln, Gardinen und dergleichen gesandt und verlangt, dass dies alles vor der Hochzeit hingeschickt werden solle – so also stellte er seine Forderungen. An Liebe war gar nicht zu denken; sie musste durch etwas anderes ersetzt werden. Emma begriff das und fasste den Entschluss, ihre Herrschaft mit anderen Mitteln zu festigen. In Paris richtete sie »ihrem Schatz« ein Arbeitskabinett mit weichem Sofa, schweren Samtvorhängen, wertvollen Teppichen und Bronzestatuetten ein und gestaltete das ganze Leben zu einem leeren Müßiggang; ihm war das neu, und es gefiel ihm; unterdessen erlosch sein Talent allmählich, seine schöpferische Kraft begann zu schwinden; sie zürnte ihm deswegen, stachelte ihn auf und zog ihn zu gleicher Zeit mehr und mehr in ein bürgerliches Epikuräertum hinab.

Sie war in ihrer Art nicht dumm und verfügte über weit mehr Kräfte und Energie als er. Ihr Entwicklungsgang war ein rein deutscher, sie las eine Unmenge, aber nicht das, was not tat, lernte alles mögliche, ohne in irgend etwas einen Höhepunkt zu erreichen. Das Fehlen von weiblicher Grazie fiel unangenehm an ihr auf. Angefangen bei der scharfen Stimme bis zu den eckigen Bewegungen und den eckigen Gesichtszügen, von den kalten Augen bis zu der Vorliebe, ein Gespräch auf zweideutige Gegenstände herabzuziehen – war alles an ihr männlich. Sie folgte ihrem Gatten offen, vor aller Augen auf Schritt und Tritt nach, so wie bejahrte Männer ganz jungen Mädchen nachzustellen pflegen; sie schaute ihm in die Augen, wies mit dem Blick auf ihn hin, schob ihm die Halsbinde, die Haare zurecht und lobte ihn mit einer empörenden Unbescheidenheit. In Anwesenheit von Fremden wurde er verlegen, aber im eigenen Kreise schenkte er alledem keinerlei Beachtung, so wie ein mit seiner Arbeit beschäftigter Hausvater nicht den Eifer bemerkt, mit dem ein Hund ihm die Stiefel leckt oder sich an ihn schmiegt. Wenn die Gäste weg waren, gab es deswegen hin und wieder eine Szene zwischen ihnen; aber am nächsten Tage begann die verliebte Emma aufs neue mit derselben Liebeshetze, und er ertrug sie aufs neue wegen der Bequemlichkeiten des Lebens und wegen ihrer sich um alles kümmernden Sorge.

Überzeugt davon, dass alle ihren Mann bewunderten, schwatzte sie unaufhörlich von ihm, ohne zu merken, dass dies höchst langweilig war und, dass sie ihm zudem mit ihren Geschichten von seinen schwachen Nerven und seiner anspruchsvollen Launenhaftigkeit schadete. Ihr erschien das alles unendlich reizend und wert, für alle Ewigkeit dem Gedächtnis der Menschen eingeprägt zu werden: andere Leute empörte das. »Mein Georg ist ein schrecklicher Egoist und gar zu verwöhnt«, pflegte sie zu sagen, »aber wer hätte mehr das Recht verwöhnt zu werden? Alle großen Dichter waren ewig verwöhnte Kinder, und alle verwöhnten sie ... « Mit dieser Götzenanbetung hat Emma ihren Georg bis an den Rand eines Abgrunds gebracht; er fiel auch hinein.

Der Salon im Hause Siegmund in Berlin.

»Die Übrigen saßen schwatzend um den Theetisch …«

Salon und Geselligkeit

Salons und Geselligkeiten waren Emma Siegmund von klein auf vertraut. So fiel es Emma Herwegh nicht schwer, in ihren Häusern in Paris, Nizza und Zürich eine illustre Gästeschar um sich zu versammeln. Sie pflegte ein weitgespanntes Beziehungsnetz und scharte an jedem ihrer Wohnorte immer wieder LiteratInnen, Freiheitskämpfer, Künstler und Politiker um sich.

Salons

In den meisten Nachrufen zu Emma Herwegh ist als Erstes die Rede von den prominenten und glänzenden Gesellschaften, zu denen ihr Vater bei sich zu Hause einlud und deren schillernder Vielfalt Emma ihre geistige Offenheit und ihr politisches Bewusstsein verdankte: »Im Hause ihrer Eltern am Schlossplatz verkehrten in den vierziger Jahren viele bedeutende, geist- und charaktervolle Persönlichkeiten. Das tiefe Geistes- und Gemütsleben des jungen Mädchens empfing durch Umgang und Lektüre reiche Nahrung.«[1]

Für die junge Emma Siegmund war es selbstverständlich, dass in ihrem Elternhaus die Gäste jeden Tag ein- und ausgingen und dass in diesen Gruppen die unterschiedlichsten Leute zusammentrafen. Im Tagebuch erinnerte sich Emma Siegmund: »Abends war die bewusste Gesellschaft zusammengesetzt aus verschiedenen Elementen eines Volks – Frau Turno und Gemahl – liebenswürdige, lebenslustige gebildete Leute. Herr Kurc (ein Philosoph) Frl. Kurc (leichtfertige, starkverliebte Soubrette) eine Gouvernante (ächte alte Jungfer) Cybulski (schwermüthiger Gelehrter) Berwinski (junger Poet) ein Herr Morawski (Schöngeist) zweiter Morawski (Student) und Herr Wolf (eitler gutmüthiger Jude).«[2] Bestimmt war diese Betriebsamkeit im Elternhaus eine Bereicherung für Emma, konnte ihr aber auch lästig werden: »Als ich von der Emilie Sczaniecka heimging, fand ich Gesellschaft bei uns. Wie anders war hier das Treiben; aus dem stillen ruhigen Zwiegespräch kam ich in ein lautes Sprechen; ein Theil der Gesellschaft spielte und die Übrigen saßen schwatzend um den Theetisch. Man neckte mich vielfach besonders mein lieber Herr Bruder wegen meiner Zerstreutheit und Ungeschicklichkeit, und in der Tat war ich beides, nur verdross es mich, dass er es bemerkte.«[3]

Emma Siegmunds Vater, der Seidenwarenhändler und Hoflieferant Johann Gottfried Siegmund, gehörte um 1840 zum reichen Großbürgertum Berlins. Als seine zweitälteste Tochter 1817 geboren wurde, gab es zahlreiche bedeutende literarische Salons in der Stadt, die meist von Frauen geführt wurden; zu den bekanntesten gehörte etwa der von Rahel Levin Varnhagen. Im Vergleich zu diesen berühmten Salonnièren zu Beginn des Jahrhunderts waren die Versammlungen im Haus Siegmund sicher bescheidener, aber immerhin fand eine Mischung aus Beamten des Königshofes, Diplomaten, Geschäftsleuten, Wissenschaftlern und Künstlerinnen den Weg an die Breite Straße, dazu kamen hin und wieder polnische Adelige, Grafen und Baroninnen. Wann genau Emmas Vater damit begann, sein Haus für Gäste zu öffnen, ist nicht bekannt. Auf jeden Fall waren seine Gesellschaften um 1840, während der Blütezeit der wichtigsten Berliner Salons, bereits eine mehrjährige Tradition. Wie damals üblich, sprach Emma Siegmund in ihren Aufzeichnungen über die Zusammenkünfte nicht von einem »Salon«, sondern von »Gesellschaften«, und so musste man sich die Szenerie auch vorstellen: Es handelte sich um ein ungezwungenes Zusammensitzen, Plaudern und Teetrinken in der »guten Stube« der jeweiligen Häuser, die je nach Vermögen und Geschmack der Gastgeberinnen und Gastgeber luxuriös mit Teppichen, Wandspiegeln und kostbaren Möbeln sowie dem in gutbürgerlichen Haushalten üblichen Pianoforte oder entsprechend nüchterner eingerichtet sein konnten. Die Gäste kamen, um über die neusten Aufführungen im Ballett oder Theater zu diskutieren, über Malerei, Gedichte oder Musik zu sprechen oder politische Debatten zu führen. Oft wurden zusammen Texte oder Lyrik gelesen, jemand spielte Musik oder deklamierte. Der siegmundsche Salon war eine familiäre Angelegenheit, bei der auch die Kinder erscheinen durften. Emma und ihre Geschwister wuchsen so schon früh in eine Kultur der Geselligkeit hinein, was ein wichtiger Grund dafür gewesen sein dürfte, dass Emma Siegmund selber später salonartige Gesellschaften gründete.

Grundsätzlich sollte die Salongeselligkeit verbindend wirken und sich gerade nicht in den Dienst einzelner Gruppen oder Konfessionen stellen. Prägendes Moment der Berliner Gesellschaften war der so genannte ästhetische Teetisch: Literarische, künstlerische, musikalische und politische Salons gruppierten sich um Teetische, wobei die Gäste in großen aristokratischen Salons von Bediensteten bewirtet wurden, die Tabletts herumreichten; in weniger gehobenen Salons war dies die Aufgabe der Töchter des Hauses oder eines Dienstmädchens. Bei den Teegesellschaften stand das Gespräch im Vordergrund der Geselligkeit. Ihre Bedeutung erhielten die Berliner Salons zudem nicht nur durch berühmte Leute, die dort verkehrten, wie etwa Dichter, die gelegentlich ihre Werke vorlasen, oder junge Schützlinge, die sich als Talente entpuppten. Weitaus die meisten Habitués der Salons, ob es sich nun um Gelehrte, Literatinnen oder Politiker handelte, waren zwar angesehene und gebildete Leute, zählten aber nicht zu den großen »Berühmtheiten«. Im Selbstverständnis dieser Tradition waren die Salons nicht primär als Aufenthaltsort oder Kultstätte der Prominenten gedacht (auch wenn diese ab und zu die Gesellschaften beehrten), sondern galten als »gehobenes geselliges Gemeinschaftsunternehmen von Salonnièren und Gästen«.[4]

Obwohl viele der älteren und berühmten Salonnièren jüdischer Herkunft waren, spielte der ursprünglich jüdische Hintergrund der Familie Siegmund für ihre Geselligkeiten kaum mehr eine Rolle: Im biedermeierlichen Berlin war es einfach chic, Salongesellschaften zu gründen, und dies ohne Berufung auf spezifisch religiöse Traditionen. Trotzdem spielte es wohl eine Rolle, dass der Mädchen- und Frauenbildung in der jüdischen Tradition seit jeher mehr Gewicht zukam als beispielsweise in der christlichen, weshalb auch viele der bekannten und gebildeten Frauen, welche Salongesellschaften begründeten und führten, jüdischer Herkunft waren. In diesen Kontext gehört auch die protestantisch erzogene Emma Siegmund, die von ihren Eltern sehr gefördert wurde und bekannt war für ihre Bildung und Belesenheit.

Als einer der oben genannten Schützlinge der Berliner Salongesellschaft galt zum Beispiel der junge Basler Jacob Burckhardt, der während seines Berliner Aufenthalts auch zu Gast war im Haus der Familie Siegmund. Emma schrieb einmal leicht mitleidig über diese Begegnung: »Des kleinen Burckhardts Ankunft überraschte mich angenehm, und es wäre leidlich gewesen, hätte der Schweizer außer mir noch Unterhaltung gefunden, denn so hat er sich vielfach gelangweilt.«

Jacob Burckhart schien sich aber keineswegs nur gelangweilt zu haben, sondern amüsierte sich im Gegenteil köstlich über die Moden des Berliner Salonlebens. Er nahm selber an verschiedenen Gesellschaften in Berlin teil und schrieb darüber in seinen Briefen nach Hause. So berichtete er etwa am 29. März 1840 an seine

Schwester Louise: »Denke dir, letzten Montag war ich an einer großen Fête bei Winterfelds. Es waren keine schlechtern Leute da als Ranke, der Bildhauer Rauch, der Bildhauer Tieck [Bruder von L. Tieck], Director Wagen, der hier allmächtige Präsident v. Kleist – alles dick voll Orden und Bänder; auch sonst viele interessante Leute. Von jüngern war bloß ein Stettiner und meine Wenigkeit da. Du hast gar keinen Begriff, wie gustos das Ding arrangiert war; nach dem Thee wurden *lebende Bilder* gegeben; d.h. die jüngern Damen des Zirkels der Frau v. W. stellten reich costumiert einige hier beliebte Gemälde dar. Das Zimmer wo die Zuschauer saßen und standen, war halbdunkel; von Zeit zu Zeit öffnete sich die Flügelthür des anstoßenden, hell erleuchteten Kabinets, und man erblickte auf dem Grunde einer Draperie oder einer spanischen Wand die lebenden Figuren in den Stellungen, wie das Gemälde sie erforderte. Dann wurde einen Augenblick geschlossen, damit die Damen ausruhen konnten von den zum Theil etwas penibeln Stellungen, und dann wieder geöffnet. (In den Entracten wurden die wundervollsten Sachen aus altitalienischen Opern vorgetragen, unter Begleitung des Flügels.) Das erste Bild war die Findung Mosis ich weiß nicht von wem; Blumentöpfe repräsentierten die Nilvegetation; die Königstochter, in der Mitte, von dem innen über der Thür angebrachten also unsichtbaren Lichte reichlich erleuchtet, schaute gütig auf das Kind nieder; ihre Dienerinnen, theils stehend, theils sich bückend, theils knieend blickten sie fragend an. – Das zweite Bild war die betende Nonne, die von einem slawisch gekleideten Krieger (einem Infanterie Leutnant) den Todtenstreich erwartet, ganz überköstlich! – Das dritte endlich war die *Toilette*, ein von dem anwesenden Director Klöber neu componiertes Tableau. Eine Königstochter (Gräfinn Schmettau) saß unter ihren Zofen und hielt ein prächtiges Diadem wohlgefällig gegen das Licht. – Die Thür wurde nochmals geöffnet; nun standen sie aufwärts blickend, das Diadem um die Stirn; die Zofen betrachteten sie ehrfurchtsvoll. Der Applaus war ganz mächtig, zumal da die Gräfinn Schmettau heute ihren Namenstag feierte und eigentlich die *Königin* des Festes war.«[5]

Berlin zum Ersten: Gräfinnen und Politik

Von den lebenden Bildern zurück zu den Siegmunds: Für die durchschnittliche Gesellschaft an den Abenden ihres Vaters hatte Emma Siegmund in ihrer Jugend nicht viel Verständnis. Sie liebte es, sich über die Kaufleute und höheren Beamten ihrer Umgebung zu mokieren, sie war auch als umschwärmte Gesellschafterin eine unbequeme und unangepasste »höhere Tochter«. Durch die Kontakte Vater Siegmunds zum polnischen Adel wurde in seinem Salon in den 1830er Jahren die so genannte Polenfrage eifrig diskutiert. Nachdem es in den polnischen Gebieten von Österreich und Preußen zu Aufständen gekommen war, emigrierten jeweils viele polnische Intellektuelle, um die »polnische Frage« in Europa bewusst zu machen. Über einen ihrer Anführer, den Dichter Adam Mickiewicz, hat Emma später Gedichte verfasst. Auch Adalbert Cybulski, der schon früher erwähnte »schwermüthige Gelehrte«, gehörte zu den Habitués der siegmundschen Geselligkeit. Er war ein großer Verehrer der jungen Emma, wurde später Dozent in Berlin und Breslau und korrespondierte mit Emma bis in die sechziger Jahre. Zwei ihrer besten Jugendfreundinnen, Emilie Sczaniecka und Agnes Podesta, stammten ebenfalls aus diesem politisch aktiven Kreis um die polnischen Patriotinnen und Patrioten, für deren Rechte sich Emma glühend einsetzte. Auf dem Landgut der zwölf Jahre älteren Emilie Sczaniecka in Pakoslaw bei Posen hielt sie sich häufig auf und konnte mit Gleichgesinnten über Freiheit und Gleichheit diskutieren. In dieser Zeit vor allem bildete sich das politische Bewusstsein Emma Siegmunds, und darin lag ihre Praxis begründet, sich auch später immer wieder für politische Minderheiten einzusetzen.

Paris: Franzosen und Emigranten

Die erste Salonzeit in Berlin endete für Emma Herwegh 1843, als sie Georg Herwegh heiratete. Ihre Haltung gegenüber der Berliner Gesellschaft war schon vor ihrer Abreise mehr und mehr von Kritik und Zwiespältigkeit geprägt; sie ertrug die Doppelbödigkeit von opportunistisch gesinnten Salongästen oft nur schwer und ärgerte sich maßlos über jede Form von Mittelmäßigkeit. Doch trotz dieser Distanzierungen begründete sie an den Orten, wo sie später zu Hause war, eigene salonähnliche Gesellschaften.

Für einen Umzug nach Paris sprachen für die Herweghs zu diesem Zeitpunkt gleich mehrere Gründe: Paris war um die Mitte des 19. Jahrhunderts die Hauptstadt der europäischen Emigration und dementsprechend ein interessantes politisches und gesellschaftliches Zentrum. Abgesehen davon hatte Emma schon in ihrer Jugend davon geträumt, in Paris zu leben: »Wie oft bedaure ich nicht in Paris zu leben, wo das Leben so reich an Eindrücken fast aus jedem Gebildeten einen Schriftsteller, aus jedem Begabten einen Dichter schaffen muss.«[6] Außerdem hatte Georg Herwegh bereits vor seiner Heirat kurze Zeit dort gelebt und Bekanntschaften geschlossen, etwa mit Heinrich Heine. So ließen sich Georg und Emma Herwegh nach ihrer ausgedehnten Hochzeitsreise durch Frankreich und Italien Ende September 1843 dort nieder. Die ursprüngliche Idee, zusammen mit den ebenfalls jungen, frisch verheirateten und gut befreundeten Ehepaaren Ruge und Marx eine Wohngemeinschaft zu bilden, soll am Widerstand Emmas gescheitert sein – sie war damals im 7. Monat schwanger und wünschte sich etwas mehr Privatsphäre für ihr künftiges Ehe- und Familienleben. Das junge Paar bezog danach eine edel ausgestattete Wohnung inklusive Dienstpersonal und Kinderfrau an der Rue Barbey de Jouy in unmittelbarer Nachbarschaft zu den beiden befreundeten Ehepaaren.

Emma und Georg Herwegh konnten vorerst ihr Leben durch die Einnahmen aus Herweghs Büchern und einer großzügigen Mitgift von 6000 Talern jährlich genießen und wurden bald viel beachtete Habitués der Pariser Gesellschaft. Sie machten in den ersten Tagen persönliche Bekanntschaft mit dem Komponisten Franz Liszt, der ein begeisterter Anhänger des Dichters Herwegh war und bereits einige Gedichte von ihm vertont hatte. Über Liszt lernen Emma und Georg Herwegh auch die Gräfin Marie d'Agoult kennen, eine französische Schriftstellerin und Publizistin sowie langjährige Freundin Liszts, die zu dieser Zeit einen glänzenden Salon in Paris führte. Ihre Werke veröffentlichte sie unter dem Pseudonym Daniel Stern. Die gegenseitige Sympathie war groß, und gerne ließ sie ihren Einfluss für Georg Herwegh spielen und stellte den jungen Dichter mit zwei

Heinrich Heine (1797–1856) war Dichter und lebte im Exil in Paris. Georg Herwegh machte dort schon vor seiner Hochzeit dessen Bekanntschaft. Heine verfasste auf Herwegh einen Lobgesang, der diesem die Bezeichnung »Eiserne Lerche« einbrachte. Nach Herweghs Audienz beim Preußischen König hatte der frühere Herwegh-Bewunderer nur noch Spott für ihn übrig. Emma Herwegh liebte es, ihren Mann mit Heine zu vergleichen.

Artikeln in der Pariser Tageszeitung »La Presse« vom 17. November und 28. Dezember dem französischen Publikum vor. Dieses reagierte wohlwollend auf den neuen Namen, und so konnte der zweite Band der »Gedichte eines Lebendigen«, der im Dezember 1843 erschien, einen beachtlichen Erfolg verbuchen. Doch damit war die Rolle der adeligen Salonnière noch nicht erschöpft: Der betörte Georg Herwegh verstrickte sich in eine verheimlichte Affäre mit Marie d'Agoult,[7] unter der Emma sehr litt, die sie jedoch auch ermutigte, in ihrem Haus selber eine Salongesellschaft zu gründen. In Emma Herweghs Gesellschaften verkehrten viele Persönlichkeiten der politischen Linken und der Emigrationsgesellschaft wie Michail Bakunin, Viktor Turgenjew und Alexander Herzen, aber auch französische Prominenz aus Litratur und Politik wie zum Beispiel George Sand, Victor Hugo oder Alphonse de Lamartine. Ihnen bot

Franz Liszt (1811–1856) war der Geliebte von Marie d'Agoult. Emma Siegmund besuchte bereits in ihrer Jugend mit grenzenloser Begeisterung sämtliche Konzerte, die Liszt in Berlin gab. Emma und Georg Herwegh machten in den ersten Tagen in Paris persönliche Bekanntschaft mit dem Komponisten, der ein begeisterter Anhänger des Dichters Herwegh war und bereits einige Gedichte von ihm vertont hatte. Über Liszt lernten Emma und Georg Herwegh auch die Gräfin Marie d'Agoult und ihren Salon kennen.

sich im Haus der Herweghs an der Rue Barbet de Jouy ein willkommenes Forum neben den bereits bestehenden Salons von George Sand und Marie d'Agoult. Die Salons hatten auch in Paris und insbesondere für die republikanisch gesinnten Gäste mehrere wichtige Funktionen, sei es als Kontaktort für politische Ambitionen, sei es als Freiraum für Diskussionen und Informationsaustausch.[8] Während Emma Herwegh in der Rolle als Gastgeberin und gesellschaftlicher Mittelpunkt der Zusammenkünfte aufblühte, sank die dichterische Produktivität ihres Ehemannes bald nach der Ankunft in Paris ab und beschränkte sich auf einige wenige Beiträge in Zeitschriften wie dem »Vorwärts!«, der von deutschen Emigrierten in Paris gegründet worden war. Dank Emmas Mitgift konnten die Herweghs sich vorläufig aber trotzdem ein angenehmes Leben leisten.

Emma Herweghs politisches Bewusstsein entwickelt sich in den ersten fünf Pariser Jahren zusehends. Gemäß misstrauischen Berichten in Schweizer Zeitungen von damals soll sie sich radikaler aufgeführt haben als ihr Mann, sei auf Wirtshaustische gesprungen, habe Zigarren geraucht und politische Reden gehalten.[9] Besonders zum russischen Revolutionär Michail Bakunin, einem guten Freund der Familie und häufigen Salongast, pflegte Emma Herwegh ein inniges Verhältnis und teilte ihre politischen Ansichten mit ihm – nicht immer zur Freude Georg Herweghs, der Bakunins anarchistische Ideen für unrealistisch hielt.

Unter den Emigrierten in Paris herrschte keineswegs Einigkeit in politischen Fragen, es gab rivalisierende Gruppen und Parteien, und die gegenseitige soziale Kontrolle war hoch. Trotzdem versetzten politische Ereignisse in Deutschland wie der Weberaufstand in Schlesien und dessen blutige Niederschlagung durch das preußische Militär die gesamte Emigrantenkolonie in Wut und ließen die gemeinsamen Ziele und Forderungen nach sozialer Gerechtigkeit und neuer Ordnung wieder in den Vordergrund treten.

Berlin zum Zweiten: Langweiler und Duckmäuser

Als Emma Herwegh 1847 wegen des »Polenprozesses« nach Berlin reiste, musste sie sich nach längerer Abwesenheit wieder mit der biedermeierlichen Salongesellschaft auseinander setzen und geriet über deren steifes und verstaubtes Gehabe in Rage. Entnervt schrieb sie an Georg: »Nach meiner Ankunft stürmten die Berliner mir fast das Haus ein und ich hatte kaum eine freie Minute. Die einen trieb die Neugier, Viele Langeweile und Etliche auch wohl aufrichtiges Interesse. So konnte ich doch vielerlei erfahren.«[10] Obwohl sich Emma freute, Bekannte und Freundinnen wieder zu sehen, fiel ihr der Unterschied zwischen der politischen Stimmung im konservativen Berlin und der brodelnden Lebendigkeit von Paris spürbar auf: »Ich bin wie ein Fremdling in Berlin. Sprache, Denkweise, Empfindungsart, Alles, Alles ist mir stracks entgegen, und wenn ich sie gesehen habe, sie reden höre, habe ich Mühe, sie für Menschen zu halten. Berlin ist wie das Grab, Du kannst froh sein, dass Dir die Pforte verschlossen. Ich sehe es ja auch an Allen – keiner ist lange ungestraft hier, und ich komme ihnen wie ein Tropengewächs vor. Natur ist dem Berliner ein Mythus, eine rhetorische Figur, deren Spuren er um und in sich nicht wahrnimmt. Berlin hat den Vorzug vor Paris, dass es die Galle in stäter Tätigkeit hält, und Naturen wie ich vor dem langsamen Absterben gesichert sind. Ich bin jetzt das Tagesgespräch und es machte mich lachen, als ich die Nachricht erfuhr, dass ich die intime Freundin von George Sand, deshalb auch in Männertracht durch die Straßen von Paris gehe und folglich ein emanzipiertes Frauenzimmer bin.«[11] – »Unter den zähen Naturen fühle ich mich wie eine wilde arabische Stute, die in jedem Augenblick durchbrennen möchte und ihnen im Übermut sämtlichen die Köpfe einrennen«, schrieb sie zornig aus Berlin.[12] Nach diesen für sie ärgerlichen und deprimierenden Erfahrungen war Emma Herwegh froh, nach Paris zurückkehren zu können, wo sich im Februar 1848 die revolutionären Ereignisse überstürzten und der König abgesetzt wurde. Kurz darauf folgte der verunglückte Revolutionszug der »Deutschen Demokratischen Legion« in Baden,[13] danach hatten die Herweghs den frühen Tod ihres zweiten Sohnes zu beklagen: Der kleine Camille war während der Reise der »Deutschen Demokratischen Legion« in Berlin bei Emma Herweghs Eltern untergebracht worden und dort knapp einjährig an einem Fieber gestorben.

Nizza: Italienische Revolutionäre

Emma und Georg Herwegh nahmen in Paris ihr altes Leben mit den Salongesellschaften wieder auf. Im Februar 1849 wurde dort das dritte Kind der Herweghs, die Tochter Ada, geboren. Doch die Ruhe hielt nur kurz vor: Im Juli 1849 verließ Georg Herwegh Paris wieder aus Angst vor politischen Repressionen und flüchtete nach Nizza, wohin ihm Emma ein Jahr später folgte. In Nizza spitzten sich die Ereignisse bald zur dramatischen »Herzenaffäre« zu, bei der Emma Herwegh eine komplexe Rolle spielte zwischen Mitwisserin und betrogener Ehefrau.[14] Einen Vorteil hatte jedoch die Affäre für Emmas weiteres Beziehungsnetz: Sie lebte längere Zeit alleine in Nizza und freundete sich mit patriotisch und revolutionär gesinnten Männern aus ganz Europa an, darunter der deutsche Naturalist Karl Vogt, ein Pole namens Chojecki, den alle Charles Edmond nannten, vor allem aber der italienische Freiheitskämpfer Felice Orsini. Ihn hatte sie

1850 zusammen mit seiner Frau Assunta und der kleinen Tochter kennen gelernt, und er wurde nun einer ihrer engsten Freunde in Nizza. Orsini hatte früher für die Römische Republik gekämpft und war nun als Agent des Genuesers Giuseppe Mazzini tätig, den Anführer des »Jungen Italien«, der für die nationale Einheit Italiens kämpfte.[15] Durch den Kontakt mit ihm begann Emma Herwegh, sich für den italienischen Freiheitskampf zu begeistern. Felice Orsini wiederum bewunderte Emmas ungebrochenen revolutionären Geist und ihre unkonventionelle Art. Emma Herwegh und Orsini fanden in nächtelangen Diskussionen über verlorene und zukünftige Revolutionen zusammen und steckten weitere italienische Emigrantinnen und Emigranten mit ihrem Enthusiasmus an, so dass Emma Herweghs Wohnung bald erneut zum Zentrum des gesellschaftlichen und politischen Austausches wurde.

Nach der Herzenaffäre war Georg Herweghs Ansehen auf einem Tiefpunkt. Emmas Freunde in Nizza warnten sie vor ihm, rieten ihr, sich endgültig zu trennen oder zu ihren Eltern in Berlin zurückzukehren; Charles Edmond bot ihr sogar an, sie zu heiraten, falls sie sich von Herwegh scheiden lassen würde. Doch sie hielt ihrem Mann trotz aller Anschuldigungen die Treue und entschloss sich später, endgültig zu Georg Herwegh nach Zürich heimzukehren. Die Beziehung zu Orsini erhielt Emma Herwegh weiterhin aufrecht.

Zürich: Schweizer und europäisches Exil

Zürich hatte Mitte des 19. Jahrhunderts noch immer den Ruf als liberales Zentrum der Schweiz für politischen Flüchtlinge. In Zürich war Emma Herwegh bald wieder Mittelpunkt einer illustren Salongesellschaft. Zum einen wurde das Haus der Herweghs zu einem Fluchtpunkt für Emigrierende aus ganz Europa, die vor allem ihr am Herzen lagen; zum anderen hatte auch Georg Herwegh während ihrer Abwesenheit neue Kontakte geknüpft, unter anderem zum Komponisten Richard Wagner und zum Kreis um die deutsche Erzählerin Eliza Wille in Mariafeld. Mit diesen Bekanntschaften konnte Emma selber allerdings nicht viel anfangen, und sie blieb in freundlicher Distanz dazu. Eliza Wille hielt sie für eine Intrigantin, Richard Wagner bezeichnete sie einmal als »herzlosen Egoisten, der sich aufführt wie eine hysterische Frau«. Wagner, offenbar um ein freundschaftliches Verhältnis zu Emma Herwegh bemüht, fragte sie einmal, ob sie nicht intime Freunde wären. Sie antwortete: »Sagen Sie lieber intime Feinde, das trifft genauer.«[16] Als im Sommer 1853 Franz Liszt mit seiner Begleiterin, der Fürstin Caroline von Sayn-Wittgenstein, in Zürich zu Besuch war, soll Wagner sehr enttäuscht gewesen sein, als er erfuhr, dass die Prinzessin zuerst Emma Herwegh und nicht ihn sehen wollte. Caroline Sayn-Wittgenstein und Emma Herwegh freundeten sich bei dieser Begegnung über ihre gemeinsame Begeisterung für Liszt an und begannen eine Korrespondenz, die mehrere Jahre aufrechterhalten wurde.

Mehr als den Kontakt zur Salondiva Richard Wagner interessierten Emma Herwegh ihre Bekanntschaften mit Männern wie dem Arzt und Physiologen Jakob Moleschott, dem Schriftsteller Gottfried Keller, mit dem sie die gemeinsame Leidenschaft für den Philosophen Ludwig Feuerbach teilte, und dem Architekten Gottfried Semper. Diese Leute, deren Lebenswege sich aus den verschiedensten Gründen in Zürich kreuzten, gehörten zum engeren Bekanntenkreis der Herweghs und waren regelmäßig in deren Haus zu Gast.

Am leidenschaftlichsten jedoch pflegte Emma Herwegh den Kontakt zu ihren italienischen Freunden. Dazu gehörten der italienische Schriftsteller und linke Politiker Filippo de Boni, der Revolutionär Vittorio Imbriani, der Literaturhistoriker Francesco de Sanctis oder der italienische Patriot Piero Cironi – mit ihnen saßen die Herweghs jeweils in ihrem Haus lange zusammen und diskutierten ganze Abende über die politische Lage Europas. Die italienischen Patrioten hatten alle einen unterschiedlichen politischen Hintergrund und waren teilweise miteinander verfeindet, was nicht selten zu Wutausbrüchen und Streitereien geführt hat. Einzig der Respekt und die Bewunderung für Emma Herwegh einigte das zersplitterte Grüppchen und hat sie davor bewahrt, dass öfter die Fetzen geflogen sind – so berichtet es zumindest der amüsierte Beobachter Gottfried Keller. Insbesondere Vittorio Imbriani, der Ungestümste von allen, war ein offener Bewunderer Emmas und hielt die Korrespondenz mit ihr aufrecht bis 1877. Im Juli 1864, nachdem er wieder nach Italien zurückgekehrt war, erkundigte er sich nach dem Befinden der Familie

Richard Wagner (1813–1883), der Komponist, musste auf Grund seiner Beteiligung am Dresdner Maiaufstand flüchten. Ab 1851 war er Zechbruder und Exilgefährte Georg Herweghs in Zürich. Mit diesen Bekanntschaften konnte Emma Herwegh jedoch nicht viel anfangen, sie blieb auf freundlicher Distanz.

Herwegh und schrieb dazu temperamentvoll von seiner Verachtung für das Zürich dieser Zeit: »Ich hoffe, es geht Euch allen gut. Wie geht es Horace in Berlin? Wann endlich erscheint der neue Gedichtband, den Ihr Gatte wieder und wieder versprach? Gibt es Neuigkeiten von der Familie in Berlin?? Vor allem will ich wissen, wie es Euch geht, womit Ihr Euch beschäftigt, ob Ihr bald nach Italien kommt und das lästige Zürich endlich hinter Euch lässt. Wie kann man diese absolute Abwesenheit eines moralischen und geistigen Lebens ertragen, ohne zu verdummen oder vor Langeweile zu sterben? Wie kann man Anteil nehmen an dieser schweizerischen Kantonspolitik, an diesen mikroskopischen Leidenschaften, die immer nach zänkischer Haarspalterei riechen, die einen an den Kleinkrieg erinnern im Innern eines Wassertropfens zwischen dem Volvox, dem Vibrio und ähnlichen Ungetümen?«[17]

Gottfried Semper (1803–1879) war Architekt und Kunsttheoretiker, nach seiner Beteiligung am Dresdner Aufstand 1849 floh er nach Paris. Als Professor am Polytechnikum in Zürich war er gern gesehener Gast bei den geselligen Anlässen Emma Herweghs.

In Zürich gründete Emma Herwegh auch einen kleinen Zirkel, der die italienische Sprache und Literatur pflegen sollte. Sie konnte dafür Jakob Moleschott und dessen Frau gewinnen sowie Lisbeth Semper, die Tochter des Architekten Gottfried Semper. Unter ihrer Leitung las sich die Gruppe durch italienische Klassiker wie Petrarca oder Torquato Tasso. Zudem übte sich das Kränzchen zur Erheiterung der Umstehenden auf ihren Spaziergängen über Zürichs Märkte in der italienischen Sprache, wie Jakob Moleschott sich erinnerte: »Ich wollte Italienisch lernen, und die sprachkundige Frau des Dichters Herwegh war auf die liebenswürdigste Weise erbötig mir zu helfen. Frau Emma Herwegh, eine geborne Sigmund aus Berlin, besaß ebenso viel Geist als Bildung; sie beherrschte das Französische vollkommen, war im Englischen zu Hause und des Italienischen in hohem Grade mächtig. Sie hatte längere Zeit in Italien gelebt und liebte nicht bloß das Volk, seine Sprache, seine Kunst, sondern sie war auch seiner freiheitlichen Wiedergeburt leidenschaftlich und opferwillig ergeben. Mit der Sprache war sie nicht bloß durch ausdauerndes Studium, sondern auch durch lebendige Übung vertraut. Frau Herwegh also wollte uns führen. Denn zunächst schloss meine Frau sich an. Wir hatten aber außerdem eine treffliche Schulkameradin an Fräulein Lisbeth Semper, der Tochter des genialen Baumeisters, die mit meiner Frau wie eine Schwester verkehrte. Wir griffen muthig an, denn wir warfen uns ohne Weiteres auf Dantes Inferno mit Lust und Liebe. Hinter der Bühne sorgte ich für das Einüben der Sprachregeln, es wurde geschrieben und hergesagt, Manzoni gelesen und insbesondere die Vorbereitungen zu den in der Stunde zu lesenden Gesängen Dantes vorgenommen, so dass das Lesen und aus dem Stegreif Übersetzen in unseren Zusammenkünften mit Frau Herwegh etwas Festliches hatten. In jenen Stunden waren wir der Welt so abgeschieden, wie seiner Zeit Schlosser in Heidelberg mit seinem berühmten Dante-Kränzchen. Und wir hatten uns rasch eine gewisse Vertrautheit mit der geliebten und bewunderten Sprache erworben. In unserem Kränzchen lasen wir die ganze Divina Commedia, Petrarca, Tasso, und auf den Spaziergängen spielten Sprachübungen eine Hauptrolle. Eines Tages erscholl es auf dem Thiermarkt in Zürich aus unsrem Munde eifrig: uno, due, tre, u.s.w., und wir merkten kaum, dass wir die heitere Aufmerksamkeit der Vorübergehenden erweckten.«[18]

Eine berühmte Szene mit internationaler Beteiligung und einigen Habitués des herweghschen Salons spielte sich auch am 23. September 1861 im Zürcher Hotel »Schwan« am Mühlebach ab. Die Zentralfigur dabei war der deutsche Rechtsanwalt und Mitbegründer der Sozialdemokratie, Ferdinand Lassalle. Er war seit der Zeit in Paris mit den Herweghs befreundet und außerdem ein guter Freund der Gräfin Sophie von Hatzfeld, die ihrerseits mit Oberst Rüstow eng verbunden war. Zur Feier des Besuchs von Lassalle und der Gräfin Hatzfeld in Zürich gaben die Herweghs eine Gesellschaft. Weitere Gäste waren der frisch gewählte Staatsschreiber Gottfried Keller, seine Freundin, die Schriftstellerin Ludmilla Assing sowie die russische Nihilistin Lydia Idaroff, »der die Herren eifrig den Hof machten«. Rüstow und die Gräfin Hatzfeld trugen aus Solidarität mit dem italienischen Freiheitshelden beide so genannte rote Garibaldi-Hemden. Die Gesellschaft unterhielt sich an diesem Abend vor allem damit, weitere Pläne für revolutionäre Aktivitäten in Europa zu schmieden – und, so berichtet eine Anekdote über Gottfried Keller, die Ereignisse nahmen im Verlauf des Abends plötzlich eine für den politisch gemäßigten Schweizer Dichter inakzeptable Wendung: »Nach dem Thee begann ein Gelage, das bis in den hellen Morgen hinein dauerte, wobei die Frauen dem Champagner nicht lässig zusprachen und dicke Havannacigarren rauchten. Keller fühlte sich aufs äußerste angewidert, verhielt sich indessen stumm. Als jedoch in vorgerückter Stunde Lassalle seine Kunststücke als Magnetiseur und Tischrücker in schauspielerischer Weise zum besten gab und eben seinen Hokuspokus über dem Haupte Georg Herweghs machte, um denselben einzuschläfern, fuhr Gottfried Keller wütend auf, schrie: ›Jetzt ist's mir zu dick, Ihr Lumpenpack, Ihr Gauner!‹, ergriff einen Stuhl und drang mit dieser Waffe auf Lassalle ein. Eine unbeschreibliche Verwirrung entstand. Die Frauen brachen in heftiges Weinen aus, die Männer schimpften, und der Unhold wurde an die frische Luft gebracht. Um acht Uhr morgens hätte er in der Kanzlei antreten sollen. Um zehn Uhr war er noch nicht da, der nächtliche Vorfall dagegen bereits ruchbar geworden. Da eilte Regierungsrat Hagenbuch nach der Wohnung seines Schützlings, den Schläfer zu wecken. Ein ernstlicher Verweis wurde dem Säumigen nicht erspart. Es war der erste und letzte, den Keller entgegenzunehmen hatte. Seitdem war er die Pünktlichkeit und Pflichttreue selbst.«[19]

Solche Szenen illustrieren die »extravagante Gesellschaft«, in welcher sich das Ehepaar Herwegh bewegte und in welcher Emma Herwegh als schillernde Persönlichkeit im Mittelpunkt stand. Mit ihren vielfältigen Kontakten zu wissenschaftlich und künstlerisch tätigen Frauen und Männern sowie zu Emigrierten in ganz Europa pflegte Emma Herwegh auch in Zürich eine Salonkultur, wie sie sie zuvor schon in Berlin, Paris und Nizza etabliert hatte. Es gelang ihr an jedem Ort, an dem sie sich für längere Zeit aufhielt, diese Tradition wieder neu entstehen zu lassen und lebendig zu halten – und es gelang ihr damit, ein immer größeres Beziehungsnetz zu knüpfen, das für die politische und finanzielle Situation der ganzen Familie von immenser Bedeutung war. Jenseits aller Mystifizierungen und romantischen Traditionen ging es in den Salons auch immer um handfeste politische Karrieren und Machtverhältnisse. Emma Herwegh wusste darum und baute sich in ihren verschiedenen Lebensphasen stets die für sie wichtigen Beziehungen auf.

Mit der Zeit in Zürich endete um 1865 jedoch auch die Kultur der Salongesellschaften für Emma Herwegh. Aus finanziellen Gründen war die Familie gezwungen, nach Baden-Baden zurückzukehren, wo eine Amnestie es den deutschen Flüchtlingen ermöglichte, wieder in einem deutschen Land zu wohnen. Aufgrund der prekären Geldlage und Wohnverhältnisse und dem sich allmählich veschlechternden Gesundheitszustand von Georg Herwegh konnte der alte Glanz der Geselligkeit nicht wieder aufgenommen werden. Emma Herwegh jedoch zehrte bis an ihr Lebensende von ihren Erinnerungen daran, zuletzt als Witwe allein in ihrem kleinen Zimmer in Paris, das angefüllt war mit Erinnerungsstücken und Bildern aus diesen abenteuerlichen Zeiten, wie es in einem ihrer Nachrufe hieß: »Ihr unscheinbares Zimmer war in der Tat zum Tempel der fernen Erinnerungen geworden. An der linken Wand hing ein lebensgroßes Porträt des Dichters, so wie er im Jahre 1843 zu Zürich gemalt wurde: eine schöne Gestalt mit sanftem, etwas romantisch-träumerischem Aussehen. Über ihrem Schreibtisch hing ein späteres kleineres Bild; da war der Dichter im Vollbart, mit denselben sanften Zügen, mit demselben freundlichen Lächeln, aber mit dem gedankentiefen Blick und dem heiter-ruhigen Gesicht eines erfahrenen Weltweisen dargestellt. An einer anderen Wand im Hintergrund hingen die Bilder der besten Freunde: Feuerbachs, Cironis, Orsinis u. Victor Hugo's, zum Andenken an vergangene Freuden und Leiden.«[20] Dieses Zimmer der alten Emma Herwegh wurde gleichsam zu ihrem letzen Salon, wo die Gäste aus den Bilderrahmen an den Wänden schauten. Sie lebte darin mit ihren Erinnerungen an ein bewegtes Leben mit vielen Freundinnen und Freunden und einer großen Liebe, sie hauste darin wie in einem Museum, dessen wichtigstes Stück sie selber war.

Einblicke

Berliner Salonkultur
»Lyrisches Intermezzo« aus dem »Buch der Lieder« von Heinrich Heine[21]

Sie saßen und tranken am Teetisch
Und sprachen von Liebe viel.
Die Herren, die waren ästhetisch,
Die Damen von zartem Gefühl.

»Die Liebe muss sein platonisch«,
der dürre Hofrat sprach.
Die Hofrätin lächelt ironisch,
Und dennoch seufzet sie: »Ach!«

Der Domherr öffnet den Mund weit:
»Die Liebe sei nicht zu roh,
Sie schadet sonst der Gesundheit«
Das Fräulein lispelt. »Wieso?«

Die Gräfin spricht wehmütig:
»Die Liebe ist eine Passion!«
Und präsentiert gütig
Die Tasse dem Herrn Baron.

Am Tische war noch ein Plätzchen;
Mein Liebchen, da hast du gefehlt.
Du hättest so hübsch, mein Schätzchen,
Von deiner Liebe erzählt.

Reisepass der Emma Charlotte Herwegh. »Der erste Staatsschreiber« ist Gottfried Keller.

»In die ächte Schweiz kommen wir freilich erst morgen …«

Reisefreuden, Exil und ein Grab

Emma Herweghs Schicksal verband sie immer wieder mit der Schweiz. Sie lernte das Land zuerst kennen als touristisches Reiseziel, dann als Exilstation ihres Geliebten Georg Herwegh, der das Schweizer Bürgerrecht erwarb und sie hier heiratete. In den fünfziger Jahren lebte die Familie Herwegh wieder für Jahre in Zürich, und auf eigenen Wunsch wurden die beiden schließlich in »freier Erde« in Liestal begraben.

Reisefreuden

Wie viele ihrer betuchteren Zeitgenossinnen und Zeitgenossen machte sich auch die junge Emma Siegmund auf zu einer ausgedehnten Reise durch die Schweiz. Gründe dafür gab es viele: Reisen gehörte zum Freizeitrepertoire der bildungsbürgerlichen Welt, und die Schweizverehrung war in Mode, genährt durch unzählige Publikationen englischer und deutscher Reisender, die sich gegen Ende des 18. Jahrhunderts im Zuge der rousseauschen Naturverklärung daran gemacht hatten, das grimmige Image der Schweizer Alpen durch eigene Erkundungen der wilden Natur zu brechen. Das war etwas Neues im bürgerlichen Reiseverhalten, weil die bisherigen sozialen Vorstellungen von Reisen und Unterwegssein umgewertet wurden: War es bisher für gut gestellte Reisende verpönt gewesen, den Weg unter die eigenen Füße zu nehmen, wurde in der neuen Philosophie gerade für die gutbürgerlichen Schichten der direkte Kontakt mit der Natur und das ziellose Umherschweifen zu Fuß propagiert. Natur- und Gebirgsbegeisterung gab es zwar bereits bei einigen Humanisten wie dem Zürcher Konrad Gessner, diese kurze literarische Phase geriet aber später wieder in Vergessenheit. Erst das 18. Jahrhundert gab der sentimentalen Bewegung und damit der Liebe zur Natur neuen Auftrieb, indem Dichter und Maler die Schönheit der Landschaften priesen und damit den Menschen die alte Furcht vor den Bergen nahmen.

Besonders prägend für das Schweizbild vieler Reisender im 19. Jahrhunderts war das reiseliterarische Werk des preußischen Arztes Johann Gottfried Ebel, der während zweier Jahre zu Fuß die ganze Schweiz durchwandert und seine Erfahrungen in mehreren Publikationen verarbeitet hatte. Seine »Anleitung auf die nützlichste und genussvollste Art in der Schweiz zu reisen« von 1793 wurde zu einem Bestseller für Schweizreisende und mehrmals neu aufgelegt.

In seinen Spuren wandelte neugierig auch die 20-jährige Emma Siegmund, als sie am 1. August 1837, mit der Kutsche von Karlsbad über Regensburg, Augsburg und Lindau kommend, an der Schweizer Grenze ankam. Begleitet wurde sie von ihren Eltern und den zwei Schwestern Minna und Fanny. Ihre Route folgte dem klassischen Beispiel des Reiseführers Ebel und führte zuerst an den Bodensee, über St. Gallen und Schaffhausen zum Zürichsee, weiter in die Innerschweiz zum Vierwaldstättersee über Zug und Luzern, es folgte ein Abstecher nach Uri, danach ging es weiter ins Berner Oberland mit den berühmten Wasserfällen und den beliebten Ausflugszielen Eiger, Mönch und Jungfrau. Schließlich zog es die reisende Familie in die Westschweiz nach Lausanne, Genf und Neuenburg und von dort über Solothurn und Basel zurück in Richtung Norden.

Die Familie Siegmund konnte es sich leisten, komfortabel zu reisen. Sie war meist in der Kutsche unterwegs, machte Ausflüge mit Booten und Dampfschiffen, zu Pferd und zu Fuß mit einheimischen Führern. Im Hochgebirge ließ sich zumindest Mutter Siegmund auch von gepolsterten Tragsesseln transportieren, einer besonders luxuriösen Fortbewegungsart. Emma Siegmund bemerkte bei einer Wanderung oberhalb von Hospental im Kanton Uri dazu, dass sie den Tragsessel ihrer Mutter bedenklich fände »und die Träger sehr unverschämte Leute«.[1]

Im Sinne des bürgerlichen Bildungsideals dürstete die Berliner Familie jedoch nicht nur nach Naturerlebnissen, sondern stattete auch sämtlichen Kulturdenkmälern auf ihrer Route Besuche ab. Man bewunderte den Conciliumssaal im Schaffhauser Rathaus ebenso wie das Gessner-Denkmal und die Lavater-Handschriften in Zürich, Tells Apfelschussstelle bei Bürglen, die Drahtbrücke in Freiburg und selbstverständlich die Wirkungsstätten Voltaires und Rousseaus am Genfersee. Beim Besuch des ehemaligen Wohnsitzes von Voltaire auf der Ile de Ferney überwand Emma Siegmund sogar ihre Abneigung vor Perücken: »Ein alter Franzose, der Voltaire noch gekannt und sein Laufbursche gewesen, führte uns auch nach einer von dem Dichter gepflanzten Linde, von deren Stamm ich ein Stückchen mitgenommen. Bei einem zweiten Laufburschen Voltaires, dem Sohne des damaligen Gärtners, fanden wir noch viele Reliquien vom Dichter. Seine große Mappe, in der er seine Gedichte hatte und die der jetzt schon alte Knabe ihm damals immer nachgetragen, seine Perücke, sein großer Stock, Tintenfass und Petschaft. Alles dieses zeigte man uns. Die Perücke, ein Gegenstand meiner großen Abneigung hatte nach dem Portefeuille diesmal besonderen Reiz für mich, ich fasste sie sogar an, weil sie einen so großen Schädel bedeckt.«[2]

Doch am meisten ließ sich die junge Emma doch von den Schweizer Naturschönheiten begeistern. Zu ihren Lieblingsbeschäftigungen auf der Reise gehörten spontane Bäder in allen Seen oder Flüssen, die sie antraf. Schon auf der Hinreise über Regensburg musste sie in die Donau tauchen und erklärte ihrem Reisetagebuch dazu: »Mein erster Weg aber ging mit dem Morgenstrahl in die Donau hinein, die mich gestern wie jedes Wasser so mächtig angezogen, dass ich nicht widerstehen konnte.«[3] Diese Anziehungskraft des Wassers hielt an – immer wieder begab sich Emma Siegmund in die faszinierenden Gewässer und verknüpfte damit poetisch und erotisch gefärbte Fantasien. Über ihr Bad im Rhein schrieb sie: »Ich sitze hier in Schaffhausen im Thale und habe schon mit dem Rhein Freundschaft geschlossen, hat er mich doch liebreich heute schon in sein kühles, schönes Bette aufgenommen und mit seinen grünen, klaren Wellen so verfeyt, geliebkost und so schön unterhalten, dass mir ganz warm im kühlen Grunde wurde, und das Herz mir aufging vor Freude und Wonne über den Anblick!«[4] Auch verglich sie sich einmal mit der verführerischen Loreley auf dem Rheinfelsen hoch über dem Fluss: Immer wieder musste Emma Siegmund ihre Kühnheit und ihre romantische Ader an solchen Gelegenheiten beweisen, und am schönsten war es dann, wenn noch etwas grusliger Schauer dazukam. Über ein Erlebnis im Genfersee berichtete sie ihrer Freundin Agnes: »Gestern abend nämlich, als der See wild tobte, und tiefe Nacht schon auf den Wellen lag, habe ich noch im kühlen Grunde gebadet. Die Frau des Hauses sah mich verwundert an, als ich in der Nacht Eintritt begehrte, Minna, die mich begleitete und zuerst einsteigen wollte, schauerte vor dem schwarzen, erregten Element, dessen Wellen so mächtig schlingen, dass man nicht einen Schritt ohne Halt sich aufrecht erhalten konnte, und kehrte mit den Worten: Geh Du nur voran, wieder um. Da stürzte ich mich von Sehnsucht getrieben in die wilde, aber wohlig warme Fluth, und mein langer weißer Mantel zog wie ein gigantischer Schatten in weiten Kreisen mir nach, ich drückte die schwarze Kappe tief ins Gesicht und kam mir wie der Erlkönig vor.«[5]

Die Freiheit, die Frauen

Von Anfang an gab sich die freiheitsliebende Emma Siegmund begeistert von den Menschen in der Schweiz. Sie hatte schon konkrete Vorstellung vom Gemüt der Schweizerinnen und Schweizer, bevor sie mit ihnen persönlich zusammentraf: »Ich habe zwar erst wenige Schweizer gesehen, aber das Volk gefällt mir unendlich, unter solchem Himmel kann aber auch nur eine Nation leben, die in geistiger Freiheit athmet. Gott, Freiheitsliebe, Treue und Gastfreundschaft, sind die Grundvesten des Charakters der Schweizer, und wo man solche Basis findet, übersieht man gern und leicht die kleinen Schwächen. – In die ächte Schweiz kommen wir freilich erst morgen, aber mit der Großartigkeit der Natur merkt man auch hier schon eine Verschiedenheit, eine veredelte feine Gesinnung in den Menschen, die selbst in der niederen Klasse, in Gang, Blick und Ton sich kundgiebt.«[6] Besonders gefiel ihr, dass Arm und Reich auf gleicher Stufe stehen würden in der Schweiz, dass die Schweizer nur Gott als ihren Herrn akzeptierten und sie nur eine Furcht verbinde, nämlich die Ehrfurcht. Mit diesen Eindrücken widerspiegelte sie in schönster Weise das Selbstbild der Schweiz, das aus der Zeit der Helvetik von 1798 stammte, als es galt, die Einheit der Nation gegen außen und gegen innen mit Hilfe solcher Charakterisierungen zu stärken.

Die Beschreibung von sozialen Realitäten und Zuständen fanden wenig Platz in ihren Reisebeschreibungen. Außer, es wäre in den Schweizer Bergen tatsächlich immer so zugegangen, wie sie über eine Besteigung des Rosenlauigletschers erzählt: »Wir wanderten weiter, immer zwischen den ungeheuren Felsen entlang, der Weg wurde interessanter, aber auch steiler, da klangen mit einemmale Lieder durch den Wald, es waren lustige Senner, die thaleinwärts mit ihren Käsen zogen und im Vorübergehen fragten, ob sie schwingen sollten, eine in der Schweiz sehr beliebte körperliche Übung, wir dankten aber für den Anblick, weil wir noch weit zu gehen hatten und stiegen, durch den Gesang ermuthigt, lustig weiter. Unweit des Gipfels empfing uns wieder Gesang. Drei arme Mädchen jodelten ihren Kuhreigen, wir lauschten den frischen Tönen mit Wohlgefallen, und mir war so recht schweizerisch zu Sinn, Wald, Berg, Wiese, Quell und Gesang!«[7]

Der bekannte Schweizer Schriftsteller Gottfried Keller (1819–1890) verkehrte Anfang der sechziger Jahre im Salon der Herweghs in Zürich. Der als bescheiden geltende Keller konnte zu Beginn seiner Bekanntschaft mit der exzentrischen Emma Herwegh nicht viel anfangen. Er war vor allem mit Georg Herwegh befreundet und widmete diesem zwei Gedichte. Berühmt wurde Kellers Wutanfall am Abend vor seinem Amtsantritt als Staatsschreiber in Zürich, als er angetrunken einen Gast der Herweghs angreifen wollte.

Emma Siegmund besaß zum Glück genügend Selbstironie, um solche Begegnungen nicht für die einzige und wahre Schweiz zu halten. Trotzdem war ihre Wahrnehmung von diesen Stereotypen der Alpen und der »frohen Senner« maßgeblich geprägt. Dazu trug nicht zuletzt die touristische Infrastruktur bei, durch die die Schweiz in den 1830er Jahren schon gut erschlossen war. Eines der am frühesten bereisten Gebiete war zwar der Kanton Uri, der sich aber dem Freizeittourismus erst spät öffnete. Vom Umgang der Urner Bevölkerung mit Reisenden zeigte sich Emma Siegmund sehr ernüchtert und nicht frei von diffusen Vorurteilen: »Freilich sind die Schweizer nicht mehr das Volk, das sie ehemals waren; der Verkehr mit den vielen Fremden hat ihnen einen Teil ihrer Originalität und ihrer Uneigennützigkeit geraubt. Am wenigsten gefallen mir die aus dem Canton Uri, man findet dort schon gemischte Naturen, ich möchte glauben, dass jene Leute die Schattenseiten beider Völker, der Italiener und der Schweizer, in sich vereinten. Die Wahrheit, die mir diese Nation so lieb vor vielen anderen macht, ist hier nicht so unveränderlich, und an die Stelle der Gastfreundschaft ist mehr Geldgier getreten. Mir scheint auch, dass dieser Canton wenig beliebt, ein treues Zeichen, dass im Allgemeinen eine edlere Denkungsart hier wohne.«[8] So nahm Emma Siegmund den Rest der Schweiz vor dem »geldgierigen« Kanton Uri in Schutz und bedachte dabei wohl nicht, dass die Menschen in Uri sich schon viel länger als anderswo an durchreisende Fremde und Reisende gewöhnt hatten und deshalb vielleicht weniger tourismusbegeistert waren.

Ins Schwärmen geriet sie dann, wenn sie Schweizer Mädchen oder Frauen antraf, deren unschuldige Appetitlichkeit sie entzückte: »Gestern sah ich zuerst ein Schweizermaidli in ihrem Costüm, Du glaubst nicht, was die lieben Leute hier für schöne Augen haben, zwar sah ich noch kein schönes Mädchen, aber auch noch kein hässliches, frisch und freundlich schauen Dich alle an, und siehst Du die rothen Wangen und die lieben Gesichter, dazu die reinliche, schöne Tracht, die Mieder und Silberketten, das schöne geflochtene Haar, dann gehts Dir wie mir, Du möchtest sie immer ansehen und Dir Eine mitnehmen. Die Madel aus dem Berner Oberland sollen gar schöne Trachten haben und hübsch sein, ich bin begierig auf die Mädchen, denn ein schöner Mensch bleibt doch das Meisterwerk der Schöpfung.«[9] – Oder später in Nidwalden: »Hier im Canton Unterwalden giebts also wirklich viel hübsche Jungfrauen. Auch die Tracht ist nett, dunkle Mieder, geschickter geschnitten als in den anderen Urcantonen und das starke Haar in Zöpfen mit weißem Bande durchflochten, gehalten durch einen silbernen, mit Steinen verzierten Pfeil.«[10] Persönlicher Austausch fand auf der Reise überhaupt nur mit den Schweizerinnen statt – im Gegensatz zu den Schweizern, die immer nur als abstrakter Inbegriff von Freiheit, Treue und Vaterland Erwähnung finden –, so zum Beispiel im ungeduldig erwarteten Berner Oberland: »Als wir vom Gießbach heimfuhren, stand die liebe Margarethe am Fenster und flocht' sich das schöne Haar, bald landeten wir, und nicht lange, da kam das hübsche 14-jährige Mädchen und wünschte uns einen guten Morgen und eine glückliche Reise. Wir reichten uns die Hände, gaben uns einen Kuss, und noch lange schauten die frommen, dunklen Äuglein unserm rollenden Wagen nach.«[11]

Bräute und Jungfrauen
Neben den hübschen Schweizer Mädchen beschäftigten Emma Siegmund auf der Reise aber noch ganz andere Dinge, zum Beispiel verfolgten sie die Bilder von Bräuten. Dies äußerte sich darin, dass sie sich zum einen ängstlich sorgte um ihre jüngere Schwester Fanny, die frisch verlobt war mit dem Schweizer Jules Piaget aus Neuchâtel und deren bräutlicher Zustand Emma Siegmund als etwas besonders Kostbares erschien. Gleichzeitig hing sie, wiederum oft beim Anblick von Wasser oder Flüssen, Gedanken über ihre eigene Situation als unverheiratete Frau und über die Vergänglichkeit des Lebens überhaupt nach. Sie wurde wehmütig ob der Vorstellung, dass es für sie vielleicht nie zu einer Verlobung kommen würde. Auf der Terrasse des Nobelhotels »Drei Könige« in Basel stehend, schaute sie auf den vorüberziehenden Rhein und verfasste ein Gedicht, in dem vom grünen Myrtenkranz, dem damals üblichen Brautschmuck, im kühlen Grund die Rede ist und vom Vater Rhein, der ihr den Kranz verspricht. Doch als sie »die bräutliche Krone« endlich erhält, da »wollt' ich ans Herz sie drücken, / Sie aber zerfloss in Schaum. – / Das ist das große Finale / Von manchem holdseeligen Traum. / Ade Du bräutliche Krone / Lebewohl, Du holdseeligster Traum!«[12]

Auch die Gebirgswelt der Schweiz riss Emma Siegmund zu Gedankenflügen über das Spiel der Geschlechter hin. Dafür boten sich natürlich die Jungfrau und ihre Berggefährten im Berner Oberland an, zu deren Anblick Emma Siegmund verzückt ins Tagebuch schrieb: »Was ist das für ein Berg! wenn ich zuvor sagte, der Rosenlaui sei der schönste Gletscher, so wiederhole ich doch, wenn ich wählen müsste, was ich gesehen haben möchte, ich riefe laut: die Jungfrau. Dieser leuchtende Berg zwischen dem Grün ist zu einzig, das Herze geht einem über, so oft man schaut hinauf. Jahrtausende freit der Mönch, ihr erster Nachbar um ihre Hand, sie reicht sie keinem, und wer sich ihr unerlaubt nähert, stirbt in ihrer kalten Umarmung; nur der Mond scheint sie zu rühren, in seinem bleichen Schein vergisst sie den Stolz und lässt sich weich von seinem milden Licht umfließen. Die Schleier fallen von ihrem Angesicht, und immer tiefer steigt der Mond zu ihr hernieder, ruht mit seinem leuchtenden Angesicht lange auf ihrer, vom Nachtwind kalten Stirn, und die beiden Silberhörner stehen jeden Abend gleich zwei Brautjungfern in ihren Festgewändern um die Liebenden. Mir war es vergönnt, auch ein Zeuge dieses Schauspiels zu sein, denn gerade vor unserem Fenster lag die Jungfrau und wenn man sieht, dass selbst im Eise Liebe wohnt, sollte sich da in solchem Augenblick im Menschen, dessen Element die Liebe ist, nicht wenigstens die Sehnsucht danach regen?«[13] Auf diese Weise gelang es Emma Siegmund auf ihrer Reise immer wieder, über die Beschreibungen von Natureindrücken aus ihrem Innenleben, ihren Wünschen und Sehnsüchten zu berichten. Die Liebe als bestimmendes Element und als Fluchtpunkt vieler Betrachtungen war dabei allgegenwärtig.

Das Berner Oberland war schon lange vor der Reise Emma Siegmunds Zielort eines eigentlichen Literatur-Tourismus, und sie war mit Sicherheit nicht ohne literarische Vorbildung auf ihre Reise gegangen. Die Verehrung der Jungfrau-Region blühte bereits in den Reiseberichten des späten 18. Jahrhunderts, in ihnen war Ähnliches zu lesen, zum Beispiel beim deutschen Reiseschriftsteller Christoph Meiners über die Jungfrau: »Als wir die Jungfrau zuerst ansahen, war noch fast ihr ganzer Cörper von der Abendsonne erleuchtet, die aber bald ihren goldnen Schmuck von dem blendendweißen, nie entweihten Busen zurück zog, und nur allein ihr jungfräuliches Antlitz röthete, das niemals von einem andern Bräutigam als von den Strahlen der Sonne und von Sturmwinden geküsst worden ist.«[14] Solche Beschreibungen von naturschwärmenden Reisenden gab es viele, und die Bergwelt der Berner Oberlandes war dabei mit Abstand die beliebteste Naturregion für die menschlichen Dinge. Der Name des Berges Jungfrau wurde damit erklärt, dass er noch von keinem Menschen bestiegen worden sei (die Erstbesteigung der Jungfrau durch die Aarauer Brüder Rudolf und Hieronymus Meyer fand 1811 statt). In Analogie zum Berg wurden auch die Bewohnerinnen des Berner Oberlandes als die schönsten und stolzesten Jungfrauen auf Erden betrachtet. Schöngeistig unterfüttert von der idyllischen Alpenbegeisterung eines Gessner oder Rousseau, entwickelte sich ein Mythos der schönen, unschuldigen und stolzen Frauen, die es zu erobern galt. Scharen von gut situierten Männern aus Deutschland, England oder Frankreich zog es deshalb in die Schweiz, um ihren Fantasien nachzureisen. Gestützt wurde dieses Bild zusätzlich von der Tradition des Kiltganges, einem jahrhundertealten Berner Oberländer Brauch, wonach die Bauernmädchen ihre Liebsten ohne Aufsicht der Eltern in ihrer Schlafkammer empfangen durften. Dies war für die männlichen Touristen aus dem Ausland eine unerhört freizügige und reizvolle Idee – und so entstanden immer mehr Berichte von den begehrenswerten Schweizer Jungfrauen, die zu Reisen verlockten.[15]

Doch Emma Siegmund konnte auch anders: Wenn sie nicht gerade zu Gedankenspielen mit Jungfrauen und Mönchen inspiriert wurde, war sie durchaus eine gut beobachtende und ironisch kommentierende Reisende. Sie richtete ihren Blick gerne auf andere Reisebekanntschaften oder auf ihr eigenes kurioses Äußeres bei größeren Ausflügen: »In dem Nachen saß eine wunderliche Gesellschaft, Drei mit runden Strohhüten mit grünen Schleiern und Schleifen, lila Röcken, schwarzem Gurt und einem hohen Stock mit einem Gemshorn waren die flottesten Passagiere; der Kahn hielt, und Du sahst eine dieser Drei voransteuern, und das war ich.«[16] Dies schrieb sie am Donnerstag, dem 17. August – »Nachts, im Bette« – in der Pension Ritschardt in Interlaken, um von einer Bootsfahrt über den Brienzersee zu den Gießbachfällen zu berichten. Die Notiz zeigt auch, wie sorgfältig sich die Reisegesellschaft an die Anweisungen aus der Vorbereitungsliteratur hielt, wo festgehalten war, dass man sich bei Schweizer Reisen mit grünen Schleiern oder blauen und grünen Brillengläsern zu versehen habe, um sich »gegen die den Augen schädliche Blendung bei längerm Verweilen auf Schneefeldern oder Gletschern« zu schützen.[17]

Emma Siegmund kehrte im September 1837 mit vielen Eindrücken und Erinnerungen wieder zurück nach Berlin und schrieb zum Abschluss ihres Reisejournals wehmütig die Worte »viel Träume – wohin?«

Emilie Sczaniecka (1805–1898) war polnische Patriotin, Jugendfreundin und politisches Vorbild von Emma Herwegh. Diese widmete der polnischen Freundin Gedichte, bekam dafür einen Ring mit der Inschrift »Noch ist Polen nicht verloren«, den Emma Herwegh ihr Leben lang trug. Mit dieser Freundschaft verband Emma auch ihre Begeisterung für die Polinnen und Polen und deren Kampf für ein unabhängiges Polen.

Exil

Was sie sich damals wohl nicht träumen ließ, war, dass ihre Wege sie fünf Jahre später auf abenteuerliche Weise wieder in die Schweiz führen sollten, diesmal nicht als tollkühne Touristin, sondern als Verlobte eines Flüchtlings im Exil. Kurz nach ihrer Verlobung mit dem Jungpoeten Georg Herwegh war dieser zu der sagenumwobenen Audienz beim preußischen König geladen, deren Nachgeschichte zu einer von widersprüchlichen Aussagen geprägten Zeitungs- und Klatschaffäre geriet, die darin gipfelte, dass Georg Herwegh am 28. Dezember 1842 mit sofortiger Wirkung aus Preußen verwiesen wurde.[18] Das Liebespaar flüchtete zusammen mit Emmas Bruder Gustav zuerst nach Leipzig zu gemeinsamen Freunden, doch auch dort drohte nach 24 Stunden der Ausweisungsbefehl, worauf Georg Herwegh beschloss, zusammen mit seinem

Freund Michail Bakunin über Frankfurt und Straßburg nach Zürich zurückzufahren, wo er seit dem Frühling 1840 lebte. Emma dagegen fuhr alleine zuerst zu ihrer Freundin Charlotte Gutike nach Halle und danach zu Emilie Sczaniecka nach Pakoslaw bei Polen, schließlich zurück nach Berlin.[19] Zwischen Zürich und Berlin wurden dann die sehnsüchtigen »Brautbriefe« hin- und hergeschickt, in denen sich das Paar der gegenseitigen Liebe und Unterstützung versicherte. Insbesondere für Emma Siegmund war es nicht einfach, die Schmach, die sich in der Berliner Öffentlichkeit über die Aktionen Georgs ergoss, auszuhalten. Sie wollte nichts lieber, als möglichst bald weg von Deutschland und zu ihm in die Schweiz.

Zank um Zürich

Davor waren noch einige Schwierigkeiten zu überwinden. Georg Herwegh hoffte auf eine Aufenthaltsberechtigung in Zürich. Er ahnte jedoch bereits Düsteres und schrieb an Emma: »Wann und wo wir uns sehen, weiß ich nicht, mein gutes Kind, Du liebst mich, das ist mir genug. Du wirst auf alles gefasst sein. In Zürich wollen sie mich auch vertreiben; eine hübsche Aussicht. Doch werde ich wohl in Baselland Bürger sein oder nächstens werden, kann also den Zürcher Aristokraten getrost auf der Nase sitzen bleiben. Himmel und Hölle soll aufgeboten werden, dass wir bald zusammenkommen.«[20] Am 28. Januar 1843 reichte Herwegh den offiziellen Antrag um eine Aufenthaltsbewilligung in Zürich ein. Gleichzeitig hatte er sich, quasi als Vorsichtsmaßnahme, um Einbürgerung in den noch jungen Kanton Baselland beworben, von dem bekannt war, dass er Emigrierten gegenüber aufgeschlossen war. Um die Aufnahme Herweghs in die Schweiz entbrannte daraufhin in der Schweizer Tagespresse ein hitziger Streit, liberale und konservative Blätter ereiferten sich in gegenseitigen Anschuldigungen und Verhöhnungen. Die einen fühlten sich durch den berühmten Flüchtling geehrt und berichteten über begeisterte Empfänge von Studierenden im ganzen Land, andere verspotteten seine Bitte um das Schweizer Bürgerrecht beim radikalen Kanton Baselland, allen voran der »Beobachter aus der östlichen Schweiz«. Dort hieß es am 31. Januar 1843: »Von den vielen politischen Knabenstreichen, die Herwegh in den letzten paar

Monaten begangen hat, ist der einer der größten, dass er sich das Bürgerrecht von Baselland ankaufen und so zum Bürger dieser Musterrepublik werden will. Wir gratulieren ihm und ihr zu dieser Verbindung, sie passen zusammen.«[21] Die »Schweizerische National-Zeitung« in Basel, die sich für eine Aufnahme Herweghs einsetzte, entgegnete zwei Tage später streitlustig: »Der ›östliche Beobachter‹ entrüstet sich darüber, dass ein Mann von europäischem Rufe wie Herwegh es nicht verschmähe, Bürger des kleinen Freistaates Baselland zu werden. Allerdings glauben auch wir, dass von den beiden Parteien Baselland diesmal die gewinnende ist, und dass Herwegh leichter ein zweites Bürgerrecht als Baselland einen zweiten Herwegh finden möchte ... Es gibt für den charakterfesten Mann kein überzeugenderes Mittel, dass er das rechte getroffen, als wenn ein gewisses Gesindel darüber vor Ärger fast bersten möchte.«[22]

So ergingen sich die verfeindeten Parteien in der Schweiz über die Herweghs in einem bemerkenswert bösartigen Hickhack, das weit über den »Fall« Herwegh hinauswies auf die grundlegenden politischen Konflikte zwischen Liberalen und Konservativen.

Am 9. Februar 1843 schließlich beschloss der Zürcher Regierungsrat tatsächlich die Ausweisung Herweghs aus dem Kanton. In dürren Worten wurde in der »Neuen Zürcher Zeitung« vom 11. Februar mitgeteilt, Herweghs Gesuch sei einstimmig abgelehnt worden, »und zwar in besonderer Erwägung der geringen Garantien, die Herr Herwegh für eine richtige Auffassung schweizerischen Asylrechtes bisher darzubieten im Falle war«.[23] Die Hintergründe der Ausweisung waren vielschichtiger: Wegen eines angriffigen Artikels Georg Herweghs vom März 1842 in der Zeitschrift »Schweizerischer Republikaner« gegen einen deutschen Mystiker wurde er der »Beschimpfung« beschuldigt und am 25. Januar 1843 zu einer Geldstrafe verurteilt. Der Angegriffene namens Friedrich Rohmer war ein ehemaliger journalistischer Mitarbeiter von Herwegh, der zum verhassten, weil konservativen »Beobachter aus der östlichen Schweiz« übergetreten war. Mit angegriffen wurde im besagten Artikel auch ein gewisser Staatsrat Johann Kaspar Bluntschli, der Anführer der »liberalkonservativen« Partei, deren Hausblatt der »Beobachter aus der östlichen Schweiz« war. Mit der Verweigerung des heiß ersehnten Aufenthaltsrechts in Zürich konnte sich Bluntschli als Mehrheitsführer im konservativen Großen Rat an der Polemik Herweghs rächen. Gleichzeitig hatte die Zürcher Kantonsregierung schlicht Angst davor, sich in Unannehmlichkeiten mit deutschen Bundesstaaten zu begeben, falls sie den Dichter aufnehmen würde. Sehr deutlich ist diese Begründung im Ausweisungsschreiben des Zürcher Polizeirats formuliert: »Es möchte dem Herrn Herwegh in Berücksichtigung 1) dass er nach seiner eigenen Erklärung als Redakteur des ›Deutschen Boten‹ politische Tätigkeit ausüben werde, 2) dass dadurch leicht unangenehme Verhältnisse und Verwicklungen mit fremden Staaten herbeigeführt werden könnten, die verlangte Aufenthaltsbewilligung nicht gestattet, sondern demselben insinuiert werden, innert acht Tagen den hiesigen Kanton zu verlassen.«[24]

Rettung Baselland

So musste Herwegh sich zähneknirschend wieder auf die Flucht begeben. Seiner Enttäuschung machte er nicht zuletzt in den Briefen an Emma Luft, lobte die Unterstützung seiner politischen Freunde in der Schweiz und wetterte über die Zürcher Regierung: »Selbst die Schweizer Radikalen rühren sich und petitionieren. Hilft's nichts, so muss sich wenigstens diese Canaille von Regierung vor ganz Europa blamieren, dass es eine Art hat. Diese Schurken, die einen Akt der feigsten persönlichen Rache in die Region der Diplomatie erheben wollen, und wieder pfeifen, ehe sie die Noten haben!«[25]

Aber alles Wüten war nutzlos: Am 2. März 1843 reiste Georg Herwegh zusammen mit seiner Verlobten von Zürich nach Baden. Emma Siegmund war schon am 17. Februar überstürzt von Berlin in die Schweiz aufgebrochen, nachdem ein alarmierender Brief August Follens sie nicht länger halten konnte. So warf sie all ihre sorgfältigen Pläne – die Organisation der Reise der Eltern zur bevorstehenden Hochzeit, das Abwarten der behördlichen Formalitäten – über den Haufen und beschloss, so schnell wie möglich abzureisen. In Zürich konnten dann Emma Siegmund und Georg Herwegh endlich Wiedersehen feiern. Kurze Zeit später kam der endgültige Ausweisungsbefehl der Kantonsregierung, und das Paar reiste nach Baden im Aargau weiter. Ihr Wunsch war es, sich dort so rasch wie möglich trauen zu lassen. Zuvor allerdings mussten einige Formalitäten der Einbürgerung im Kanton Baselland sowie die Heiratserlaubnis im Kanton Aargau abgewartet werden – endlich stimmten am 5. März 15 Bürger von Augst für die Aufnahme des Dichters in den Bürgerverband ihrer Gemeinde, allerdings erst gegen die beträchtliche Gebühr von 600 Franken und einem Feuereimer.[26]

Emmas Vater Johann Gottfried Siegmund war zuvor schon wieder nach Berlin zurückgereist, um den Rest der Familie zur Hochzeit in die Schweiz zu holen. Doch kurz darauf überstürzten sich die Ereignisse erneut, wie Familienchroniker Marcel berichtet: »Da machte Follen einen Tag nachher den Vorschlag, sofort nach Aarau zu dem dortigen Präsidenten zu fahren, um ihm die Sache zu unterbreiten und dadurch das einzige Hindernis zur sofortigen Trauung aus dem Weg zu räumen. So stellte sich denn das Brautpaar unter Follens Begleitung dem Herrn Präsidenten in Aarau vor, der, entrüstet über das Verfahren der Züricher Behörde gegen Georg Herwegh, sich bereit erklärte, die betreffende Angelegenheit mit Wärme dem großen Rat zur Beschließung anzuempfehlen und die Antwort noch am Abend desselben Tages dem Bräutigam zukommen zu lassen. Sie traf denn auch wie versprochen noch am selben Tag ein und enthielt, indem sie die vollständige Erlaubnis zur sofortigen Trauung gab, folgenden charakteristischen Passus: ›Wir freuen uns, durch diese Bewilligung den Beweis geben zu können, dass noch nicht alle Kantone der Schweiz der Spießerei verfallen sind.‹« So kam die Trauung glücklich zustande.[27]

Kurz darauf erhielten die Herweghs auch endlich Bescheid aus Liestal: Am 10. April diskutierte der Baselbieter Landrat den Fall Herwegh und entschied mit 38 zu 10 Stimmen, ihn ins Staatsbürgerrecht des Kantons aufzunehmen. Über diese denkwürdige Sitzung berichtete das »Basellandschaftliche Volks-Blatt« am 13. April 1843: »Während dieser Verhandlung hörte man draußen plötzlich Hörnerklang und Trompetenschall, und da man vorausgesagt hatte, wenn man den Herwegh annehme, werden die hohen deutschen Potentaten zornig werden und der Basellandschaft ohne Zweifel den Krieg erklären: so zitterten die Ängstlichen und mochten sich selbst und das Land bereits für verloren halten. Alle Landräte traten ans Fenster. Da löste sich der Schrecken bald in allgemeiner Freude auf, indem es sich zeigte, dass es keine Feinde, sondern sehr gute Freunde und Kameraden waren, nämlich ein von Kapellmeister Sieber geleitetes basellandschaftliches Trompetenkorps«,[28] das bereits zur gelungenen Einbürgerung Herweghs ein Ständchen bringen wollte. Insgesamt brauchte es auch im Baselbiet ein langes Hin und Her, bis die Einbürgerungsformalitäten gelöst waren und bis Baselland durchgesetzt hatte, dass Herwegh damit auch aus seinem ursprünglichen, dem württembergischen, Bürgerrecht entlassen war.[29]

Nachdem auch diese Hürde glücklich überwunden war, konnten Emma und Georg Herwegh nach einem kurzen Aufenthalt in Bern am 11. April ihre Hochzeitsreise über Lausanne und Genf nach Frankreich und Italien antreten. Auf einer der ersten Stationen in Genf wurden sie vom dortigen Arbeiterverein empfangen, wie der »Schweizerische Republikaner« berichtete. Im bewussten Kontakt mit der Großbürgerin Herwegh wurde deren Bereitschaft, sich tatsächlich auf die Welt der Arbeiter einzulassen, auf die Probe gestellt: »Der Dichter Herwegh war mit seiner jungen Frau hier. Er hat den Verein der ›Ausgestoßenen‹ besucht und den Poeten Corsat bei sich empfangen. Die nationale Partei der hiesigen Arbeiter brachte ihm am Donnerstag ein Ständchen, welches der Reisemüde zu verschlafen das Malheur hatte. Als er in den Lyoner Reisewagen stieg, hatten sich dort mehrere nichts weniger als elegante Handwerksgesellen eingefunden, welchen vorgestellt zu werden sich die schöne Frau Herwegh schon gefallen lassen musste. Da sage nur einer, ob unsere Zeit nicht unverrückt auf die Demokratie lossteuert!«[30]

Während ihrer Hochzeitsreise durch Frankreich und Italien führte Emma Herwegh noch ein flüchtiges Tagebuch. Allerdings beschränkten sich ihre Eintragungen auf kurze Beschreibungen von Sehenswürdigkeiten und Bekanntschaften:

»Den 16. April 1843 – Morgens 5 Uhr Ankunft in Lyon. Spaziergang an den Quais entlang. Abends im Theater. Zusammentreffen mit einigen langweiligen Deutschen, – Wisner, Dürr, Soldan, die letzten noch erträglich. Museum besucht, – ohne Wichtigkeit, im Theater, verrücktes Stück.

Den 17. – noch in Lyon. Nichts als Pfaffen.
Den 18. – um drei Uhr Einschiffung nach Bocaire. Im Vorbeischiffen Avignon gesehen. – Noch am selben Abend nach Nîmes – Hôtel du Midi.«[31]

Bis im Sommer 1843 war das Paar auf der Hochzeitsreise unterwegs und hängte schließlich noch einen Erholungsaufenthalt im belgischen Badeort Ostende an, wo neue Bekanntschaften geschlossen wurden, zum Beispiel mit Friedrich Engels. Ende September 1843 ließen sich Emma und Georg Herwegh für längere Zeit in Paris nieder. Das Bild der mythischen ländlichen und idyllischen Schweiz als Traumland republikanischer Freiheit und Unabhängigkeit, das im Reisebericht der jungen Emma hochgehalten wurde, war wohl einem realistischeren Bild gewichen. Emma und Georg Herwegh hatten die Komplikationen und Hindernisse der politischen Verhältnisse und Behörden am eigenen Leib erfahren müssen. Trotzdem blieb die Schweiz für sie wie für viele andere Flüchtlinge aus Deutschland die einzige Möglichkeit, ihre republikanischen Ideale und Aktivitäten aufrechtzuerhalten. Zürich und Winterthur zum Beispiel waren bedeutende Orte auch für die Herweghs, da sich dort das »Literarische Comptoir« niedergelassen hatte, eine Gruppe von deutschen Intellektuellen um August Follen, die für die publizistische Verbreitung der politischen Lyrik und Schriften sorgte, die rund um die Bewegung des »Jungen Deutschland« und die Ereignisse im Vorfeld von 1848 entstanden waren.[32] Um diese wichtigen politischen und persönlichen Kontakte nicht abbrechen zu lassen, unternahmen Emma und Georg Herwegh deshalb regelmäßig Reisen in die Schweiz, auch in die Gegend ihrer neuen »Heimat« Basel. Sie besuchten etwa 1844 das Basler Schützenfest, und Herwegh dichtete einen Festgruß, den die »National-Zeitung« mit der Unterschrift »Georg Herwegh, Bürger von Augst« stolz publizierte. Während eines Festessens am gleichen Anlass im Basler »Wilden Mann« rügte Emma Herwegh den Ratsherrn Oswald öffentlich, weil »er mit dem Großherzog von Baden so gut Kamerad sei, dies schicke sich nicht für einen Republikaner«.[33] Bei einer anderen Schweizer Visite erklomm Georg alleine den Rigi, während Emma im Tal sich von einer schweren Krankheit erholen musste.[34]

Ferdinand Lassalle (1825–1864) war Rechtsanwalt und Mitbegründer der deutschen Sozialdemokratie, seit 1860 mit Georg und Emma Herwegh befreundet. Er ermunterte Herwegh wiederholt, seine dichterischen Fähigkeiten für die Arbeiterbewegung einzusetzen, was ihm auch teilweise gelang. 1864 verliebte sich Lassalle unsterblich in die bereits verlobte Offizierstochter Helene von Dönniges und kam um, als er ihren zukünftigen Gatten zum Duell herausforderte.

Zürcher Jahre

Die wichtigen Jahre kurz vor und nach der Revolution von 1848 in Europa verbrachte die Familie Herwegh jedoch im Ausland, vorab in Frankreich und Italien, wo Emma mit ihren Kindern zum Teil getrennt von Georg Herwegh lebte. Erst nach den stürmischen Zeiten der Herzenaffäre wohnten sie ab Mitte Mai 1853 wieder zusammen für längere Zeit in der Schweiz, wo Emma Herwegh zur beliebten Gastgeberin ihres Zürcher »Salons« avancierte.[35] Georg Herwegh lebte während dieser Jahre in Zürich eher zurückgezogen und vergrub sich in naturwissenschaftliche Studien. Emma Herwegh versuchte immer wieder, ihn zum Schreiben zu ermuntern, und trug zum Familienunterhalt bei, indem sie französische oder italienische literarische Texte wie Garibaldis Schrift »Tag von Aspromonte« übersetzte. Und immer noch hielt die Schweiz Abenteuer bereit für

Die Schauspielerin und Schriftstellerin Helene von Dönniges (1843–1911) war als 21-jährige Frau der Grund, dass sich Herweghs Freund Ferdinand Lassalle in ein Duell mit ihrem späteren ersten Ehemann stürzte und dabei umkam. Sie publizierte 1879 eine Schrift mit dem Titel »Meine Beziehungen zu F. Lassalle« und befasste sich neben der Theaterarbeit mit wissenschaftlichen Studien. Nach drei Eheschließungen lebte sie am Ende verarmt in München, wo sie 66-jährig Selbstmord beging.

Emma Herwegh. Dafür sorgte einmal mehr Ferdinand Lassalle. Der deutsche Rechtsanwalt war immer noch ein guter Freund Georg Herweghs, hatte 1863 den Allgemeinen Deutschen Arbeiterverein gegründet und war nachhaltig daran beteiligt gewesen, dass Herwegh sein berühmtes »Bundeslied für den Allgemeinen Deutschen Arbeiterverein« verfasste (»Mann der Arbeit aufgewacht! Und erkenne deine Macht! Alle Räder stehen still, wenn dein starker Arm es will!«). Im August 1864 jedoch verstrickte sich Lassalle bei einem Kuraufenthalt in der Schweiz in eine unglückliche, für ihn tödlich endende Liebesaffäre. Lassalle verliebte sich leidenschaftlich in die junge deutsche Offizierstochter Helene von Dönniges. Die Geschichte wurde dramatisch, als seine Angebetete ihn trotz ihrer schriftlichen Liebesschwüre im entscheidenden Moment vor ihrem Vater und ihrem offiziellen Bräutigam verleugnete. Mit dieser Rea-

Gräfin Sophie von Hatzfeld (1805–1881), wurde 1822 gegen ihren Willen mit einem Vetter verheiratet. Um sich aus der unglücklichen Ehe zu befreien, strengte sie 1846 selbst einen fünfjährigen Scheidungsprozess an, da sie in ihrer Familie keinen Rückhalt fand. Unterstützt wurde sie von ihrem Freund und Rechtsanwalt Ferdinand Lassalle, der diesen Prozess vor 36 Gerichten als einen politischen verstand. Später wurde sie auch zur Herzensfreundin des Herwegh-Vertrauten Wilhelm Rüstow.

lität konfrontiert, schien es zuerst, als sei Lassalle von seiner fixen Idee befreit, worüber alle froh waren – doch plötzlich kam alles noch mal anders, Lassalle war in seinem Stolz derart verletzt, dass er sich in ein Duell mit seinem Rivalen stürzte, bei dem er getötet wurde. Die Herweghs konnten nur noch an sein Krankenbett nach Genf eilen, kurz bevor er starb.[36]

Die verstörte Emma Herwegh schrieb die ganze Geschichte an Reinhold Schlingmann, einen Berliner Buchhändler und Verleger, der ein Anhänger Lassalles war. Sie fühlte sich verpflichtet, für eine möglichst schnelle Verbreitung und Erklärung der Ereignisse zu sorgen, und war bemüht, Lassalle in einem guten Licht und als Opfer der ganzen Affäre darzustellen.[37] Einmal mehr erfüllte sie die damit die Rolle der Botin und Vermittlerin, die im Zentrum eines Geschehnisses aktiv werden konnte. Der erschütternde und unerwartete Tod

Lassalles sollte eines der letzten Erlebnisse des Paares in der Schweiz werden.

Im Jahr 1866 wurde in Deutschland eine Amnestie für die deutschen Flüchtlinge erlassen, die es den Herweghs ermöglichte, nach Deutschland zurückzukehren. Georg Herwegh siedelte im Juni nach Lichtenthal bei Baden-Baden über und mietete dort eine bescheidene Wohnung für die Familie. Emma Herwegh blieb vorerst in Zürich, um den Haushalt aufzulösen, und folgte erst im Herbst nach Deutschland nach. Aufgrund der misslichen finanziellen Lage mußte sie schweren Herzens die kostbare Bibliothek ihres Ehemannes versteigern lassen. Trotz ihren Bemühungen lebten die Herweghs danach immer am Rand des Existenzminimums und mussten mit Bettelbriefen bei Bekannten und mit Papierkrieg bei den Behörden um Geld kämpfen.[38] Entsprechend lebte die Familie in Lichtenthal unauffällig und zurückgezogen. Georg Herwegh engagierte sich für die 1869 neu gegründete Sozialdemokratische Arbeiterpartei und arbeitete sporadisch mit seinen ungebeugt radikalen Gedichten bei politischen Zeitschriften mit, erreichte aber nie mehr den Bekanntheitsgrad und Erfolg seiner Anfänge. Emma unterstützte ihn dabei nach Kräften, war aber vor allem damit beschäftigt, Geld aufzutreiben.

Grabgeschichten

Am 7. April 1875 starb der seit längerem kränkelnde Georg Herwegh in Lichtenthal, vermutlich an einer Lungenentzündung, die genauen Umstände der Todesursache konnten nicht geklärt werden. An der Trauerfeier in Baden-Baden nahmen viele seiner ehemaligen Freunde aus der Revolutionszeit wie etwa Ferdinand Freiligrath oder Ludwig Pfau teil. Pathetisch erwähnte eine Stuttgarter Zeitung auch das »edle starke Weib«, das zusammen mit ihren zwei Söhnen unter den Trauergästen stand und »welches wie im Leben in keiner Noth und Gefahr von seiner Seite gewichen, so auch beim letzten Gang ihn begleiten wollte«.[39]

Auf seinen ausdrücklichen Wunsch hin wollte Georg Herwegh in Liestal, der Hauptstadt seines unfreiwilligen Heimatkantons Baselland, begraben werden. Emma Herwegh handelte sofort und

Ferdinand Freiligrath (1810–1876) war ursprünglich Kaufmann in Amsterdam. Durch die internationalen Handelsbeziehungen ließ er sich von fremden Welten inspirieren und schuf erste Gedichte; zugleich wurde er bekannt als Übersetzer Victor Hugos. Nach der Publikation seiner ersten Gedichtsammlung 1838 war er als freier Schriftsteller und politischer Lyriker tätig und verbrachte viele Jahre im Londoner Exil. 1865 ermöglichte ihm eine Sammelaktion der Zeitschrift »Gartenlaube« einen sorglosen Lebensabend, 1870 trat er mit Kriegsliedern als deutscher Patriot in Erscheinung.

schrieb an die Behörden nach Liestal: »Es war der Wunsch meines theuren Todten auf freier Erde in seinem Heimathcanton bestattet zu werden. – Diesen Wunsch will ich unter allen Umständen erfüllen.« Sie ging davon aus, dass die Liestaler Behörden ihr diesen Wunsch erfüllen würden, und gab entsprechende Anweisungen: »Sorgen Sie nun für einen schönen Platz, den schönsten, der frei ist u. so groß, dass er Raum für zwei Gräber besitzt, auf ihrem protestantischen Friedhof in Liestal – sagen Sie mir in Eile, ob Sie ihn gefunden, lassen Sie Alles soweit fertig machen, ausmauern etc. etc. was nötig ist um die Bestattung sogleich bei Ankunft der Leiche, die ich selbst begleiten werde, vornehmen zu können. Dass ich mir die Assistenz jedes Geistlichen aufs Entschiedenste, ja als Bedingung sine qua non verbitte, versteht sich ja für Jeden von selbst, der Georg Herwegh gekannt.«[40] Liestal erfüllte den Wunsch von Emma Herwegh und veranstaltete am 15. April 1875 ein angemessenes Begräbnis »in fast mehr als republikanischer Bescheidenheit«, wie Beobachter meinten. Viele Einwohnerinnen und Einwohner von Liestal begrüßten Emma Herwegh und ihre Söhne bei ihrer Ankunft am Bahnhof und »geleiteten mit ihnen die Leiche auf den Gottesacker«. Die Grabrede hielt der Bezirkslehrer Kramer, selbst ein ehemaliger Flüchtling, und der Liestaler Männerchor sang »ihm seinen ›letzten Krieg‹ in's Grab.«[41]

Aus der behördlichen Korrespondenz mit dem zuständigen Gemeindevertreter Fritz Baumann entwickelte sich auch über die Zeit nach der Beerdigung ein brieflicher Kontakt. Kurz nach ihrer Rückkehr nach Baden-Baden schrieb Emma Herwegh: »Geehrter Herr Baumann; ich bin so entsetzlich angegriffen von dieser Reise u. so absoluter Ruhe bedürftig um mich selbst wieder zu finden, dass ich unsern Briefwechsel für jetzt abbrechen muss. Ich kann es thun nachdem Alles geschehen ist was von Dritten geschehen konnte u. was jetzt noch zu thun übrig bleibt nur von mir allein ausgeführt werden kann u. wird. Ich habe mich von jeher gewöhnt persönliche Angelegenheiten selbst zu ordnen, um so mehr diese, die mein tiefstes Herz berührt. Die Note des Gärtners habe ich samt dem Betrag so eben durch den Siegrist zur Beförderng an den Gärtner geschickt u. ihn ersucht, mir bei Rücksendung der Quittung das Längen- u. Breitenmaß des Grabhügels in zwei Worten genau anzugeben. – Ihre letzte Auslage für mich: 4 Frs, schließe ich diesen Zeilen dankend bei. – Und jetzt sehne ich mich nach absoluter Ruhe, weil jeder Brief in dieser Sache mich furchtbar aufregt u. keinerlei Veranlassung dazu mehr vorliegt. Bis zum Herbst hoffe ich selbst nach Liestal zu kommen. Bis dahin leben Sie wohl! Mit bestem Gruß an Sie u. die Ihrigen, geehrter Herr Baumann, Emma Herwegh.«[42]

Trotz ihrer Bitte nach Ruhe gab es noch einiges Hin und Her um die Gärtnerrechnungen und nicht endende Formalitäten, die Emma Herwegh schier krank machten, bis endlich wieder etwas Frieden einkehrte. Kurz darauf publizierte sie eine Erinnerungsschrift an Georg Herwegh, die unter andererem auch von der »Berner Tagwacht« veröffentlicht wurde. Diese erließ daraufhin einen Aufruf an alle Sektionen des Schweizerischen Arbeiterbundes, sich für die Set-

Marcel Herwegh, der jüngste Sohn von Emma Herwegh, lebte als Schriftsteller und Violinist vorwiegend in Paris und kümmerte sich um seine alternde Mutter, als diese in seine Nähe zog. Er bearbeitete den Nachlass seiner Eltern sehr unsorgfältig, indem er wichtige Briefe und Dokumente vernichtete oder falsch publizierte. Trotzdem ist das Herwegh-Archiv ihm zu verdanken, da er nach und nach den Nachlass nach Liestal schickte.

zung eines Gedenksteins auf dem Liestaler Friedhof zu engagieren. Emma Herwegh war gerührt über diese Initiative und hatte auch selber schon mit der Idee einer würdigen Gedenkstätte geliebäugelt – doch das fehlende Geld machte es ihr trotz Bemühungen einmal mehr unmöglich, ihren Wunsch umsetzen zu lassen.

So wurde das Grab ihres Helden mehrere Jahre ziemlich vernachlässigt, da sie selber nach Paris zu ihrem jüngsten Sohn übersiedelte und keine Kontrolle mehr über die richtige Grabpflege ausüben konnte. Im Jahr 1881 versammelten sich einige deutsche Emigranten aus Zürich und Basel zur Feier des Revolutionärs am Grab von Herwegh, wo nur noch ein morsches Stück Holz mit einem kaum lesbaren Namen steckte. Sie waren entsetzt über dessen Zustand. Daraufhin erschien im Zürcher »Sozialdemokraten«, der in Deutschland illegal verbreitet wurde, ein Aufruf an die Arbeiterschaft mit der Bitte, Geld für eine würdige Grabstätte zu spenden. Es dauerte nochmals drei Jahre, bis das von Arbeitern und Flüchtlingen gespendete Geld zusammengespart war – doch jetzt erhob Emma Herwegh Einspruch gegen das geplante Denkmal, da sie nicht frühzeitig um ihre Einwilligung gefragt worden war. Kurzerhand wurde deshalb das Denkmal nicht auf dem Friedhof, sondern in den Grünanlagen unterhalb des Bahnhofs, auf dem Weg ins Städtchen, aufgestellt. Im Jahr 1900 wiederholte sich dieses Schauspiel: Wiederum war das Grab von Unkraut überwachsen, das Denkmal sogar ganz verschwunden. Eine zweite Sammelaktion hatte mehr Erfolg, und so wurde am 16. Oktober 1904 endlich das heute noch bestehende Herwegh-Denkmal in Liestal feierlich eingeweiht, beinahe gleichzeitig mit der marmornen Grabstätte, unter der auch Emma Herwegh inzwischen ruhte. Sie starb am 24. März 1904 in Paris und konnte diese Ehrung ihres Gatten nicht mehr miterleben.[43]

Einblicke

Schweizer Impressionen
Aus Emma Siegmunds Reisetagebuch von 1837, an Agnes Podesta gerichtet[44]

1. August 1837, Rorschach, Abends 10 Uhr
Wir sind an der Grenze der Schweiz, vor unserm Fenster fließt der Bodensee (1246 Fuß über dem Meeresspiegel, 18 Stunden lang und 5–7 breit), die Schweizeralpen sind unsere Nachbarn, aber tiefe Nacht ruht auf dem See, und man kann weder das Gebirge noch das Wasser sehen, nur der Himmel steht geschmückt über der dunklen Erde und lässt mich die Gegend finden, wo Du weilst; versagten aber die Sterne mir auch ihren Dienst, *Dich* fände ich doch, – und fragst Du wo? In meinem Herzen –. Heute bin ich auf dem Bock gefahren und tüchtig verbrannt. Schlaf wohl, ich bin müde von der Reise.

St. Gallen, Goldene Krone
Die Morgendämmerung lag noch auf den Bergen, als ich in der Frühe von Ungeduld getrieben nach dem Fenster eilte, den ersehnten Bodensee zu sehen. Alle Gletscher standen noch wie im Traum, vor meinen Augen stand der offene, weite, stille See, und es war eine solche Andacht und Ruhe, dass es schien, als wage selbst die Sonne nicht, mit ihren hellen Strahlen die geheimnisvolle Stille zu unterbrechen; doch wozu suche ich nach Worten, Dir geliebte Freundin ein Schauspiel vorzuführen, das in seiner ganzen Pracht zu fühlen mein Herz mir zu klein, mein Sinn mir zu eng schien. Wer nie diese Gletscher sah, deren Häupter ewigen Schnee tragen, wer nie einen See in der vollen Beleuchtung erblickte, wie er mit seinen blitzenden, kleinen Wellen trunken und doch ernst zu den Füßen dieser Riesen fließt, dem vermag wol eine schwache Feder kein Bild davon zu geben.

Sonnabend, den 5. August, Zürich
Wir kamen gestern in der Nacht hier an, dass ich eine Pause in meinem Tagebuch machen musste, heute nun aber zieht es mich so unwiderstehlich an, dass ich gern vom Schlaf eine Stunde abborge, um Dir, meine ferne Liebste, wenn auch nur in kurzen Zügen, die Erlebnisse seit gestern mitzutheilen. – Leicht hätte es kommen können, dass ich mein Tagebuch für immer hätte beschließen müssen, denn ich war gestern in Lebensgefahr, doch der himmlische Vater muss mich wol noch zu jung und nicht gut genug gefunden haben, mich schon im Himmel aufzuneh-

men, und so kann ich denn ruhig weiterschreiben und darf mich freuen, Dich wiederzusehen, lumbre de mi ojos. – Es war gestern um 8 Uhr Morgens, als wir in den Wagen stiegen und das rechte Rheinufer entlang dem Schloss Laufen entgegen fuhren, den berühmten Wasserfall zu sehen. Wir fuhren an Weinbergen bergauf und -ab, wol eine halbe Stunde, da hörten wir schon von der Ferne ein dumpfes Brausen, der Rhein, der an einigen Stellen sichtbar wurde, floss wilder herab und sah prächtig aus; das Getöse wuchs, und wir befanden uns im Schloss, von wo man ganz hart an dem Rheinfall hinunter geht. Agnes, was war das für ein Anblick! Die Sonne stand am Himmel und beleuchtete in ganzer Pracht dieses furchtbar schöne Schauspiel. Ich stand am äußersten Ende eines Felsens, auf einer kleinen Banke fast ohne Geländer, und war starr vor Bewunderung und Rührung, während ich von dem Wasserstaub und den ungeheuren Wasserbergen ganz überdeckt wurde. – Denke Dir, zwei hohe Felsen, die aus dem Wasser ragen, und durch die der Rhein in voller Kraft über 80 Fuß tief hinwegrollt und mit dem entsetzlichsten Gebrause sich in die Tiefe stürzt; aber wie ich es Dir auch sage, man kann von solchem Anblick sich keine Vorstellung machen – es ist, als müssten die Felsen von der ungeheuren Gewalt des Wassers niedersinken, der schwache, hölzerne Steg, der den Wanderer trägt, und Du siehst aus der Höhe eine unendlich weiße Fluth steigen, die alles zu verschlingen droht. Wir fuhren noch auf das jenseitige Ufer, um von allen Seiten den Fall zu sehen. Ein kleines Fahrzeug trug uns von den aufgeregten Wellen stark geschaukelt hinüber. Freilich war der Anblick hier bei weitem nicht so großartig, aber wir fanden dort eine prächtige camera obscura vom Rheinfall, die so herrlich war wie ich nie gesehen. – Jede Bewegung der Wellen, der leichte Wasserstaub und der wunderbare Lichtwechsel, alles trat klar und schön hervor, und der ganze warme Duft des Gebirges drang zu uns hinüber. Noch einmal ging's dann zurück, ich pflückte mir am Gestein Blumen, und weil ich so gern den großartigen Eindruck als letzten mitnehmen wollte, ging ich noch einmal bis an jenen Vorsprung. Hier war es, wo ich beim Rückweg ausglitt und nur eine Handbreit vom Sturz entfernt lag. – Minna stand bleich in der Ferne, und ich stand, ohne die geringste Angst gehabt zu haben, auf um sie zu beruhigen. Um 4 Uhr verließen wir Schaffhausen, und um 5 Uhr fing ein entsetzliches Wetterleuchten an, das uns bis Zürich begleitete. Ich musste meinen Bockplatz auf einige Zeit an Fanny abtreten und saß nun in der Dämmerung mit den schlafenden Eltern allein im Wagen. –

19. August 1837, Bern, Hotel du Faucon (Nach einem Ausflug auf die kleine Scheidegg ob Grindelwald)
Der Rückweg war besser, das Wetter wurde freundlicher und der Himmel ganz blau, dass wir bei dem schönsten Sonnenschein in dem schönen Lauterbrunner Thal ankamen, das mich unendlich entzückt hat. Ehe man aber das Thal betritt, und noch am Fuße der Scheidegg steht, sieht man aus der Ferne von einem nahen dunkeln Felsen einen Bach hinunterschweben; es ist der Staubbach. Man hört kein Rauschen wie sonst bei den Wasserfällen, nein wie ein leichter weißer Flor zieht dieser Bach ätherisch ins Thal. Wenn man den Duft sehen könnte, würde er so aussehen. Du glaubst, in einer Märchenwelt zu sein, wo Quellen und Bäche unhörbar kommen und fließen, Dich in Träume zu wiegen, dazu die Beleuchtung, die stille Luft und das geheimnisvoll enge Thal, das nur eine Viertelstunde breit am Fuße der Jungfrau und anderen Gletschern und Waldgebirgen sich eine Stunde lang hinzieht, durchrauscht von der weißen Lütschin und bewohnt von wunderhübschen Mägdelein. Seinen Namen hat es von den vielen Quellen (lauter Brunnen) aus allen Sträuchern nicken ein Paar schöne Augen Dir zu, als wollten sie sagen: Bleibe hier Wanderer, in dem stillen Heiligthum, hier ist Frieden und Ruh!

24. August 1837, Genf
Auf unserem Schiffe trafen wir in unverhoffter Weise die ersten Landsleute, es war ein Geheimrath mit seiner Gemahlin. Die gute Frau hatte, denke Dir, bis am Genfer See sich mit ihrem schweren Titel herumgetragen und konnte selbst unter solchen Naturwundern den lieben, leidigen Beamtenstolz, Kastengeist, nicht vergessen. Es giebt so bestimmte Symptome, durch die man erfährt, ob man die Leute gemüthlich ansprechen kann, oder ob es besser ist, sich fragen zu lassen. Ich stimmte, wie auch die beiden Schwestern für das letzte, und das Mittel war prächtig. Höfliche aber einsylbige Antworten wirken oft schneller bei Geisteskrankheiten als vomitive bei Magenübeln, so auch hier, die Frau wurde so gesprächig und freundlich, ja sogar zuvorkommend, dass sie nach einer Stunde uns für ebenbürtig zu halten schien; so schnell hilft die richtige Methode! –

Der Tod Ferdinand Lassalles in Genf
Aus dem Brief von Emma Herwegh an Reinhold Schlingmann[45]

Zürich den 8. Sept. 64
Geehrter Herr Schlingmann;
Sie wollen eine genaue Schilderung der Erlebnisse welche der fürchterlichen Katastrophe vorangegangen, ja sie provocirt haben; Sie sollen sie haben, so treu u so gut ich sie zu geben vermag.

Als Lassalle Nachricht davon bekam, er, dem das Mädchen immer gesagt, dass sie Dr. Hacken gar nicht lieben könne u es ihr Leid thue, dass er sie so liebe, dem sie sich an den Hals geworfen, u der ihr zu Lieb sich bezwungen u den anderen Weg eingeschlagen hatte u war er so empört, dass er nach dem Ausspruch der Gräfin u Rüstow mit den Worten aufgesprungen sei wie Jemand dem die Schuppen von den Augen fallen, u der wieder in Besitz seiner Sinne u seiner vollen Energie kommt: Gottlob, jetzt bin ich wieder frei.

»Wir waren alle glückselig«, so sagte mir die Gräfin, »als wir ihn wie erlöst sahen, machten Pläne für die nächste Zeit – da mit einem Male sprang er auf nahm Papier u schrieb an den alten Dönniges dass er eine Dirne zur Tochter, dem Bräutigam dass er Dirne zur Braut habe u schickte beide Briefe trotz der flehentlichen Bitten und Vorstellungen der Anwesenden ab. – Ich muss Blut sehen!

Dabei bliebs – Der alte D. machte sich sofort aus dem Staube, der Wallache nahm das Duell an das auf Sonntag den 28ten Aug. Nachmittags fünf Uhr festgesetzt wurde. Tags zuvor übte sich der Wallache noch ein u schoss 150 Kugeln ab, L seines Siegs gewiss weigerte sich nur »Einen« Schuss zu thun. Ich treffe ihn zuerst, so sagte er noch wenige Minuten auf dem Wege zu R. »u sorge nur, dass wir auf franz. Gebiet kommen, denn wenn der (Dr.?) todt ist, muss ich doch noch den alten D. erschießen.« Sieh doch wenigstens zuerst zu schießen, denn wenn Du ihn auch nicht gleich triffst, so reizt Du ihn wenigstens und triffst dann sicherer, es könnte ja auch sein, dass er Dich träfe, so sagte ihm R. »O nein, mich trifft er nicht er kann immer zuerst abschießen.« Es war nämlich abgemacht auf 15 Schritte u mit dem gegenseitigen Recht innert 20 Sekunden abzufeuern. Der Wallach hatte zu Sekundanten jenen Dr. Arndt u. H. v. Kaiserling. Lassalle hatte Rüstow, General Bttlen u. H. v. Hofst. ... als Unpartheiischen – Ragowitz schoss zuerst, nachdem er nach dem Unterleib gezielt hatte, ein Schuss dem man die bestimmte Absicht den Gegner zu tödten anmerkte, als L. abdrückte war die Kugel schon in die linke Weiche gedrungen – er schoss nebenbei, wollte noch einmal Kugeln wechseln aber die Sekundanten legten sich in's Mitel weil sie sahen dass er zusammen sackte. Um 5 Uhr wurde er in's Hotel gefahren wo er die Treppe noch hinauf ging ohne Ahnung tödlich verwundet zu sein. – Abends erhielten wir die Depesche der Gräfin: Lassalle schwer verwundet. Griescäger schicken so schnell als möglich – zu spät von einem Spaziergang heimkehrend um noch Jemanden am selben Abend abschicken zu können, Griescäger der übrigens nur innerer Arzt ist verreist – stürzten wir zu Prof. Billroth einem der vortrefflichsten Chirurgen u bestimmten ihn zur Abreise mit dem nächsten Schnellzug Montag früh um 10 Uhr. Seine Abreise machte Herwegh noch am selbigen Abend. Unterwegs in Olten traf Billroth mit Cholins zusammen (aus Heidelberg) der ebenfalls berufen worden war. Beide kamen Montag Abend um 7 Uhr bei dem Verwundeten an, dem man wegen der heftigen Schmerzen schon 1,3 Gran Morfium gegeben hatte. Frl. v. Dönniges fuhr am Tage nach der Verwundung einspännig mit ihrem Wallachen unter den Fenstern des tödlich Verwundeten vorüber. – Keine Nachfrage Seitens des Gegners, oder des Mädchens! Nichts! Dreißig ähnliche Geschichten, so sagte Dr. Hähnle sind von ihr in München bekannt. Und darum fiel solch ein Mann! – Was Menschenhülfe leisten kann – Alles geschah! Wir standen zu Vieren so sagte uns Billroth um L. Lager wie einst die Ärzte um das Lager Garibaldi's. Ohne diese Titanennatur hätte er schon nach 2 Stunden erliegen müssen, denn die Kugel war weder zu suchen noch zu finden u. die Bauchfellentzündung die meistens tödtlich, so heftig, dass nur noch an Linderung der Schmerzen, aber keineswegs an eine Rettung zu denken war.

Dienstag Mittag erhielt Fr. Billroth folgende Depesche von ihrem Mann: »Kann heut noch nicht kommen, Zustand des Kranken sehr zweifelhaft, komme morgen.« Ihr folgte eine Stunde später eine der Gräfin an uns: »Tausend Dank für den Arzt, der möglichst lange verweilen wird, höchste Gefahr! Diagnose: unbestimmt.«

Mittwoch Nachmittag kam die letzte: Freund Lassalle seit Morgens 7 Uhr 5 Minuten nicht mehr. – Die Gräfin war vom Sonntag bis zur Todesstunde nicht aus den Kleidern gekommen, sie war die Letzte welche er erkannte. – Gesprochen hatte er nur wenig – gleich nach dem Duell mit der Stimme die wir ihn kannten, später leise um etwas Trunk zu verlangen denn er hatte entsetzlichen Durst –

Nach dem Ausspruch des Arztes umschleierte sich sein Bewusstsein Dienstag Nachmittag – die Gräfin behauptet, dass er es noch bis 1 Stunde vor dem Tod so weit gehabt, um die Umstehenden zu erkennen und so oft sie ihm eingegeben nach ihrer Hand gegriffen habe –

Georg reiste Dienstag nach Genf um den geliebten Todten noch zu sehen u der

Leichenfeier die am Freitag Statt fand beizuwohnen. Ich folgte ihm Samstag u war zugegen als der Sarg geschlossen wurde. Die Gr. hatte den theuren Leichnam einbalsamiren lassen u ich konnte ihm den Lorbeer-Kranz der ihm bestimmt war auch selbst auf die Stirn drücken. – Der Leichnam wird wie Sie bereits wissen werden, nach Berlin gebracht wo er in etwa acht Tagen eintreffen soll – Sehr wahrscheinlich, dass Herwegh dem Freunde das Geleit bis Düsseldorf giebt. Er erwartet nur noch eine Depesche der Gräfin – Von ihr sage ich Nichts. Sie können ihren Schmerz nach dem unseren ermessen, oder vielleicht ist er unermesslich.

Ich war gezwungen sehr schnell zu schreiben – aber ich stehe für die Wahrheit jedes Wortes ein – Leben Sie wohl – lassen Sie uns seine Freunde verbunden sein in dem was der Tod nicht bezwingen kann, auch in ihm nicht bezwang.

Freundschaftlichst

Ihre Emma Herwegh

P.S. Jetzt noch eine Bitte an Sie lieber Herr Schlingmann. Um den Brief nicht eine Sekunde länger, als nötig, zurückzuhalten, war ich genötigt äußerst schnell zu schreiben. Man bestürmt uns mit Fragen um dieselbe Sache. Thun Sie mir den Freundesdienst diesen Brief der für Sie Alle bestimmt ist copiren zu lassen, – mir die genaue Abschrift sofort zu schicken.

Emma Herwegh über Herweghs Begräbniswünsche
Aus Emma Herwegh: Eine Erinnerung an Georg Herwegh, 1875

»Sollte ich, wie ich es wünsche und glaube, vor dir sterben, so versprich mir – dies waren seine Worte – dass kein Geistlicher mit meiner Leiche geht, denn dies wäre eine Lüge, ein Hohn, meinem ganzen Leben gegenüber – versprich mir aber auch, dass man mich nicht innerhalb des deutschen Reiches bestattet, lass mich in freier republikanischer Erde begraben, in unserem Heimathskanton.« – und beides ist ihm geworden.

Er sah in dem heutigen Preußen – ich spreche von dem offiziösen, nicht vom Volke, denn das ist überall gleich tapfer, gleich opferfähig, gleich leichtgläubig, gleich blind bereit, sich zur Schlachtbank führen zu lassen – er sah in ihm den Todfeind aller Freiheit, und dieser Überzeugung entsprang auch die letzte Bitte Georg Herweghs an seine Söhne, ihm an dem Tage, wo Preußen als solches dereinst vernichtet sein würde, auf seinem Grabstein die Worte zu schreiben: »Freue dich Vater, Preußen ist nicht mehr!« denn das würde ihn noch unter der Erde beglücken.[46]

Emma Herwegh im Kreis der lieben Familie. Zeichnung von Camill Norwid.

»… und kommt ein Wechsel, so ist es gewöhnlich kein erfreulicher.«

Von der guten Partie zum bitteren Ende

Mit Geld aus siegmundschem Hause konnte sich das Ehepaar Herwegh ein mondänes Leben im Exil leisten. Durch die Wirren der Revolution, an der sich die Herweghs beteiligten, versiegte die Quelle jedoch, weil Vater Siegmund einen schönen Teil seines Vermögens verlor. Überzeugt, dass Lohnarbeit dem Künstler nicht angemessen sei, tat Emma Herwegh alles, um die lästigen Geldsorgen von ihrem Gatten fern zu halten.

Eine gute Partie

Kurz nach der Heirat von Emma Siegmund mit Georg Herwegh wunderte sich der Journalist Alexandre Weill 1843 öffentlich über die hämischen Kommentare und Mutmaßungen der so genannt feinen Berliner Gesellschaft zu dieser Verbindung: »Die Berliner, die sich gerne über Alles necken, haben nicht verfehlt, ihre Glossen über dies merkwürdige Mädchen zu machen. Ein Mädchen, das schon Braut war und das von seinem Kattunachilles verlassen wurde, weil sein Kaufgeld, die Mitgift, nicht vollzählig war, machte die schönsten Bemerkungen darüber. Herwegh wird jetzt aus der Schweiz verwiesen, sagte sie, Emma Siegmund heirathe ihn gewiss nicht; ein anderes Mädchen, gefühlvoll und graziös, dem die Eltern und die Zukunft einen reichen Banquier suchen, der viel Geld und auch etwas Herz hat, lächelte still, und behauptete, seine Mutter und Geschwister behaupteten, ein Dichter könne nie eine deutsche Frau glücklich machen. Dazu gehöre ganz was Anderes.« Weill war ein französischer Schriftsteller, der sich damals gerade als Zeitungskorrespondent in Deutschland aufhielt. Bissig beschrieb er einige Frauen der Berliner Salongesellschaft als »Kandiss- und Kaffeebohnen-Heldinnen«, welche Lügen über Emma Herwegh herumerzählten, diese sei überspannt, alt, und habe ein lange Nase. Gleichzeitig beschloss er spontan, Emma Siegmund selbst einen Besuch abzustatten, um sich ein eigenes Bild zu machen. Restlos begeistert schrieb er daraufhin in seinem Artikel von der Charakterstärke und dem Selbstbewusstsein seiner Gastgeberin: »Emma Siegmund hat eine schöne, freie Seele.« Und freudig machte er seinem eigentlichen Anliegen Luft, nämlich den besagten Damen gründlich den Kopf zu waschen, indem er ihnen zurief: »Hier gibt es nichts zu raisonniren, nur zu bewundern. Und sollte sie einst mit Herwegh betteln gehen müssen vor Euern herz- und geistlosen Lakaienmännern, so ist sie nicht weniger eine Königin unter Euch. Es wäre die erste Königin nicht, die betteln geht. Wartet nur, bis Euch ein Prinz entführt, ein Dichter entführt Euch gewiss nicht.« Am Schluss des Artikels konzentrierte er sich auf die wohlwollende Beschreibung von Emma Herweghs Gesicht und entdeckte dabei einen gewissen »Faltenzug, der andeutet, dass sie denkt«. Zuletzt schrieb er: »Möge der Gott der Liebe und der Dichtkunst ihr und ihrem Gatten immer lächeln, und mögen sie die Menschen nie brauchen, nicht einmal ihre Familie.«[1]

Wie sehr Emma Herwegh auf diese guten Wünsche einmal angewiesen sein würde, konnte der Journalist damals noch nicht wissen, denn Emma Siegmund war zweifellos eine gute Partie. Der Reichtum ihres Vaters war stadtbekannt, als Hoflieferant von kostbaren Kleidern und Stoffen stand sein Haus in unmittelbarer Nähe zum königlichen Schloss. »Mein Vater hatte in dieser Zeit die schönste Modewarenhandlung in Berlin, und zugleich den Titel eines Hoflieferanten. Damals existierten noch nirgends große Geschäftsläden wie ›Le Louvre‹ und ›Le Bon Marche‹; wollte man aber etwas Geschmackvolles kaufen als Seidenstoffe, Kaschmirs, Shawls u.s.w., kurz unter allen schönen Stoffen, die damals fabriziert wurden, so ging man am liebsten zur Modenwarenhandlung von Johann Gottfried Siegmund.«[2]

Die liebe Familie: Herkunft

Von den Eltern Siegmund ist nicht viel bekannt. Sie stammten aus Magdeburg, wo Emma Siegmund am 10. Mai 1817 geboren wurde. Kurze Zeit später zog die Familie nach Berlin um, wo der Vater sein Stoffhandelsgeschäft aufbaute. Über die Mutter, Henriette Wilhelmine, geborene Krauer, ist noch weniger bekannt als über den Kaufmann Siegmund, nicht einmal ihr Familienname ist gesichert. In Berlin gehörte die Familie Siegmund zum Kreis des wohlhabenden Großbürgertums. Emmas Vater war jüdischer Herkunft, aber protestantischer Konfession, seine Kinder ebenso erzogen, was in Emma Herwegh zumindest in ihrer Jugend deutliche Spuren hinterlassen hat. Von ihrer schwärmerischen Religiosität zeugen die Tagebücher, in denen sie über Naturschönheiten und alltägliche Eindrücke philosophiert und sich buchstäblich über Gott und die Welt ihre Gedanken macht: »Wie die Häuslichkeit doch sich nach den Menschen bildet. Ich komme eben aus einer Familie, die mitten in der großen Residenz doch so einsam und schlicht lebt, wie man es in Büchern oft von Landpfarrern geschildert findet. Die Mutter, eine gemütliche gute Frau, die Kinder so wohlerzogen. Es war allerdings Mancherlei, was mir nicht ganz zusagt, diese übertriebenen Liebesäußerungen, aber dennoch so Vieles, was mir einen lieben Eindruck machte. Das Beten der kleinen Kinder vor dem Abendessen gefiel mir so wohl, und ich liebe so sehr, dass der Sinn für Religiosität, der in späteren Jahren durch die Erkenntnis und den Festen Glauben, dass wir fromm sind aus Bedürfnis, aus der vollkommenen Überzeugung erst an ächtem Werth gewinnt, dass dieser Sinn mit den Kindern auf- und anerzogen wird. Ein Kind, das sich gewöhnt hat, schon so früh dort oben seinen Schutz zu suchen, wird schwer von ihm sich abwenden.«[3]

Abgesehen von solch schlaglichtartigen, kurzen Gedanken bleiben Emma Siegmunds Verhältnis zur Familie und ihre Vorstellungen davon seltsam blass. Ihre Tagebücher erwecken vielmehr den Eindruck, als seien die Eltern und Geschwister alltägliche Begleiterscheinungen, worüber sich eine tiefere Reflexion nicht lohne.

Emma Siegmund wuchs mit drei Geschwistern, den Schwestern Minna und Fanny und dem Bruder Gustav, auf. Sie selber war die Zweitjüngste der Kinder. Grundsätzlich schien sie sich wohl zu fühlen in ihrer Familie – abgesehen von den Streitereien mit der Mutter: Immer wieder beschreibt sie Szenen, in denen sie befürchtete, ihre Mutter durch ihr Verhalten tief beleidigt und verletzt zu haben, und schwankt dabei zwischen Reue und Rebellion: »Morgens in der schönen Gemäldesammlung von Wagner, eine traurige Scene mit der Mutter, als Folge große Kopfschmerzen. Ich kann die Zeit nicht erwarten, wo ich zum Heiligen Abendmahl gehen kann. Mein Gemüth ist so bewegt, dass ich nur Frieden an der wahren Quelle finden kann. Ich habe heute meine Mutter gekränkt, und es thut mir unendlich leid. Wie, wenn diese Nacht ihre letzte wäre, und ich mit diesen Gewissensqualen weiterleben müsste, wenn meine Mutter, die Alles für uns thut, mir zürnend einst scheiden sollte, magst Allmächtiger Du das verhüten. Mein Herz schlägt, mein Kopf glüht; und die Gedanken schweifen wild durch das erhitzte Gehirn, dass ich Ruhe suchen muss. Ach, hätte ich jetzt ein warmes Herz, eine fühlende Brust, an die ich mich werfen könnte und ihr Alles sagen; aber Ihr Alle seid fern.«[4] – »Der Engländer war da. Morgens Besuch von Theophil, Mutter war unbeweglicher während dieser Visiten als die ägyptischen Pyramiden, mich verdrießt dieses Misstrauen ins Innerste.«[5]

Im gleichen Jahr unternahm Emma zusammen mit ihrer Mutter eine Kurfahrt nach Karlsbad. Auch dort musste sie sich wieder ihrer Enttäuschung über sie Luft machen: »Die Gespräche stets auf der Oberfläche sich begegnend, fingen an mich förmlich zu ängstigen, und vieler Tadel nur auf Vermuthungen beruhend, teils diesen, teils jenen Vorübergehenden unangenehm betreffend, verstimmte und verletzte mein besonders unter freiem Himmel so warmes erweitertes Herz dergestalt, dass ich dem Weinen nahe war.«[6] Auch in den darauf folgenden Jahren gab es immer wieder Anlass zu Kummer wegen der Mutter. Inhalte oder Gründe sind nicht genannt, es scheint jedoch um das vermeintlich unangepasste Verhalten Emmas, um Erwartungen zu gehen, die sie in den Augen ihrer Mutter nicht erfüllen konnte und wollte: »Der 19. Sept. 1842 war ein fataler Tag. Viel Unwohlsein, und Abends kränkte ich meine Mutter. Ich bin ein schlechtes Kind, tausendmal nehme ich es mir vor mich zu ändern, und tausendmal verfalle ich in denselben Fehler. Ich habe stets denselben Gedanken, zurückgesetzt zu werden im Gefühl. In der Sache hatte ich recht, aber die Art der Äußerung war höchst sündlich.«

So verfiel Emma Siegmund regelmäßig in Anfälle von innerem Zwiespalt und schlechtem Gewissen, die sich meist zu melodramatischen Fantasien am Totenbett der Mutter steigerten. Wir wissen nicht, wie diese Beziehung endete – Henriette Wilhelmine Siegmund starb 1860, als Emma Herwegh längst nicht mehr in Berlin lebte. Wahrscheinlich ist, dass sich mit der Heirat und dem Wegzug aus Berlin das Verhältnis distanzierte. Vielleicht war die Stimmung kurz nach der Verlobung mit Georg Herwegh auch gerettet, da er gemäß ihren Berichten bei der ganzen Familie auf Begeisterung stieß – zumindest vor seinen politischen Aktivitäten. Eine Erklärung des zwiespältigen Verhältnisses ist sicher die außerordentliche Bildung und Förderung von Emma Herwegh, die eine Distanz zu ihrer Mutter schafften: Henriette Siegmund hatte noch nicht die gleichen Möglichkeiten der höheren Bildung für Frauen gehabt. Dazu kamen der eigenwillige Charakter, die hochfliegenden Ambitionen und radikalen Ideen, die die junge Emma vertrat und die so gar nicht dem

Wunschbild einer adretten Bürgerstochter entsprachen. Von Henriette Siegmund ist jedenfalls bekannt, dass sie sich für wohltätige Zwecke und Hilfsbedürftige einsetzte, wie ein Brief von Agnes Podesta an Emma zeigt, in dem sie überschwänglich von der Großzügigkeit und Hilfsbereitschaft der Mutter gegenüber ihren notleidenden polnischen Verwandten schwärmte.[7]

Die Beziehungen zur Familie zeigen die grundsätzlichen Zweifel in Emma Siegmunds romantischem Anspruch an sich selbst, die Liebe zum bestimmenden Prinzip ihres Lebens zu machen. Sie geriet damit vor allem in Bezug auf ihre Angehörigen regelmäßig in Konflikt. Es ist offensichtlich, dass es für sie viel einfacher war, ein Freundschaftsideal zu kultivieren: »Ich bin sehr unzufrieden mit mir, dass ich so wenig dankbar bin und eigentlich einen wunderbaren aber traurigen Zwiespalt in meiner Natur entdecke. Ich habe ein warmes Herz für Leute, zu denen meine Seele, mein Geist sich hingezogen fühlt, und habe ein stummes Herz oft gegen die nächsten Verwandten. Ich habe oft den besten Willen, recht zu lieben, halte mir alles jener Personen vor, sehe sie, höre sie, und es stößt mich fort. – Daher diese ewige Unruhe in mir, Du lieber Gott, der Mensch ist ja nie glücklicher, als wenn er aus voller Seele lieben kann.«[8]

Einmal mehr beschwor sie damit ihre Lebensformel und war unglücklich, wenn deren praktische Umsetzung im Zusammenhang mit der Familie nicht so einfach war, wie sie es sich vorstellte – doch mit dem Eintritt von Georg Herwegh in ihr Leben sollte ja dann alles anders werden …

Über den Lebensweg von Emma Siegmunds Geschwistern ist nicht viel bekannt. Ihre Schwestern heirateten beide früh, Minna einen Berliner namens Caspari; Fanny den Schweizer Jules Piaget, der Legationssekretär am Ministerium des Innern für das Departement Neuchâtel war.[9] Zu diesem Schweizer Schwager, der sie in ihren Plänen, Künstlerin zu werden, unterstützte und ermunterte, hatte die junge Emma Siegmund eine besonders innige Beziehung; lange war er ihr Ansprechpartner im Tagebuch und zugleich Ziel ihrer schwärmerischen Bewunderung. Jules Piaget starb jedoch sehr früh, und Emma brauchte eine ganze Weile, bis sie seinen Tod überwunden hatte. Dafür entwickelte sie eine besondere Beziehung zu ihrer Nichte Anna, der kleinen Tochter von Fanny und Jules, die sie mit dem Kosenamen »Zaunkönig« ansprach. Auch der Ehemann ihrer älteren Schwester Minna starb nach kurzer Ehe. Beide Schwestern lebten von da an verwitwet. Der ältere Bruder von Emma, Gustav August Siegmund, studierte Medizin und wurde ein demokratisch engagierter Arzt und Politiker in Berlin.

Finanzielle Verhältnisse
In ihrer Jugend musste sich Emma Siegmund um Geldfragen keine Gedanken machen. Ein aufwändiger Lebensstil mit Stadt- und Landhaus, allem zeitgenössischen Komfort, kulturellen Anlässen und ausgiebigen Freizeitvergnügungen war für sie selbstverständlich. Vor diesem Hintergrund war es kaum zu vermeiden, dass konservative Berliner Kreise ihre Verlobung mit einem armen Poeten als pure Geldheirat zu diffamieren versuchten. Die Kombination war zu verführerisch, um nicht in solche Stereotypen zu verfallen: Hier die höhere Tochter aus gutem Hause, dort der mittellose Wirtssohn und Schriftsteller, der ursprünglich hätte Pfarrer werden sollen, weil dieses Studium kostenlos war … Nach der Heirat mit Emma Siegmund erhielt das Paar von Emmas Vater eine jährliche Mitgift in der Höhe von 6000 Talern. Damit konnten sie sich an ihrem ersten festen Wohnsitz in Paris vorerst ein luxuriöses, ja mondänes Leben leisten, mit dem sie unter den anderen Exilantinnen und Exilanten auffielen. Insbesondere Georg Herwegh wurde von ehemaligen politischen Freunden kritisiert, da er den blasierten Grandseigneur spiele und sich nicht mehr für die politischen Tagesereignisse interessiere. Klar war offenbar für beide, dass der gewohnte Lebensstil von Emma Siegmund (und nicht etwa der des Ehemannes) weitergepflegt wurde. Klar scheint ebenfalls, dass der Umgang mit Geld Emma Herweghs Domäne war, und sie versuchte, ökonomische Fragen so gut wie möglich von ihrem Dichtergatten fern zu halten. Wie auch immer – am Anfang der Ehe spielte das Geld keine Rolle. Erst nach dem unglücklichen Revolutionszug der »Deutschen Demokratischen Legion« wurde die Lage für die Herweghs prekär.

Emmas Vater hatte durch die revolutionären Ereignisse in Deutschland einen großen Teil seines Vermögens verloren und war zudem nicht mehr bereit, seine Tochter und ihren Ehemann länger zu unterstützen. Der ihr aus tiefster Seele feindlich gestimmte Alexander Herzen schrieb in seinen Memoiren über diese Zeit unmittelbar nach der Revolution: »Sie bekümmerte nur eines: der Mangel an Geld und die positive Aussicht, bald überhaupt keines mehr zu besitzen. Die Revolution, der sie so wenig erfolgreich geholfen hatte, hatte Deutschland nicht befreit, die Stirn des Dichters nicht mit Lorbeeren bedeckt – aber den alten Bankier, ihren Vater, völlig ruiniert.«[10] Von 1849 an wechselten die Adressen in Paris entsprechend häufiger, da die Familie sich je nach finanzieller Situation kurzfristig eine andere Bleibe suchen musste. Bald war das Ehepaar hoch verschuldet, und es war insbesondere Emma Herwegh, die sich um Auswege aus der Not bemühte. Georg Herwegh hatte aufgrund des politischen Klimas zunehmend Mühe, seine Artikel zu publizieren, und so versuchten er und Emma gemeinsam, Geld mit Übersetzungsarbeiten zusammenzukriegen; immer mehr ihres Besitzes musste allmählich aber verkauft werden. Die Schadenfreude unter der Exilgemeinde scheint nicht gering gewesen zu sein, wenn man Alexander Herzen glauben will: »Mich ärgerte, dass er, Georg Herwegh, seine Position als Mann einer reichen Frau, die ihn aushielt, so leicht nahm, und ich gestehe, dass ich nicht ohne Vergnügen auf den Ruin wartete, dem sie unvermeidlich entgegengingen, und ziemlich kaltblütig auf die weinende Emma blickte, als sie gezwungen war, ihre Wohnung ›mit Goldschnitt‹, wie wir es nannten, aufzugeben und einzeln und für den halben Preis ihre ›Cupidos und Amoretten‹, zum Glück keine leibeigenen, sondern aus Bronze, zu verkaufen.«[11] Dabei versuchte Emma Herwegh so viel Ungemach wie möglich von ihrem Dichter fern zu halten, was Herzen weiter erzürnte: »Der Vater seiner Frau hatte sein Vermögen endgültig verloren; die geretteten Überreste wurden von den anderen Mitgliedern der Familie gebraucht; die Armut pochte noch rauher an die Tür des Dichters. Emma tat, was in ihren Kräften stand: sie borgte von rechts und von links, kaufte auf Kredit, verkaufte Sachen, und dies alles, damit er die wirkliche Sachlage nicht erkenne. Sie verzichtete nicht nur für sich selbst auf notwendige Dinge – sie nähte sogar für die Kinder keine Wäsche, nur damit er bei den ›Provençalischen

Brüdern‹ dinieren und sich unnützes Zeug kaufen konnte. Er nahm das Geld von ihr, ohne zu wissen, woher es kam – und er wünschte es auch nicht zu wissen. Ich geriet deswegen in Streit mit ihr, sagte, dass sie ihn ins Verderben ziehe, machte ihm Andeutungen – er wollte hartnäckig nicht begreifen, sie aber zürnte, und alles blieb beim alten.«[12]

Es ist fraglich, ob Georg Herwegh tatsächlich immer so ahnungslos und weltfremd in Sachen Finanzen war, wie es Alexander Herzen hier suggeriert – sicher aber bleibt der Eindruck, dass es Emma war, die sich um die alltäglichen (Geld-)Sorgen kümmerte und das Bild des in sich und seiner Welt versponnenen Dichters sorgsam weiterkultivierte. Sie verschaffte sich damit zweifellos auch eine gewisse Machtposition: Sie war es, die in der Hektik der Ereignisse den Überblick behielt und an das Notwendige dachte. Dies zeigt auch eine weitere Episode aus den Erinnerungen von Alexander Herzen, die ihn in ungläubiges Erstaunen versetzte: Nach den ersten Wirren der Herzenaffäre wollte Alexander Herzen nichts mehr, als die Herweghs aus seinen Augen haben, und verjagte sie mit Todesdrohungen aus Nizza. Als Emma ihm vorhielt, dass sie kein Geld hätten für eine solche Reise, versprach er, es ihnen vorzuschießen, und so reiste das Ehepaar kurz darauf ab. Herzen hatte Emma zudem versprochen, ihre Schulden zu begleichen, die sie in diversen kleinen Geschäften noch hatte. Kurz nach der Abreise erlebte er Folgendes: »Emma hatte ein Stubenmädchen Jeanette, eine Französin aus der Provence, eine schöne und überaus anständige Frau; sie war noch ein paar Tage dageblieben und sollte mit den Sachen der Familie Herwegh auf einem Dampfer nach Genua fahren. Am folgenden Tag öffnete Jeanette leise die Tür und fragte, ob sie eintreten und mit mir unter vier Augen sprechen dürfe. Das war früher nie vorgekommen; ich glaubte, sie wolle um Geld bitten, und war bereit, ihr welches zu geben. Über und über errötend und mit Tränen in den Augen überreichte mir die gute Provençalin Emmas verschiedene Rechnungen, die in den kleinen Läden unbezahlt geblieben waren, und fügte hinzu: ›Madame hat mir befohlen, aber ich kann das unmöglich tun, ohne Sie zuerst zu fragen – sehen Sie, sie hat befohlen, in den Läden noch verschiedene Sachen zu besorgen und sie auf diesen Rechnungen hinzuzuschreiben; ich konnte das nicht tun, ohne es Ihnen vorher zu sagen.‹ – ›Daran haben Sie recht getan. Was hat sie Ihnen denn aufgetragen zu kaufen?‹ – ›Da ist der Zettel.‹ Auf dem Zettel waren mehrere Stücke Leinwand, einige Dutzend Taschentücher und ein ganzer Vorrat Kinderwäsche verzeichnet.«[13] – Voller Empörung, kann es Herzen nicht fassen, dass Emma Herwegh inmitten der dramatischen Familienkrise, in der sie sich befand, an etwas so Profanes wie Kinderwäsche und Taschentücher gedacht hatte, und jede Möglichkeit, zu Geld zu kommen, offensichtlich verzweifelt ausnützte.

Die Herzenaffäre hatte zur Folge, dass sich Emma Herwegh auf Zeit von Georg trennte und mit den Kindern alleine nach Nizza zog, wo sie sich einen neuen Freundeskreis um die italienischen Patrioten aufbaute. Sie blieb aber in engem Briefkontakt mit ihrem skandalträchtigen Gatten. Dieser ließ sich wieder in Zürich nieder, wo er zwischen 1851 und 1853 in verschiedenen billigen Wohnungen und Absteigen hauste, da er inzwischen vollständig mittellos geworden war und zudem die öffentliche Ächtung als Folge seiner Rolle in der Herzenaffäre erdulden musste. Freunde wie Ferdinand Lassalle und Karl Marx waren so besorgt über seinen Zustand, dass sie Hilfsaktionen zu seinen Gunsten organisierten. Abgesehen davon war er auf die finanziellen Zuwendungen Emmas aus Nizza angewiesen, die immer noch von der – allerdings verminderten – Unterstützung ihrer Familie und von ihren Übersetzungsarbeiten leben konnte.

Erst nachdem die beiden ihr Verhältnis während des zweijährigen Briefkontakts geklärt hatten, entschloss sich Emma Herwegh 1853, zu ihrem Mann nach Zürich zurückzukehren.

Obwohl damit wieder eine Zeit der Salonkultur und des Umgangs mit prominenten Menschen begann, änderte sich an der Situation des dauernden Geldmangels für den Rest des Lebens der beiden Herweghs nichts mehr. In Zürich lebte Georg Herwegh alleine in Riesbach und Hottingen, später mit der Familie zuerst am Zeltweg, dann am Limmatquai und schließlich ab 1862 auf dem »Schanzenberg« (heute Schönberggasse 3). Georg und Emma Herwegh waren beide nie bereit, ihre politischen Ideale zugunsten von Kompromissen aufzugeben, die es ihnen erlaubt hätten, mehr und leichter Geld zu verdienen. Im Prinzip hatte Georg immer Angebote von deutschen Zeitungen auf dem Tisch, für die er hätte schreiben können – aber solange es sich dabei um die Presse der preußischen und anderer deutscher Regierungen handelte, die viele seiner Freunde aus der 1848er-Bewegung immer noch gefangen hielten und Zensur übten, verweigerte er sich ohne Wenn und Aber. Einen anderen Beruf hatte er nicht gelernt, und so musste er mit den spärlichen Honoraren auskommen, die ihm die Mitarbeit bei der demokratischen Schweizer Presse oder bei den wenigen mutigen Oppositionsblättern in Deutschland einbrachten. Auch in der Schweiz schrieb Herwegh aus Geldnot in den Zeitungen regelmäßig zu politischen Themen, allerdings unter diversen Pseudonymen.[14]

Emma Herwegh war nicht etwa unglücklich über seine Widerständigkeit, sondern ermunterte und unterstütze ihn vorbehaltlos darin, obwohl sie damit die Hauptlast des ermüdenden und erniedrigenden Kampfes ums Geld auf sich lud, während Georg sich hauptsächlich in seine naturwissenschaftlichen und philosophischen Studien vertiefen und dem Zuwachs seiner kostbaren Bibliothek widmen konnte.

Im Jahr 1861 schien es, als könnte sich die Situation verbessern: Über die in Zürich lange gepflegten Kontakte zu den italienischen Patrioten erhielt Georg Herwegh ein Angebot von Francesco de Sanctis, einem italienischen Literaturhistoriker, der von 1856 bis 1860 Professor für italienische Sprache und Literatur in Zürich gewesen war und im Haus der Herweghs verkehrte. Er wurde 1861 Professor in Neapel und war wiederholt italienischer Unterrichtsminister. In einem Telegramm bot De Sanctis Herwegh eine Professur für den neu gegründeten Lehrstuhl für vergleichende Literaturwissenschaften an. Sogleich erfuhr auch die »Neue Zürcher Zeitung« davon und schrieb erfreut: »Wir zweifeln um so weniger daran, dass Hr. Herwegh dem Ruf folgen wird, als der ihm eröffnete Wirkungskreis seinen Neigungen und seiner Studienlaufbahn durchaus entspricht und der dem Dichter vom Turiner Ministerium so sinnig zugedachte Aufenthalt in der wunderbar schönen Stadt Neapel längst sein Ideal war. Seine Freunde werden die herbe Lücke, die ihnen durch den Abgang Herweghs gerissen wird, im Hinblick darauf we-

Ludwig Feuerbach (1804–1872) wurde berühmt als Philosoph des reinen Materialismus, der große Wirkung hatte auf den intellektuellen Kreis um Herwegh, auf Keller, Marx, Nietzsche u. a. Seit 1845 mit Georg und Emma Herwegh befreundet, entzog er sich dem politischen Aktivismus um 1848, galt aber als einer der bekanntesten kritischen Intellektuellen seiner Zeit. Er erwies sich als loyaler Brieffreund Emma Herweghs und nahm Anteil an ihren Geldsorgen, obwohl er selber in großer Armut lebte.

niger schmerzlich empfinden.«[15] Da das Geld immer noch an allen Ecken und Enden fehlte, freuten sich die Herweghs sehr über das Angebot und machten sich eifrig daran, die Vorbereitungen für eine Ausreise nach Italien anzugehen. Georg Herwegh bewarb sich zusätzlich zu seiner Professorenstelle als Bibliothekar in Italien, da das Honorar für die inzwischen fünfköpfige Familie kaum ausgereicht hätte. Jedoch der Plan sollte sich nicht verwirklichen: Kurz nach dem Amtsantritt de Sanctis wurde dieser wieder gestürzt und durch einen Minister ersetzt, der den preußischen und französischen Regierungen genehmer war – womit sich die Hoffnungen auf eine Stelle für den politisch immer noch unliebsamen Georg Herwegh augenblicklich zerschlugen.

Emma Herwegh sorgte sich inzwischen weiterhin um das alltägliche Wohl der Familie und die sich türmenden Schuldenberge. Sie

Bertha Feuerbach, geborene Löw, war die Ehefrau von Ludwig Feuerbach. Auch sie gehörte zu den vielen Korrespondentinnen der Emma Herwegh.

verhinderte mit Bettelbriefen, Übersetzungen, privatem Musik- und Sprachunterricht das Schlimmste. Daneben sorgte sie sich immer wieder um die Gesundheit ihres Gatten, der häufig krank war. Im Januar 1861 schrieb sie an ihren Freund Ludwig Feuerbach: »Georg, der unsern kleinen, wirklich gefährlich kranken Marcel ablöste, als jener kaum genesen war, ist noch immer nicht gesund, und ich bin fast die Einzige, die sich über den Un- und Anfällen gesund erhielt, manchmal, weil ich mir das Kranksein, wie jeden andern Luxus nicht erlauben durfte.«[16] In den Jahren 1861 und 1862 musste Georg Herwegh zweimal wegen eines Leberleidens zur Kur nach Karlsbad geschickt werden. Emma hätte ihn liebend gerne begleitet, konnte sich aber die Reise aus Geldmangel nicht leisten. So ermahnte sie Ludwig Feuerbach, mit dem sich Georg Herwegh auf seiner ersten Reise treffen wollte, auf die Gesundheit ihres Gatten aufzupassen: »Darf ich Dich noch um etwas bitten, so sorge so Viel es von Dir abhängt dafür, dass Georg während seines Nürnberger Aufenthaltes Diät hält und weder reinen Wein noch Bier trinkt, was ihm beides im gegenwärtigen Moment positiv schädlich ist.«[17] Die besorgte Emma befürchtete, dass ihr Mann sich über der Wiedersehensfreude mit seinem alten Freund vergessen könnte. Ludwig Feuerbach kam seinem Auftrag denn auch getreulich nach und beruhigte Emma Herwegh in seiner Antwort nach der Reise: »Deine diätischen Vorschriften habe ich gewissenhaft befolgt, wenigstens soweit sie befolgt werden konnten, ohne sich despotischer Strenge und Pedanterie schuldig zu machen. Nur in Bamberg hat Georg *ein* Glas Bier mehr getrunken, als ich gewünscht habe, hoffentlich ohne Schaden.«[18]

Das größere Problem als der kränkelnde Ehemann waren und blieben jedoch die Geldsorgen. Immer wieder war Emma Herwegh gezwungen, ihre Freundinnen und Freunde um Unterstützung anzugehen. Auch die Schriftstellerin Ludmilla von Assing, die in Italien lebte, erhielt im Jahr 1861 einen dringenden Bettelbrief von Emma Herwegh. Abgemacht war, dass Assing mit der Unterstützung von Emmas Familie und einer weiteren Freundin namens Schwarzenberg zusammen für insgesamt 10000 Franken aufkommen sollte. Diese Hoffnung zerschlug sich aber bald, als sich herausstellte, dass Emmas Verwandte in Berlin nicht bereit waren, die darbenden Herweghs zu unterstützen. Auch Ludmilla von Assing gab sich daraufhin pessimistisch: »Dass Ihre Familie *gar nichts* thun will, erschreckt mich nicht wenig. Sie auch glaubten doch man würde Sie doch von dieser nächsten Seite nicht ganz im Stich lassen. Nun wird die Sache viel schwieriger, und die Hoffnung schwindet das zu gebende Kapitel in drei Theile zu theilen. Wenn Sie aber gar meinten, auch Schwarzenberg aus dem Spiele zu lassen, so begreife ich Sie nicht. Ich allein? Du lieber Himmel, wie ist das möglich? Ja, wenn meine Kräfte so stark als meine liebevollen Wünsche wären! Ist aber die nöthige Summe nicht beisammen, so ist ja alles vergebens, und die größten Anstrengungen wären vergebens gewesen, in den Abgrund geworfen, ohne Ihnen zu helfen.« Ludmilla von Assing war zudem etwas ungehalten ob der Dringlichkeit, die Emma Herwegh in ihrer

Anfrage an den Tag legte: »Auch das betrübt mich, dass Sie wünschen ich solle das meinige schon vor dem Januar schicken. Es betrübt mich, dass Sie meine Verhältnisse so verkennen! Lieber Gott, *ich bekomme* es nicht eher, wie ich Ihnen bereits schrieb. Wo soll ich es wohl herholen? Ich selbst habe keinen Menschen, den ich auch nur um einen Groschen angehen könnte, wenn er mir fehlte. Sie wissen wie ich mich besinne, mir nur ein gutes Kleid anzuschaffen. Ich möchte Ihnen so unendlich gerne über den entscheidenden Moment hinweghelfen, dass ich Sie versichern kann, dass ich was ich thue gerne thue, aber es betrübt mich, wenn ich sie bei den äußersten Anstrengungen, die ich mache, in der Voraussetzung sehe, ich könnte noch rascher helfen, wenn ich nur wollte, ja, ich könnte mehr.«[19] Die versprochenen 5000 Franken schickte Ludmilla Assing dann tatsächlich an Emma Herwegh, damit waren die Probleme aber keineswegs gelöst. Betrübt und lakonisch schrieb Emma 1863 an Ludwig Feuerbach auf dessen Frage nach ihrem Wohlergehen: »Im Übrigen, lieber Ludwig, ist unser Leben wie das Eure von außen her so wenig reich an Wechsel, und kommt ein Wechsel, so ist es gewöhnlich kein erfreulicher, dass dies Bewusstsein unwillkührlich die Feder lähmt.«[20]

Bis 1866 kämpfte Emma Herwegh an allen Fronten, um die finanziellen Probleme zu lösen. 1865 starb ihr Vater in Berlin und hinterließ ein Testament, worin er sie zugunsten ihrer Kinder enterbte, was ihre Aussichten auf eine Besserung der Situation zusätzlich verschlechterte. Zu diesem Zeitpunkt schrieb Emma Herwegh an Ludwig Feuerbach und schilderte ihm im Vertrauen ihre hoffnungslose Situation.[21] Sie bat schließlich den nicht minder armen Feuerbach um seine Vermittlung bei allfälligen wohlhabenden Bekannten. Georg Herwegh wusste nichts von diesen Briefen und Bemühungen, die Emma auch um jeden Preis vor ihm geheim halten wollte, wie sie Feuerbach später erklärte: »Was nun das Einweihen Dritter in dieser delikaten Sache betrifft, so kann ich Dir nicht genug anempfehlen, und nicht ein falscher Stolz, nicht Eitelkeit lassen mich dies wiederholen, sondern das Gefühl der Menschen*würde*, damit äußerst vorsichtig zu sein. Ein Wort in die Öffentlickeit, und Alles wäre umsonst, und Georg würde, das weiß ich,

Nicht annehmen, und wenn ihm viele Tausende angeboten würden.«²²

Obwohl Ludwig Feuerbach sich nach Kräften bemühte, auf Emmas Hilferuf hin nützliche Kontakte zu vermitteln, reichte dies für den notwendigen Umschwung nicht aus. Schließlich unternahm ein weiterer Freund aus Zürich den Versuch, Georg Herwegh in einem Zeitungsinserat als valablen Kandidaten für eine frei gewordene Professur in Kunstgeschichte am Polytechnikum zu empfehlen, und es war bekannt, dass Herwegh freundschaftlichen Kontakt zu einigen Hochschulprofessoren hatte. Leider hatte er sich jedoch bei der Verwaltung des Polytechnikums unbeliebt gemacht, da er öfter kritische Artikel über Universitätsinterna publiziert und zudem dieselbe Verwaltung in einem Brief angegriffen hatte, nachdem sein Sohn Horace wegen Duell- und Raufgeschichten von der Universität gewiesen worden war. Hauptsächlich wohl aber aus politischen Gründen – einmal mehr – wurde aus der erhofften Anstellung nichts, und stattdessen erhielt der gemäßigtere Kunsthistoriker Gottfried Kinkel den Zuschlag.

Im Jahr 1866 wurde die Situation so drastisch, dass die Herweghs gezwungen waren, ihr Haus in Zürich zu verlassen und nach Deutschland zurückzukehren, das inzwischen nach einer Amnestie für die deutschen Flüchtlinge wieder offen war. Kurz davor schrieb Emma Herwegh, verzweifelt über ihre Ohnmachtsgefühle, an Ludwig Feuerbach: »Ich habe mein eigenes Leben immer wie eine Mission aufgefasst, ein schöneres, reicheres, das sich mir zugesellt, zur vollsten Erscheinung, ich kann nicht sagen bringen zu helfen, denn das wäre dumm, aber nie darin zu stören, und nun komm ich mir so namenlos ohnmächtig vor – und hatte doch bestes Wollen, ein ganzes Leben wahrhafter Liebe daran gesetzt. Ich sage Dir, Ludwig, ich bin namenlos traurig und ende, um Dich nicht tiefer zu verstimmen.«²³ Klar war auf jeden Fall, dass der Wegzug aus Zürich nicht freiwillig oder aus heimatlicher Sehnsucht geschah, sondern ausschließlich deshalb, weil der Zustand der Schulden und der ungeduldigen Gläubiger unhaltbar geworden war. So reiste Georg Herwegh mit der Tochter Ada voraus, um in Baden-Baden für die Familie eine neue Unterkunft zu suchen, während Emma Herwegh mit Horace und Marcel in Zürich blieb und versuchen musste, den Haushalt einigermaßen geordnet aufzulösen. Resigniert schrieb sie Ludwig Feuerbach dazu: »Von mir kann ich sagen: lest, wo ich bin, dass ich noch immer hier in Zürich als verlorener Posten sitze, weil noch kein Mittel vorhanden mich zu befreien und unsere Sache *noch* nicht entschieden ist, während Georg und Ada in Lichtenthal sind – und Ihr wisst mehr als Euch lieb sein wird zu hören, fast mehr als ich wirklich und länger zu tragen mich gewachsen fühle. Alles ›Sinnlose‹ greift den anständigen Menschen namenlos an und so geht es mir, die vor der Hand durch materiellen Zwang hierher gebannt ist ohne Nutzen für mich und die Meinen, nur ein armselig Werkzeug eines harten Geschicks.«[24]

Bevor sie selber nach Baden-Baden nachzog, sah sich Emma Herwegh schließlich schweren Herzens gezwungen, die wertvolle Bibliothek ihres Mannes öffentlich versteigern zu lassen. Im »Tagblatt der Stadt Zürich« erschien am 18. April 1867 eine kleine Anzeige, worin es unter anderem hieß, dass außer der »sehr reichhaltigen Bibliothek des Dichters Dr. G. Herwegh« auch »ein zweitüriger nussb. Bücherschrank, 2 goldene Damenuhren, 2 Büsten (Schiller und Goethe), 1 großer Kupferstich in Goldrahmen, 1 dito Leo X., 1 dito, 1 dito 12 silberne Teelöffel u. a. m.« zur Versteigerung angeboten seien. Die an sich bedeutsame Versteigerungsaktion verlief ziemlich unbeachtet von der Schweizer Presse, gab aber wenigstens Emma Herwegh die Möglichkeit, ihre offenen Schulden in Zürich zu begleichen und endlich ihrer Familie nach Lichtenthal bei Baden-Baden zu folgen. Außer ein paar Bücherkisten mit den wertvollsten Exemplaren wanderten so die über tausend Bände der reichhaltigen und wissenschaftsübergreifenden herweghschen Bibliothek zumeist in verschiedene Zürcher Antiquariate oder Bibliotheken – wo sie inzwischen auch zum größten Teil wieder aufgespürt werden konnten.[25]

Schon vor dem Umzug nach Deutschland hatte Emma Herwegh sich darum bemüht, von der Deutschen Schiller-Stiftung, die Honorare an verdiente deutsche Schriftsteller zu vergeben pflegte, Beiträge für Georg Herwegh zu erhalten – doch erfolglos, wie die erste Reaktion der Stiftungsverantwortlichen zeigte. Der Ruf Georg Herweghs als radikaler Landesverräter war nach wie vor zu prägend, um die Stiftung zu einem positiven Entscheid zu bewegen. Das Ganze war umso schmerzlicher, als viele seiner ehemaligen Gesinnungsgenossen wie etwa Karl Gutzkow oder Friedrich Auerbach von der Stiftung profitieren konnten. Ratlos schrieb sie an Ludwig Feuerbach: »Ich gestehe, dass ein regelmäßiger Beitrag der Schillerstiftung vor allem mir ein Trost wäre, weil es mir die Möglichkeit gäbe, in Ruhe zu sterben, da mir das unseelige Testament meiner Eltern so die Hände bindet, dass ich nicht einmal die Macht habe, im Fall ich vor Georg sterbe, ihm auch nur das Kleinste zu hinterlassen.«[26]

Endlich in Baden-Baden angekommen, versuchte Emma Herwegh im Jahr 1867 erneut, über die Vermittlung des Schriftstellers und Stiftungspräsidenten Franz Dingelstedt, von der Schiller-Stiftung eine lebenslängliche Pension für Georg zu erhalten, wie sie auch anderen schriftstellernden »Größen« seiner Zeit problemlos zugesprochen wurde. Sie begründete die Dringlichkeit ihres Anliegens folgendermaßen: »Was mich darauf bringt, Ihnen dies zu sagen ohne die leiseste Furcht mich einer Missdeutung auszusetzen, ist folgender Umstand den ich Ihnen als dem Freunde meines Mannes einfach und ohne Scheu mittheile und der mich nicht wenig Georg's wegen quälte. – Ich bin nämlich zu Gunsten meiner Kinder *enterbt* worden – Die Motive gehören nicht hierher, liegen aber auf der Hand. So lange ich lebe steht uns der für eine Familie von der zwei Personen noch der Erziehung bedürfen, sehr kleine Zins des Capitals von 4000 frcs jährlich zur Verfügung – sterbe ich vor Georg, und ich gestehe, dass ich egoistisch genug bin, dies zu wünschen, so habe ich nicht die Macht (auch dafür ist gesorgt) ihm das Geringste zu vermachen und Georg bleibt buchstäblich mittellos. Ich schreibe Ihnen dies um Ihnen durch diese *intimen* Mittheilungen, im Fall dass Ihr Antrag auf feindliche Elemente stieße, *woran ich gar nicht zweifle*, – von Seiten der mediocratie – die nötigen Waffen in die Hand zu geben, denselben durchzusetzen.« Emma Herwegh fand es zudem eine gute Idee, den 50. Geburtstag des Dichters als Anlass für eine ehrenvolle Pension zu nehmen: »Für irgendwie sinnige Naturen wäre dies ein herrlicher Anlass dem Dichter als

Zeichen wohlverdienter Anerkennung in delikater Form das Anerbieten eines jährlichen Gehalts zu stellen! Ich hätte dabei noch einen doppelten Triumph, nämlich meiner Familie gegenüber, die sich eingebildet hat, sich an Einem von uns rächen zu können ohne den Andern zehnfach zu treffen.«[27] Einmal mehr betonte sie außerdem, dass ihr Ehemann keinesfalls von ihren Bemühungen erfahren dürfe.

Trotz Dingelstedts Vermittlung sprach die Stiftung Georg Herwegh jedoch nur eine einmalige Gabe von 300 Talern zu, was Emma Herwegh nicht akzeptieren wollte. Erneut überwand sie ihre Hemmungen und bat die Stiftung im Mai 1868, diesmal direkt, um eine lebenslängliche Pension. Daraufhin begann ein Zirkulieren von Stellungnahmen unter den verschiedenen Stiftungsmitgliedern, die aufschlussreich die jeweilige politische Haltung und Befindlichkeit gegenüber dem Dichter und seiner Familie widerspiegelten: Unterstützten die einen kurz und vorbehaltlos den Antrag auf Pension, zweifelten die anderen an der Dringlichkeit der Maßnahme und monierten die mangelnde Produktivität des Dichters in den letzten Jahren oder gar sein sittliches Benehmen. Unter einer Liste von Gegenargumenten notierte Stiftungsrat W. Müller beispielsweise auch: »4. Unter den obwaltenden Umständen genügt mir die Eingabe einer als excentrisch bekannten Frau nicht. Der Mann muss selber seine Eingabe machen.«

Aus lauter Uneinigkeit wurde die Entscheidung an die später tagende Generalversammlung delegiert und dazwischen eine Untersuchung über die tatsächliche Bedürftigkeit Herweghs angefordert. Darum kümmerte sich ein Journalist der Berliner »National-Zeitung« und gab mit der Berufung auf »zuverlässige Quellen« folgende Schilderung der Situation ab: »Die Familie Herwegh befindet sich in einem positiven, wenn auch meines Erachtens selbstverschuldeten, Nothstande u. zwar nicht erst seit heut, sondern schon seit Jahren. Die Eltern der Frau Herwegh (geb. Siegmund) leben nicht mehr; sie haben aber testamentarisch ein Kapital festgemacht, welches von Appellationsgerichtsrath Fleischauer in Magdeburg verwaltet wird und allerdings eine Rente von c. 1000 Thlr. bringt. Aber es kommt davon der Familie Herwegh sehr wenig zu Gute, da die

Gläubiger auf die fälligen Raten im Voraus Beschlag legen. Die Familie Herwegh ist seit lange stark verschuldet, G. Herwegh selber außer Stande zu produciren u. mit seiner Feder seinen Unterhalt zu erwerben. Es leben drei Kinder: der älteste Sohn erhält sich selbst, er ist Civil-Ingenieur und angeblich bei einer Eisenbahn in Ungarn oder Siebenbürgen angestellt; die Tochter ist von Kindheit an kränklich, der jüngste Sohn bedarf noch der Erziehung. Der Nothstand ist außer Zweifel.« Der Berichterstatter sprach sich in einem Schreiben vehement für eine Untersützung aus und versprach zudem, nach Bedarf weitere Informationen zu liefern: »Ich sitze hier an der Quelle, wo man die Verhältnisse der frühern Siegmund'schen Familie, die in letzter Zeit nicht mehr so glänzend waren wie früher, kennt; außerdem lebt hier der Bruder der Frau Herwegh, als viel beschäftigter und geachteter praktischer Arzt, den ich eventuel befragen kann.«[28] Der Stiftung aber genügten diese Ausführungen, und nach langem Warten und Bangen entschied sich die Generalversammlung endlich im Oktober 1869 – gegen eine Pension. Die Stiftung begründete ihren Entscheid mit geänderten Statuten, dem belasteten Budget und dementsprechenden Bedürfnisprioritäten, unter welche Georg Herwegh leider nicht fallen könne, worüber er sich doch eigentlich glücklich schätzen könne, so die tröstenden Worte des verantwortlichen Stiftungsrates. Ein letzes Mal gab Emma Herwegh daraufhin ihrer Wut und Enttäuschung in einem Brief an die Schiller-Stiftung und deren Präsidenten, Franz Dingelstedt, Ausdruck, versuchte zu argumentieren, verteidigte die Kompromisslosigkeit Herweghs, auf andere Angebote einzugehen, und bat Dingelstedt ein letztes Mal, seinen Einfluss nach Möglichkeit geltend zu machen: »Sollte dies jedoch möglich sein, dann lege ich es Ihnen vertrauungsvoll und dringend an's Herz, um so dringender, als ich weder die Kraft in mir fühle noch einmal im Leben das Gesuch zu stellen, als ich weiß, was davon abhängt –.«[29]

Doch sie hatte keinen Erfolg mehr. Georg Herwegh starb 1875 in Baden-Baden, ohne dass auch nur der versprochene einmalige Beitrag der Schiller-Stiftung bis dann gezahlt worden wäre. Am 23. Juni 1875, drei Monate nach seinem Tod, schrieb Emma Herwegh in einem Brief an die Frau eines befreundeten demokratischen Publizisten: »Denken Sie, beste Frau, dass die Schillerstiftung *noch* Nichts geschickt hat u ich nächstens in helle Verzweiflung über all diese Zukunftshilfe gerate. Mein Hausherr, der durch das Lesen des Briefes Ihres lieben Mannes während einer Woche beruhigt schien, hat mir, nachdem ich das Gewitter schon seit gestern drohend aufsteigen sah, eben geschrieben, *dass er absolut nicht länger zuwarten könne,* u mich um Widerwärtigkeit zu vermeiden die unausbleiblich sein würden, hiermit ersucht, sofort für Zahlung des Hauszinses zu sorgen (300 Tl.). Mich dünkt, dass es jetzt, wo Georg bald drei Monate von uns gegangen ist, nicht zu früh wäre, seiner Witwe die ihr fest zugedachte kleine Hülfe zu senden, wenn dies überhaupt die feste Absicht der betreffenden Herren war.« So kämpfte Emma Herwegh auch nach dem Tod ihres Gatten noch unermüdlich um das ihr zustehende Geld, wenn sie nicht gerade auf einem ihrer einsamen Spaziergänge durch die Lichtenthaler Allee war, auf der sie »regelmäßig zw. 4–6 Uhr zu wandern« pflegte.[30]

Schließlich gelang es ihr von 1875 an als Witwe des Poeten eine kleine Pension von der Schiller-Stiftung zu erhalten, die jahrelang getreulich ausbezahlt wurde. In Gefahr geriet die Unterstützung kurzfristig, als 1877 ein Gedichtband aus dem Nachlass von Herwegh publiziert wurde, der kritische Texte und Schmähreden über das kaiserliche Deutschland enthielt. Es wurde in Deutschland sofort konfisziert und konnte nur über die Schweiz in Umlauf gebracht werden. Sofort argwöhnte die Stiftung, ob vielleicht Emma Herwegh etwas mit der Publikation zu tun hätte, und musste sich von ihrem Vertrauensmann Carl Meyer in Stuttgart beschwichtigen lassen. Die Affäre löste sich mit Emma Herweghs Umzug nach Paris, wo sie sich 1877 nach einem zweijährigen Aufenthalt in Stuttgart niederließ, um in der Nähe des jüngsten Sohnes Marcel zu leben, der auf dem Weg zu einer mittleren Violinisten-Karriere war.

Die liebe Familie: Nachwuchs

Im Gegensatz zu ihren anderen Kindern spielte dieser jüngste Sohn, 1858 geboren, eine entscheidende Rolle für den Nachlass des Ehepaares Herwegh und vor allem den Umgang damit.

Über die anderen drei Kinder ist nur Episodenhaftes bekannt: Der älteste Sohn, Horace, wurde 1849 in Paris geboren. Alexander Herzen bezeichnete den Neunjährigen einmal als »Schelm und kleinen Langfinger«;[31] als Student wurde er vom Zürcher Polytechnikum verwiesen, da er in ein Duell verwickelt war. Er ließ sich zum Ingenieur ausbilden und lebte vorwiegend in Paris, hatte aber Schwierigkeiten, eine feste Anstellung zu finden. Als 22-Jähriger reiste er deshalb für längere Zeit in die USA. Obwohl Emma Herwegh diese Trennung inmitten der schweren Geldsorgen zusätzlich schwer fiel, war sie doch überzeugt, dass ihr Sohn seinen Weg machen würde: »Die Auswahl des Kummers, den ich in jenen Tagen hatte, half mir über das Bittere einer solchen Trennung hinweg, und die Überzeugung, dass eine tüchtige, kühne, energische Natur wie die von Hor. ist, ganz nach Amerika gehört, wo einem die gebratenen Tauben zwar auch nicht ins Maul fliegen, ein junger, strebsamer Mann aber immerhin weit mehr Chancen hat sich emporzuarbeiten als hier, ließ mich ihm selbst auf das entschiedenste zur Annahme der Stelle raten.«[32]

Horace Herwegh war auch nach seiner Rückkehr aus Amerika meistens auf Reisen unterwegs; über seine näheren Lebensumstände ist nichts bekannt. Er starb 1901, erst 58-jährig, in Paris nach einer längeren Krankheit. In einem Brief an Emma Herweghs Tochter Ada schrieb ihre Cousine Anna Piaget über ihren Onkel: »So ist nun wirklich der arme Horace seinen Leiden erlegen! Es erschüttert mich tief, trotzdem ja gerade ich weiß u. gesehen habe, wie sein Leben nur noch Kampf und Schmerz war, wie man ihm eine Verlängerung *dieses* Zustandes wirklich nicht wünschen konnte. Aber dass er eben so elend werden, so elend zu Grunde gehen musste, das kann einen tief schmerzen u. wie anders wären all die schönen und liebenswürdigen Seiten seines Naturells zur Geltung gekommen, wenn er sie bei Kraft u. Gesundheit, in einer ihm zusagenden Thätigkeit hätte entfalten können! Ich habe ihn sehr lieb gehabt u. mich bis zu unserm letzten Zusammensein, im vorigen Herbst, seine immergleiche Güte u. Freundlichkeit zu freuen gehabt, mit Rührung werde ich stets an die Aufmerksamkeiten denken, die er für mich gehabt hat u. ihn für alle Zeiten ein liebevolles Andenken bewahren.«[33]

Horace Herwegh lebte seine letzten Lebensjahre in der Nähe sei-

Der älteste Sohn der Herweghs, Horace Herwegh (1843–1901, rechts stehend), als Student am Polytechnikum in Zürich. Offenbar von cholerischem Temperament, wurde er 1863 wegen Duell- und Raufgeschichten von der Zürcher Hochschule verwiesen. Er war als Ingenieur viel unterwegs und lebte gegen Ende seines Lebens in Paris.

ner Mutter in Paris, Näheres über den Kontakt zwischen den beiden ist aber nicht bekannt.

Das zweite Kind von Georg und Emma Herwegh, der Sohn Camille, wurde am 19. Mai 1847 in Paris geboren. Er wurde jedoch nur knapp einjährig und starb am 14. April 1848 in Berlin, während Emma Herwegh mit der »deutschen Legion« nach Deutschland unterwegs war und ihre zwei Kinder bei den Eltern untergebracht hatte. Ihr Berliner Jugendfreund Hermann Ebert, der Hausarzt der Familie Siegmund geworden war, schrieb ihr nach der Obduktion über die Todesursache ihres kleinen Sohnes einen erstaunlich offenen und detaillierten Brief, der neben einer aufschlussreichen Einschätzung von Emma Herweghs nervenstarkem Charakter auch von den Krankheits- und Körpervorstellungen um die Mitte des 19. Jahrhunderts berichtet.

Ada de Paula-Souza, geborene Herwegh (1849–?), war die einzige Tochter von Emma und Georg Herwegh. 1870 heiratete sie in Liestal den Ingenieur und Direktor der polytechnischen Schule in São Paulo, Antonio de Paula-Souza, und wanderte nach Brasilien aus. Bis kurz vor ihrem Tod stand Emma Herwegh mit ihr wie mit ihren Töchtern und ihrem Ehemann in Briefkontakt.

Im Februar 1849 wurde das dritte Kind der Herweghs, die Tochter Ada, in Paris geboren. Auch sie schien kränklich gewesen zu sein. Im Jahr 1870 heiratete sie 21-jährig in Liestal den Ingenieur Antonio F. de Paula-Souza, der Direktor der polytechnischen Schule in Saõ Paulo war. Emma Herwegh kümmerte sich damals persönlich um die Heimatschein- und Ausreiseformalitäten und führte eine längere Korrespondenz mit den Liestaler Behörden, da Ada Herwegh natürlich, wie ihre Eltern, Bürgerin von Baselland war. Mit Ada und deren Kindern in Brasilien blieb Emma Herwegh bis ins hohe Alter in Briefkontakt – der allerdings sehr einseitig geworden sein musste, da die Briefe der Mutter geprägt waren von Vorwürfen an Ada, dass diese zu wenig schreiben würde: »Meine theure Ada, Deine Kunstpausen sind doch zu lang u. wie ich die Sache auch drehen mag um dich genügend zu entschuldigten vermag ich es nicht. – Denke, dass wir einander seit bald 12 Jahren nicht mehr gesehen, dass deine Mutter sehr alt ist u. jedenfalls nicht mehr viele Tage vor sich hat u. du wirst fleißiger schreiben als bisher.«[34]

Ein späteres Schreiben an Ada beginnt ebenfalls voller Vorwürfe: »Am 27. April erhielt ich deinen letzen Brief den ich am 6. Mai eingehend beantwortete. Am 8. Juni schrieb ich an Virginien (Tochter Adas). – Seither bin ich ohne jedes Lebenszeichen von dir u. den deinen! Was ist der Grund dieses beharrlichen Schweigens? Wie gewohnt ich auch sein mag zu entsagen, wenn Notwendigkeit u. Pflicht es gebieten, zu solchem Platonismus war ich bishaft noch nicht gekommen um eine derartige Kunstpause ohne Kummer zu ertragen. Ihr habt mich nie klagen hören, wenn ein Jahr nach dem anderen verstrich ohne mir die Gelegenheit zu geben, dich auch einmal ans Herz drücken zu können.«[35] Emma Herwegh litt sehr unter dem seltenen Kontakt zu ihrer Tochter und deren Familie und schrieb immer wieder sehnsüchtige Briefe an alle, auch an die Töchter und ihren Schwiegersohn Antonio, in denen sie über ihre alltäglichen Probleme und Sorgen in Paris erzählte.

Nach wie vor war sie um einen guten Eindruck bemüht und ärgerte sich furchtbar, wenn sie etwa einen Tag in einem alten Hauskleid verbrachte und überraschender Besuch kam. Sie erklärte dies damit, dass sie an dem Tag besonders traurig gewesen sei und keine Lust hatte, auch nur die mindeste Toilette zu machen. Dafür schämte sie sich aber im Nachhinein, da sie der Meinung war, das Zurschautragen der Armut sei gleich geschmacklos wie das Zurschautragen des Reichtums.[36]

In Paris kümmerte Emma Herwegh sich vor allem um das Schicksal ihres jüngsten Sohnes Marcel, der als Nachzügler erst 1858 zur Welt gekommen war. Er arbeitete als Violinist in Paris, nachdem er aufgrund eines von ihm teilweise mit verschuldeten Skandals vom Stuttgarter Konservatorium verwiesen wurde.[37] Marcel Herwegh hatte einen Lehrer aus dem Kollegium zurechtgewiesen, weil dieser seinen Violinlehrer vor ihm schlecht gemacht hatte. Daraufhin erhielt Herwegh vom Angegriffenen in der Öffentlichkeit eine schallende Ohrfeige verpasst und wurde vom Kollegium aus dem Konservatorium verwiesen. Die Zeitung »Der Beobachter. Ein Volksblatt

Marcel Herwegh (1858–ca. 1937), jüngster Sohn von Emma und Georg Herwegh, als kleiner Geiger.

aus Schwaben« nimmt in ihrer Berichterstattung Marcel Herwegh in Schutz und die Geschichte zum Anlass, über diverse Missstände im Konservatorium Stuttgart zu berichten.

Emma Herwegh umhätschelte Marcel fürsorglich und berichtete Ada, wie er von einer Grippewelle erfasst wurde, wie sie sich um ihn ängstigte und sich ärgerte, dass er sich nicht von ihr, der inzwischen 73-Jährigen, pflegen lassen wollte, und wie es mit seinen musikalischen Erfolgen aussah, die sie immer für herausragend hielt. Gleichzeitig schrieb sie aber auch über ihren eigenen Alltag: »Alle meine Kinder noch relativ glücklich sehen, das ists was ich mir täglich vor dem großen Abschied erbitte. Ich selbst habe diesen Winter nicht einen einzigen Schüler als mich selbst. Wenn der Abend kommt u. hier im Haus Karten gespielt wird, gehe ich in mein kleines Zimmer u. vertiefe mich in meine Gedanken u. in irgend eine schöne lecture.

Dieser Tage las ich einmal wieder den Tell u. war glücklich nach der ganzen Schönheit u. Muth dieser herrlichen Dichtung.«[38]

In einem Brief an ihren Schwiegersohn bemerkte sie nach einigen klagenden Passagen über den fehlenden Kontakt schließlich: »Genug! Umarme Ada u. sämtliche Kinder. Zu welch abstrakter Großmutterschaft mich das Leben verurteilt, mich, die das Concrete liebt in allen Herzensbeziehungen.«[39]

Wir wissen nicht, ob Emma Herweghs großer Wunsch noch in Erfüllung gegangen ist, bevor sie starb. Sie erlitt mit 86 Jahren einen Schlaganfall, erholte sich jedoch wieder davon und schien schon geheilt, als sie am 24. März 1904 in Paris an einer Lungenentzündung starb. Ihrem Willen gemäß wurde sie neben Georg Herwegh in Liestal bestattet, wo der gemeinsame Grabstein in einem ruhigen Winkel des Liestaler Friedhofs noch heute zu besuchen ist. Um ihren Nachlass kümmerte sich der jüngste Sohn Marcel Herwegh, dem es allerdings in erster Linie darum zu gehen schien, ein fleckenloses Andenken seiner Eltern und insbesondere seines Vaters zu bewahren. So wurden die nachgelassenen Schriften zum Teil aussortiert, an verschiedene Archive vergeben und nur lückenhaft publiziert. Seitdem haben sich immer wieder Forscherinnen und Forscher darum bemüht, mehr Klarheit und Transparenz in die Geschichte(n) von Emma und Georg Herwegh zu bringen.

Einblicke

Über den Tod von Camille Herwegh
Brief des Arztes Hermann Ebert an Emma Herwegh[40]

Ihr Camille, liebe Emma, ist todt – todt trotz aller unserer redlicher Bemühungen, ihn zu retten. Ich schreibe nicht, um Ihnen Trost zuzusprechen. Ich kenne Ihr kräftiges Gemüth, das den schon zu finden wissen wird. Nur zu Ihrer Beruhigung theile ich Ihnen Folgendes über den Verlauf der Krankheit und namentlich über den Leichenbefund mit:

Camille litt in Folge von Zahnreitz an einer Krankheit, die mir so wie Bartels von vornherein durchaus klar war. Es war Hirncomzestion mit der Neigung zur schnellen Wasserausschwitzung, die zahnenden Kindern eigenthümlich ist. Was dagegen zu thun ist, steht fest. Bartels und ich waren über die Art der Behandlung auch nicht einen Augenblick verschiedener Meinung. Es ist auch Alles schnell, ohne Zaudern, rechtzeitig angewandt u. energische in ähnlichen Fällen wirksame Mittel sind nicht für die Zeit aufgespart, wo es zu spät war. So sind denn auch bei Camille Blutegel, Erdumschläge, Moschus und kalte Gießungen frühzeitig in Gebrauch gegangen, und diesen Mitteln ist es noch zuzuschreiben, dass das Leben des Kleinen um mehrere Tage – retrahirt ist. – Bei schleichend auftretenden Hirnausschwitzungen zahnender Kinder werden die Kranken überhaupt nur *selten* gerettet, das lehrt zur Genüge unsere medizinische Statistik. Nie aber ist unseres Wissens ein von dieser Krankheit leidendes zahnendes Kind hergestellt, wenn es zugleich tuberculös war. Um dies in Bezug auf Camille zu wissen, bat ich um die Section des Leichnams. Sie bestätigte meine schon vor dem Ableben gehegte Befürchtung der vorhandenen Tuberkulose. Die Section ergab zuerst das, was nach den Krankheitserscheinungen unserer Annahmen gemäß vorhanden sein mußte, Wasserausschwitzung zwischen den Hirnhäuten und in den Gehirnkammern, welche in Folge des Wasserergusses bedeutend erweitert waren. Die Lungen waren beiderseits mit *Tuberkeln* versehen. In der linken Lunge waren sie noch im rohen Zustande (Miliartuberkeln), in der rechten dagegen schon im infiltrierten und erweichten Zustande, was auf ein längeres Bestehen, wahrscheinlich seit der Geburt, hindeutet. In der rechten Lunge hatte sich sogar schon eine haselnussgroße Tuberkelhöle (Kaverna) gebildet. Noch mehr waren die zur Lunge gehörigen Drüsen (Bronchialdrüsen) von der Tuberkulose ergriffen. Sie waren bis zur Größe von Walnüssen aufgeschwollen und durch u. durch mit erweichter Tuberkelmaterie angefüllt. Endlich fanden sich auch in den Nieren und Gekrösdrüsen einzelne rohe Tuberkeln. – Dieser Befund nun lässt mich die Behauptung aussprechen, dass das Kind – wenigstens nach dem gegenwärtigen Standpunkt unserer Wissenschaft – nicht zu retten war. Sollte aber die Möglichkeit der Rettung durch irgend welche noch unbekannte Mittel oder zufälligen Umstände zugegeben werden können, so musste wegen der vorhandenen Tuberkulose das zukünftige Leben des Kleinen doch immer nur ein höchst trauriges sein. Er würde dann vielleicht die Kinderzeit unter häufigem Kränkeln durchgemacht haben, die Pubertätszeit aber würde höchst wahrscheinlich die in ihm schlummernde Krankheit zur Reife gebracht und ihm in der Blüthezeit des menschlichen Lebens nur das kurze sieche Leben und den elenden langsamen Tod eines Schwindsüchtigen gelassen haben. Deswegen meine ich, es ist besser, dass er jetzt gestorben ist, und das wollte ich Ihnen zu Ihrer Beruhigung sagen, wie für mich und unsere ärztliche Behandlung der Leichenbefund eine Beruhigung geworden ist. Es giebt gewisse perfide feindliche Kräfte in der Natur, denen die Wissenschaft bis jetzt noch nicht gewachsen ist.

Ich schrieb Ihnen den Leichenbefund so genau, weil ich erfahren, dass Herwegh sich mit Anatomie beschäftigt hat, und daher selbst in der Seele klar zu sehen vermag. Grüßen sie ihn herzlich von mir, und seien Sie gewiss des innigsten Mitgefühls Ihres
alten Freundes H. Ebert

Geldsorgen
Brief Emma Herweghs an Ludwig Feuerbach, 17. Oktober 1865[41]

Lieber Ludwig,
diese Zeilen, deren Inhalt nur für dich bestimmt ist (Bertha als zu Dir gehörig nehme ich aus), werden Dir wenig Freude machen, dennoch schreibe ich sie, weil ich auf niemandes Verständnis, auf keines Menschen Takt besser baue als auf den Deinen.

»Teile mir«, so schreibst Du in Deinem Brief vom 31. Juli, »jedoch stets Deine Sorgen offen mit; kann ich Dir helfen, so geschieht es von Herzen gern, kann ich nicht, so werde ich es stets eben so offen Dir sagen.«

Das tue ich denn, indem ich Dir schreibe, dass es uns verzweifelt geht, und nun insoweit an Deine Vermittlung appelliere, als sie nötig ist, falls Du jemanden kennst, dem es möglich und zu gleicher Zeit eine Freude und Ehre sein würde, dem Dichter, dem er so manche gute Stunde verdankt, in einer schlechten durch eine größere Summe beizuspringen. Als ich hier ankam, bildeten die Leute sich vermutlich ein, ich hätte die Hände voll Gold und würde nun als reiche Erbin allem und allen gerecht werden. Seit sie merken, dass nichts kommt, ist eine solche Verfolgung eingerissen, von der sich nur derjenige eine Vorstellung machen kann, der durch ähnliches gegangen. – Kein Buch der Bibliothek, und Du verstehst, wie Georg an seinen Büchern, unserm einzigen Eigentum, hängt, das nicht bereits zur Deckung einer Schuld eingetragen wäre, und, wenn nicht Hilfe kommt in der nächsten Zeit, abgeholt und versteigert zu werden droht. Und in dieser Atmosphäre soll ein Mensch geistig produzieren! Es gibt Naturen, die sich in solchen Zeiten gegen das Schicksal stemmen: Georg wird vernichtet in einer solchen Luft, und weil ich diesem Ende nicht ruhig entgegensehen kann, weil ich alles erschöpft habe, was zu geben in meiner Macht stand, weil es sich hier um die Erhaltung einer edlen, einer seltenen Natur handelt, die in dem kleinlichen Kampf der täglichen Qual jämmerlich vernichtet wird und, wenn man sie von diesen furchtbaren Fesseln befreien würde, noch so unendlich viel geben könnte – darum sage ich, denke nach, lieber Ludwig, ob es nicht möglich, dass die nächste Zeit in einem stillen schicklichen Akt eine Erleichterung, wenn auch keine volle Befreiung bringt. Kann ich nur so viel erreichen, dass Georg in Ehren hier fort und an einem anderen Ort ungestört ein halbes Jahr leben kann, so will ich schon den Kelch hier bis auf die Hefe leeren und sehen, was ich ihm von seinen Sachen resp. Büchern retten kann, die beiläufig mit Fr. 7000 taxiert, d.h. für diese Summe eingetragen sind.

Dass ich von Dir nichts will, um keine Welt, das brauche ich nicht erst zu sagen, ich will von Dir nichts, was sich auf irdisches Gut bezieht, wie du von uns nichts wollen würdest, weil weder Du noch wir etwas besitzen. Hättest Du etwas, was dem Überfluss ähnlich sähe, Du lieber Philosoph, dann würde mir es anzunehmen von niemandem so natürlich scheinen als von Dir. Ich schreibe Dir gerade, weil ich nichts von Dir will, um keine Welt, als das, was nichts kostet und so wenige haben: das Herz und den Stolz für seine Freunde.

Emma Herwegh über Georgs verhinderte Professur in Neapel
Aus Emma Herwegh: Eine Erinnerung an Georg Herwegh, 1875

Schriftstellerei als Handwerk, als Broterwerb – das Literatenthum par Profession waren ihm ein Gräuel. »Es muss ja nicht geschrieben sein!« rief er oftmals aus, wenn er diese Papiervergeudung ohne wirklichen Beruf, ohne jeden ernsten Zweck sah. »Die Kunst ist das Höchste, und wer den Beruf dazu nicht hat, wessen Wort nicht zündet, der soll es lassen und lieber Holz spalten, das ist ehrenwerter.«

Es war im Jahr 1861, wir lebten damals in Zürich, als ein früherer Professor der italienischen Literatur am dortigen Polytechnikum, Herr de Sanctis, damals italienischer Unterrichtsminister, ganz unerwartet per Telegramm an Georg Herwegh die Frage richtete, ob er den Lehrstuhl als Professor der vergleichenden Literatur in Neapel annehmen wollte? Um telegraphische Rückantwort ward gebeten. Unser Dichter, der sich nie in seinem Leben um eine Stelle beworben hatte, nahm diesen ihm so ehrenvoll angetragenen Posten an und erhielt umgehend einen Danksagungsbrief des Ministers, worin ihm dieser seine Freude über die Zusage aufs Lebhafteste ausdrückte. Von dieser Stunde an studierte der Dichter mit unglaublichem Eifer Tag und Nacht die italienische Sprache, deren Literatur ihm bekannt war wie Wenigen. Eine seiner Eigenthümlichkeiten bestand ohnehin darin, dass er sich in das Lesen eines Wörterbuchs vertiefen konnte, wie Andre in die Lektüre eines Romans. Aber Monat um Monat verging, ohne dass das verheißene Dekret kam – da plötzlich wurde das Ministerium gestürzt, an die Stelle des bisherigen Unterrichtsministers de Sanctis, trat der bekannte Mattucci, ein fanatischer Anhänger Napoleons III. wie seine sämtlichen Kollegen, und als wir uns acht Tage vor Ostern, der zum Antritt des Lehrstuhls bestimmten Zeit, auf die Reise nach Neapel begeben wollten, lasen wir, ohne durch eine vorangegangene Entschuldigung und Mittheilung Seitens des neuen Ministeriums an Georg Herwegh darauf vorbereitet worden zu sein, in einer Nummer des in Mailand erschienenen »Pungolo« folgende Notiz: »Der sehr gelehrte Professor Georg Herwegh, welchem der Lehrstuhl für vergleichende Literatur in Neapel angetragen war, der diesen Ruf angenommen hatte und eben im Begriff stand, mit seiner Familie überzusiedeln, wird diese Stelle nicht bekleiden, weil sich die politischen Hindernisse – Frankreich und Preußen hatten, wie uns später berichtet wurde, Protest gegen die Anstellung eines ›rothen Republikaners‹ eingelegt – als unübersteigbar erwiesen haben.« – »Du siehst«, sagte er mir damals, »dass ich dazu geboren bin, keine Anstellung zu haben.«[42]

Emma Herweghs Pistolen, mit denen sie in die Revolution zog.

»Heut' Abend hat's mir wieder leid gethan, dass ich mit dem Weiberrock auf die Welt gekommen!«

Gratwanderungen

War Emma Herwegh eine radikale Revolutionärin, deren Utopien sich erst Jahrzehnte nach ihrem Tod verwirklichen sollten? War sie eine ergebene Ehefrau, die ihr Leben in den Dienst des berühmten Mannes stellte? War sie eine unverbesserliche Romantikerin fern jeder Realität oder die kluge Realistin, die immer wieder einen Weg fand, um die finanzielle Situation ihrer Familie erträglich zu machen?

Das eine nicht lassen und das andere tun
Die Geschichte von Emma Herwegh zeigt Wege und Strategien auf, wie eine bürgerliche Frau im 19. Jahrhundert mit den für sie einengenden Vorgaben umgegangen ist. Emma Herwegh war eine kluge, gebildete, weitsichtige, aber auch zutiefst romantische, eigenwillige Person. Die Rolle, die ihre gesellschaftliche Schicht für sie vorsah, war ihr zu wenig. Ihre ambivalente, schillernde Persönlichkeit zeigt sich unter anderem in der Auseinandersetzung mit dieser Rolle.

In ihren Tagebüchern machte sich Emma Siegmund viele Gedanken zum Thema Geschlechterrollen, die immer damit endeten, dass sie sich unwohl fühlte mit dem, was von ihr erwartet wurde – doch stets zweifelte Emma an sich und nicht an der ihr zugestandenen Rolle. Sie beschäftigte sich zwar mit Emanzipation, war jedoch nicht bereit, ihr konventionelles Weiblichkeitsideal aufzugeben. »Sich emancipieren, – nun ja aber nicht zuerst nach außen, sondern nach innen. Mit welchem Rechte kann ich auf ein milderes Urtheil der Menschheit Anspruch machen, mit welchem Rechte fordern, dass sie an mir den Maßstab anlegen, der nur außergewöhnlichen Naturen gebührt, wenn ich ihr das Außergewöhnliche der Gesinnung oder durch Veröffentlichung derselben durch Bücher oder durch Thaten gezeigt habe. – Wehe dem, und besonders der Frau, die es wagt, die lange durch die Sitte geheiligte Form von sich zu weisen, ehe sie gezeigt, dass sie über der Form steht und ihrer nicht bedarf, um doch dem Edlen treu zu bleiben. Stoße das leere, das gehaltlose der nüchternen Convenienz von Dir, wenn Du etwas besseres bist als die Mehrzahl, aber ehre die Grenze, die ächte Weiblichkeit dem Weibe gestellt.«[1] Die Formen müssen gewahrt werden, auch wenn sie noch so einschränkend sind und von Emma Siegmund in ihrem Tagebuch immer wieder kritisiert werden. »Oft wurde ich empört, wenn ich sah, dass man forderte, wir sollen uns in Grenzen bewegen, die nur die Beschränktheit, nicht aber der Geist uns setzen konnte, niemals jedoch hat mich die Form gestört, in der ich einen göttlichen Inhalt erkannte.«[2] Die für sie vorgesehene Rolle als Tochter der guten Gesellschaft ungebrochen auszufüllen, war Emma Siegmund aber doch nicht bereit. Sie beteiligte sich intensiv an politischen Diskussionen, war laut, ereiferte sich und benahm sich oft ein bisschen daneben. Sie selbst verrät uns selbstironisch dazu in ihrem Tagebuch: »Marie war wie gewöhnlich hasenfüßig, wie unangenehm sind mir diese Art Natur. Überhaupt kann ich das laute Schreien bei einem wirklichen weiblichen Wesen nicht leiden. Ihr Lächeln und ihr Zorn müssen stehts unter dem Schutze der Grazien gehen. Übrigens hat wol Niemand dagegen öfter gefehlt als die Verfasserin dieser und mehrerer sehr weiser Bemerkungen – leider.«[3] Gelegentlich wäre Emma Siegmund sogar gerne ausgebrochen, doch auch hier waren die Konventionen stärker, zum Beispiel als bei Tisch von der 20-jährigen Frau erzählt wurde, die alleine nach Australien reiste: »Diese Erzählung machte auf mich einen ungeheuern Eindruck, denn sie berührt meine Achillesferse, deren ich freilich einige habe. – Dies freie Hinaussteuern in unbekannte Länder, hat es nicht einen unendlichen Zauber. Wäre ich heute selbständig, ich schnürte noch Nachts mein Bündel mit dem ersten Morgenstral fortzuwandern.«[4] Emma Siegmund tat jedoch nur das, was man von ihr erwartete: Sie unterhielt sich, schrieb, pflegte die Geselligkeit und langweilte sich, ohne eine konkrete Lebensperpektive.

Die radikal denkende junge Emma Siegmund aus dem Berliner Großbürgertum Mitte des neunzehnten Jahrhunderts sah, dass ihre Möglichkeiten, sich politisch zu engagieren, ziemlich beschränkt waren. Frauen konnten die revolutionären Männer unterstützen, indem sie Vereinsfahnen stickten, als Zierde bei Umzügen am Rande standen oder als Unterhaltungsaspekt bei den Feiern mitwirkten. In den Salons hingegen, in denen politische Diskussionen stattfanden und sich eine Gegenöffentlichkeit bildete, spielten Frauen eine entscheidende Rolle. Emma Siegmunds Ansprüche reichten darüber hinaus. Sie wollte dabei sein, wenn die Welt verändert wurde. Sie wünschte sich immer dann, ein Mann zu sein, wenn sie zur Tat schreiten wollte, die Konventionen es ihr jedoch verboten: »Es giebt Stunden, Tage, wo ich alles hingeben möchte, ein Mann zu sein. – Alles damit ich so auftreten könnte, wie's die innere Stimme mich heischt und der Frauenrock mir verbietet. Es sind die Augenblicke meines Lebens, wo eine besondere Thatenlust durch die drückende Not einzelner Personen in mir mächtig wird.«[5] Der Wunsch, ein Mann zu sein, nahm gelegentlich abstruse Formen an. Als Emma

Herwegh hörte, dass Ferdinand Lassalle seinen deutschen Arbeiterverein gegründet hatte, versicherte sie ihm, sie würde sofort beitreten, wenn sie könnte, doch die Mitgliedschaft war nur Männern vorbehalten.[6] Auf die Idee, dass es viel einfacher gewesen wäre, wenn Lassalle auch die Frauen in seinem Verein zugelassen hätte, scheint Emma Herwegh nicht gekommen zu sein.

Dieselbe Ambivalenz zeichnete sie im Verhältnis zur Bildung aus. Ihre eigene Bildung war zwar ausgezeichnet, doch sah sie selbst den kritischen Punkt der Frauenbildung zu Beginn des 19. Jahrhunderts. »Man giebt uns von allen Dingen nur die Schale – so von den Wissenschaften, so von der Kunst und wehe der, welche es verrieth, dass ihr Auge sich dem Kern der Dinge näherte, oder nähern wollte.«[7] Sie träumte zwar vom demokratischen Staat, in dem alle genügend Bildung hätten, um in der Politik mitbestimmen zu können. Für die Idee einer Frauenhochschule in Hamburg hatte sie gleichzeitig nur Hohn und Spott übrig. Die Hamburger Frauenhochschule war ein Versuch auf dem Gebiet der Volksbildung. Vielleicht war ihr die von 1850 bis 1852 existierende Hochschule zu wenig radikal, sie war von katholischer Seite gegründet worden und sollte vor allem dazu dienen, Erzieherinnen auszubilden.[8] Als bei einer Diskussionsrunde im elterlichen Salon über Shakespeare und Goethe debattiert wurde, entschuldigte sich ein Gast im Nachhinein, weil man sich zu wenig um die Frauen gekümmert hatte. »In der Entschuldigung lag etwas so Verletzendes – oft überhaupt kommt's mir vor, als glaubten die Männer, wir wären nur zum Vergnügen in der Welt zum Spaß für sie, und das ist der Punkt, der mich rasend machen könnte.«[9] Ihre Kritik richtet sich gegen die Vorstellung, dass Frauenbildung allein dazu dienen sollte, aus den Ehefrauen eloquente, unterhaltsame Gefährtinnen der Männer zu machen. Was Emma Siegmund nicht ausstehen konnte, war die »Art der gelehrten Männer, die Frauen gleichsam nur als Wesen zu betrachten, die zum Zierrath auf der Welt sind, nur so Flitter, aber keinen Theil der Weltseele ausmachen.«[10]

Auch in Bezug auf die Ehe hielt die junge Emma Siegmund an Vorstellungen fest, die sich mit ihrem eigenen Naturell und ihren Wünschen gar nicht vertragen konnten. Ihre Vorstellungen vom

Ehealltag sind recht konventionell: »Die Frauen denken oft, dass mit dem Augenblicke, wo sie getraut worden sind, sie sich im Äußern vernachlässigen dürfen, weil sie nun ihrer Sache gewiss sind. Ich denke ganz entgegengesetzt und würde weit weniger als Braut darauf sehen, mich vortheilhaft zu zeigen, wo der Bräutigam doch mehr sein Ideal in dem Mädchen als sie selbst sieht, als später, wo es gilt, seine Illusionen festzuhalten. Das nahe Beisammenleben bringt ohnehin schon die Prosa mit, und die Frau soll ja das Alles von dem Manne zu entfernen suchen.«[11] Wie das vor sich gehen soll, formuliert sie noch konkreter. »Ich denke mir dann wie ich mich bemühen würde, meinen Mann nicht zu langweilen, wie ich die häuslichen Verrichtungen in der Morgenstunde vornehmen wollte, während er arbeitet, und wie ich doch mich bemühen würde, mit der Zeit fortzugehen, damit er an mir noch geistig Gefallen finden könnte.«[12] Das ganze Eheglück in den Händen der Frau, die attraktiv aussehen, den Haushalt organisieren, ohne den Mann zu belästigen, und erst noch eine geistreiche Unterhalterin für den Abend darstellen soll. Das entspricht ganz den bürgerlichen Konventionen. In ihrer Vorstellung geht sie noch weiter, indem sie die Verantwortung für das Funktionieren einer Ehe den Frauen zuschreibt. »Zuweilen kann ich mir es so denken, wie ich als Frau sein würde, und ich bin ganz zufrieden, dass ich nicht jung mich verheirathet, weil ich mit jedem Jahre die Heiligkeit und Größe dieses Berufes mehr einsehe. An den meisten unglücklichen Ehen sind die Frauen Schuld, wenigstens mehr als die Männer.«[13]

Der Mann schien keine Opfer gegenüber der Ehefrau bringen zu müssen, er war in erster Linie dem Vaterland verpflichtet: »Ich sagte, dass ein Mann zuerst dem Vaterlande und dann erst seiner Frau angehöre, dass besonders ein Pole die hohen und großen Geistesgaben nie wie ein Anderer als Privateigenthum betrachten und vergeuden könne, da seine Vorzüge, seine Talente Eigenthum des Vaterlandes wären.«[14] Der Zukünftige musste also zunächst das Vaterland lieben und dann die Frau. Für einmal war Emma Siegmund einer Meinung mit den von ihr verachteten Liberalen, der Mann dient dem Staat, die Frau dient ihrem Ehemann in der privaten Häuslichkeit und hilft ihm mit einer harmonischen Privatspäre die feindliche

Emma Herwegh posiert 48-jährig im Fotografenstudio.

Außenwelt zu bewältigen. Emma Siegmunds Radikalismus, ihr konsequentes neues Weltbild blieben in dieser Frage auf der Strecke. Dabei kam zu ihrer Zeit in Deutschland die erste Frauenbewegung auf, und sie musste die Vorkämpferinnen teilweise aus der Nähe kennen. Die Schriftstellerin Fanny Lewald, die Romane zur Emanzipation der Frauen schrieb, war fasziniert von Emma Herwegh, als sie 1847 in Berlin weilte, und wollte sie unbedingt kennen lernen. Malwida von Meisenburg, die sich für Frauenbildung einsetzte, verkehrte mit denselben Leuten wie Emma Siegmund. Louise Aston forderte das Selbstbestimmungsrecht für die Frauen, und Louise Otto gründete den Allgemeinen Deutschen Frauenverein. Diese Einflüsse schienen an Emma Herwegh vorbeigegangen zu sein. Ihr politisches Programm wurde durch ihren Ehemann personifiziert. Ihre Emanzipationsansprüche lebte sie nur in eigener Sache.

Georg Herwegh, wie er von der revolutionären Bürgerstochter Emma Siegmund aus Berlin porträtiert wurde.

Der Schlüssel zur Emanzipation war für sie »die Liebe«, der Mann an ihrer Seite. Mit dem Mann an der Seite war alles möglich, sie konnte ihn fördern und unterstützten und ihm in allem zur Seite stehen. Diese Vorstellung entsprach vollkommen den Ideen innerhalb der bürgerlich geprägten 48er Bewegung. Frauen wurden zwar als gleichwertig angesehen, ihre Rolle war jedoch genau bestimmt. Die Frauen hatten als Gefährtinnen der Männer diese aktiv zu unterstützen, damit sie ihre Taten vollbringen konnten. Die Wahl des Ehemannes war die Lösung für Emmas Dilemma. Als Gefährtin eines Revolutionärs konnte sie sich engagieren, obwohl sie als Frau nicht das Recht hatte, konkrete Politik zu machen. In seinem Schatten konnte sie sich fast alles erlauben. Als Ehefrau ging sie nur nach Berlin die inhaftierten Polen besuchen, weil ihr Mann nicht nach Preußen dürfe. Ob Herwegh überhaupt nach Berlin wollte, sei dahingestellt. Er hätte es sicher nicht geschafft, zu den Inhaftierten vorgelassen zu werden. Als Ehefrau war sie bei der »Legion« dabei und profitierte bei ihrem Einsatz als Kundschafterin davon, dass die feindlichen Truppen einer Frau sowieso keine politische Funktion zutrauten. Als Herwegh nicht mehr für politische Taten zu begeistern war, schickte sie die italienischen Patrioten in revolutionäre Abenteuer, hielt die Fäden in der Hand und half, so gut sie konnte. Gegen außen erfüllte sie pflichtbewusst die für sie vorgesehene Rolle der Gefährtin und Mitstreiterin des revolutionären Helden. Bei genauerer Betrachtung finden wir jedoch weder Held noch Gefährtin.

Das war die große Strategie, die perfekte Inszenierung, mit der Emma Herwegh sich schließlich Rechte herausnahm, die sie und alle anderen Frauen dieser Zeit nicht hatten. Voraussetzung für diese Strategien war das Genie, der Poet und Revolutionär an ihrer Seite, den sie ein Leben lang liebte. Herwegh war nicht der politische Führer, den Emma in ihm sah. Dennoch oder gerade deswegen eignete sich der immer wieder als schwach beschriebene Dichter ausgezeichnet. Gut platziert an der Seite eines Mannes, den sie zumindest gegenüber der Öffentlichkeit als Held aufbaute, lebte Emma Herwegh ihr aufregendes Leben, über das sie selbst bestimmte. Und mehr noch, sie bestimmte und organisierte auch das Leben ihres Mannes. Durch diesen äußeren Rahmen war es ihr möglich, Grenzen zu überschreiten, die eine allein stehende Frau oder eine Kämpferin für die Rechte der Frauen sich nie anzutasten gewagt hätte. Auch die anderen bekannten Revolutionärinnen der Zeit kämpften an der Seite ihrer Männer. Amalie Struve, die Frau des Freischarenführers Gustav Struve, beteiligte sich am selben Aufstand. Anita Garibaldi starb bei der Schlacht um Milano. »Männerkleider wurden von den freiheitsdurstigen deutschen Damen in den Jahren 1848/49 nicht selten getragen; erinnert sei nur an die schöne Luise Aston, die Frau Anneke, die Frau Blenker unter anderen mehr, welche auch aktiv am Schleswigholsteinischen Feldzuge und an dem Aufstande in Baden teilnahmen und dabei gerne Freischärlertracht trugen«, erinnert sich Otto von Corvin.[15] Auch die Veröffentlichung der Rechtfertigungsschrift über die »Pariser Legion« schließlich geschah im Zeichen der Ehefrau.

Emma Herweghs Inszenierung des Ehemannes ist auch manchen Zeitgenossen aufgestoßen. Alexander Herzen konnte ihre bedingungslose Hingabe nicht ausstehen. Und als sie nach dem Tod ihres Mannes ihren Sohn in gleicher Weise stilisierte, war ihr Freund Frank Wedekind darüber dermaßen aufgebracht, dass er einen »grauenhaften Nervenanfall« erlitt. Der eher erfolglose Violinist Marcel Herwegh wurde von seiner Mutter ungebrochen als künstlerisches Genie aufgebaut.

Emma Herwegh hat sich ihren Weg bewusst selbst gewählt und für sich das Beste daraus gemacht. Was irritierend bleibt, ist ihre konsequente Selbstverleugnung gegen außen. Trotz gesundem Selbstbewusstsein beschrieb sie wiederholt ihren Missmut, wenn sie in den Mittelpunkt gerückt wurde, denn sie akzeptierte in der Öffentlichkeit nur den Schatten des Ruhmes ihres Mannes. Nicht nur Frank Wedekind wollte, dass Emma Herwegh Memoiren schrieb. Ludmilla von Assing wollte eine Biografie über Emma Herwegh schreiben. Aber schon als sie einen Artikel über Emma Herwegh veröffentlichte, ärgerte diese sich. »Fräulein Assing soll über mich einen Artikel in den Telegraphen eingerückt haben, dessen Inhalt sich auf Privatmitteilungen bezogen und der, so gut gemeint er sein mag, höchst indiskret ist. Gelesen hab' ich ihn nicht und werde ihn auch nicht lesen, wäre aber sehr froh, wenn man in Zukunft die unberühmte Frau des berühmten Mannes so lange in der Obskurität des Privatlebens ließe, bis sie selbst durch Unverstand oder übergroßen Verstand sich um das Glück, keinen Namen zu haben, gebracht.«[16] So war sie in ihrem eigenen Verständnis bis zuletzt und vor allem eine große »Heldin der Liebe«.

Einblicke

Zur Hamburger Frauenuniversität
Aus einem Brief Emma Herweghs an Georg Herwegh, 1843

Ronge ist dieser Tage auch bei mir gewesen und wird Dich vermutlich in der Schweiz treffen, wohin er gestern abgereist ist, um mit Karl Fröbel eine Hochschule für Frauen zu deren Emanzipation zu errichten. Ein kleiner Mann, untersetzt, mit etwas schiefer, ausgerenkter Hüfte, glattem gutgeschnittenem, sehr gewöhnlichem Gesicht, wohlgepflegtem Bart, kurzen fetten Händen mit geschmacklosen Ringen besetzt, ohne Geist und mit vieler Bonhomie. Ich fragte ihn, was er mit diesen Frauenvereinen bezwecke, und brachte ihn durch meinen Humor, mit dem ich die Sache aufnahm, dermaßen aus dem Text, dass ich's ihm unmöglich machte, seinen Ernst zu behaupten. Die sociale und religiöse Frage soll durch diese Vereine praktisch verschmolzen ins Leben treten, durch die höhere Erziehung der Frauen auf die Elementarschulen armer Kinder, ferner auf die Mägde gewirkt werden und durch diese dann wieder zurück auf die Kinder u.s.w. u.s.w. Bis dahin, sagte er, gab's in Deutschland nur zweierlei Frauen: Köchinnen und… Hier stockte er; ich half ihm weiter, indem ich das Wort »Courtisanen« aussprach, und hinzufügte: Herr Ronge, sie können ganz frei sprechen, es giebt ja nichts, was sich natürlich gesagt nicht vor und mit unbefangenen Menschen besprechen ließe. – Also Courtisanen und Köchinnen! Nun, was soll geschehen? »Sehn Sie, Frau Herwegh, durch diese Hochschulen soll nun« – »ach ich verstehe, fiel ich ihm in's Wort, soll dies vermittelt werden, dass ferner alle Köchinnen Courtisanen werden, und alle Courtisanen kochen können, was allerdings sehr zweckmäßig wäre.« – Mit all diesem Zeug, denn welcher ehrliche Mensch kann heutzutage solchen Unsinn ernst behandeln, hatt' ich unseren sozialen Beichtiger dermaßen aus dem Text gebracht, dass er selbst in lautes Gelächter ausbrach und sich mit dem Bewusstsein entfernte, an mir keinen Adepten gewonnen zu haben. »Die Liebe«, Herr Ronge, hatt' ich ihm auch gesagt, »ist der einzige Hebel zur Emanzipation der Frau; wen die nicht befreit, dem werden Sie nicht helfen, Herr Ronge«; dadurch hatt' ich ihn ganz gewonnen. »Da haben wir's ja«, erwiederte er enchantiert, »da ist's ja ausgesprochen« und so hatt' ich ihn soweit gebracht, mich in die Mysterien seines großartigen Planes einzuweihen, und schon glaubte er mich bekehrt zu haben, als ich ihn fragte: Ja, Sie können doch nicht hoffen, die 11000 heiligen Jungfrauen durch die Liebe zu bekehren? »Lachen Sie nur Frau Herwegh, ich lasse mich nicht irre machen; an meinen Früchten sollt ihr mich erkennen.« Ich wünschte ihm Glück und wir schieden. Im Oktober will er hier zurückkehren, um auf die französischen Frauen zu wirken. Er versteht nämlich keine Silbe französisch! Deine Emma.[17]

Anmerkungen

Ansichten

1 Gottlieb Alexander: Eine Hochverräterin. Die Neue Zeit XXII, II, Stuttgart 1904, S. 57–59, S. 59. Im Folgenden zitiert als: Neue Zeit, Hochverräterin.
2 Alexander Herzen: Mein Leben. Memoiren und Reflexionen. 1847–1852. Berlin 1963, S. 306–318. Im Folgenden zitiert als: Herzen, Mein Leben.
3 Bruno Kaiser: Der Freiheit eine Gasse. Aus dem Leben und Werk Georg Herweghs. Berlin 1948, S. 37. Im Folgenden zitiert als: Kaiser, Freiheit.
4 Gottfried Keller an Lina Dunker, 8. März 1857. In Keller Gottfried: Gesammelte Briefe. In vier Bänden. Hg. von Carl Helbing. Bern 1950, S. 165. Im Folgenden zitiert als: Keller, Briefe.
5 Otto von Corvin: Aus dem Leben eines Volkskämpfers. Amsterdam 1861, S. 50. Im Folgenden zitiert als: Corvin, Volkskämpfer.
6 Corvin, Volkskämpfer, S. 50.
7 Victor Fleury: Nekrolog auf Emma Herwegh. In: Wiener Neue Freie Presse, 5. August 1904. Im Folgenden zitiert als: Fleury, Nekrolog.
8 Frank Wedekind: Die Tagebücher. Ein erotisches Leben. Frankfurt a. M. 1986, S. 272–310, S. 295. Im Folgenden zitiert als: Wedekind, Tagebücher.
9 Wedekind, Tagebücher, S. 307.
10 Marcel Herwegh [Hg.]: Georg Herweghs Briefwechsel mit seiner Braut. Stuttgart 1906, S. 230 f. Im Folgenden zitiert als: M. Herwegh, Brautbriefe.

Das Leben schön schreiben

1 Tagebuch, 2. Januar 1839.
2 Tagebuch, 13. Juli 1839.
3 Tagebuch, 22. Februar 1839; 12. Mai 1839; 13. September 1841.
4 Tagebuch, 10. Juni 1839.
5 Tagebuch, 10. März 1840.
6 Tagebuch, 10. April 1842.
7 Tagebuch, 10. Juni 1839.
8 Tagebuch, 12. April 1842.
9 Tagebuch, 21. Mai 1842.
10 Tagebuch, 13. Juni 1842.
11 Tagebuch, 19. Juni 1842.
12 Tagebuch, 9. Oktober 1842.
13 Tagebuch, 7. Januar 1839.
14 Tagebuch, 21. Februar 1839.
15 Tagebuch, 30. Oktober 1841.
16 Tagebuch, 5. Januar 1839.
17 Tagebuch, 27. Februar 1839.
18 Tagebuch, 21. April 1841.
19 Tagebuch, 5. Juni 1841.
20 Tagebuch, 6. Oktober 1842.

21 Tagebuch, 10. Dezember 1841.
22 Tagebuch, 27. Dezember 1841.
23 Tagebuch, 19. Juni 1842.
24 Zitat aus: Böttger Fritz [Hg.]: Frauen im Aufbruch. Frauenbriefe aus dem Vormärz und der Revolution 1848. Leipzig 1977, S. 197. Im Folgenden zitiert als: Böttger, Frauen im Aufbruch.
25 Tagebuch, 1. Februar 1842.
26 Tagebuch, 12. April 1841.
27 Vgl. Emma Herwegh: »Eine Erinnerung an Georg Herwegh«. Separatdruck aus dem »Volksstaat«. Leipzig 187. Wieder veröffentlich in: Marbacher Magazin 83/1998. Im Folgenden zitiert als: Emma Herwegh, Erinnerung.
28 Emma Herwegh: Im Interesse der Wahrheit. Zur Geschichte der deutschen demokratischen Legion aus Paris, von einer Hochverräterin. Hg. von Horst Brandstätter. Lengwil 1998, S. 9 f. Im Folgenden zitiert als: Emma Herwegh, Wahrheit.
29 Emma Herwegh: Eine Erinnerung an Georg Herwegh. Separatdruck aus dem »Volksstaat«, Leipzig 1875, S. 3.

Liebesbriefe

1 Georg Herwegh an die Freunde der Rheinischen Zeitung, Zürich, 22. Oktober 1842. Der vollständige Brief ist nachzulesen bei Jos. Hansen: Rheinische Briefe und Akten zur Geschichte der politischen Bewegung 1830–1850. Bonn 1919, S. 382–384.
2 Karl Glossy [Hg.]: Literarische Geheimberichte aus dem Vormärz. 2 Bd. Jahrbücher der Grillparzer-Gesellschaft 21–23. Wien 1912/13, S. 352. Im Folgenden zitiert als: Geheimberichte.
3 Geheimberichte, S. 358.
4 M. Herwegh, Brautbriefe, S. 47.
5 Alexandre Weill: Emma Siegmund, jetzt Madame Herwegh. In: Zeitung für die elegante Welt. Nr. 39, 1843. Im Folgenden zitiert als: Weill, Emma Siegmund.
6 Kaiser, Freiheit, S. 18 f.
7 Alfred Liede: Das Herwegh-Archiv im Dichtermuseum Liestal. Separatdruck aus »Scripta Manent« Heft Nr. 8–11, 1960/61, S. 6 f. Im Folgenden zitiert als: Liede, Herwegh-Archiv.
8 Heinrich Heine: Die Audienz. Eine alte Fabel. Nachzulesen bei Liede, Herwegh-Archiv, S. 22.
9 Liede, Herwegh-Archiv, S. 7.
10 Kaiser, Freiheit, S. 18 f.
11 M. Herwegh, Brautbriefe, S. 50.
12 Vgl. M. Herwegh, Brautbriefe.
13 August Follen an Emma Siegmund, 12. Februar 1843. In: M. Herwegh, Brautbriefe, S. 273 ff.
14 M. Herwegh, Brautbriefe, S. 218.
15 M. Herwegh, Brautbriefe, Nachwort, S. 220.
16 Zu Henle und den Hochzeitsgästen, vgl. M. Herwegh, Brautbriefe S. 220, Anm. 1 und 2.

17 M. Herwegh, Brautbriefe, Nachwort, S. 221.
18 M. Herwegh, Brautbriefe, Nachwort, S. 221 f.
19 M. Herwegh, Brautbriefe, Nachwort, S. 222.
20 Merkel Fr.: Jacob Henle. Ein deutsches Gelehrtenleben. Nach Aufzeichnungen und Erinnerungen. Braunschweig 1891, S. 183. Im Folgenden zitiert als: Merkel, Gelehrtenleben.
21 Nachzulesen bei Böttger, Frauen im Aufbruch, S. 224.

Für die Freiheit

1 Tagebuch, 25. Oktober 1841.
2 Gordon A. Craig: Geschichte Europas 1815–1980. Vom Wiener Kongress bis zur Gegenwart. München 1989. Im Folgenden zitiert als: Craig, Europa.
3 Emma Herwegh an Georg Herwegh, 20. Oktober 1847. In: Marcel Herwegh [Hg.]: 1848. Briefe an und von Georg Herwegh. München 1896, S. 33 f. Im Folgenden zitiert als: M. Herwegh, 1848,
4 Emma Herwegh, Wahrheit, S. 18.
5 Emma Herwegh, Wahrheit, S. 23 f.
6 Tagebuch, 7. April 1842.
7 Siehe dazu: Carola Lipp: Liebe, Krieg und Revolution. Geschlechterbeziehungen und Nationalismus in der Revolution 1848/1849. In: Lipp Carola: Schimpfende Weiber und patriotische Jungfrauen. Frauen im Vormärz und in der Revolution 1848/1849. Bühl-Moos 1998, S. 353–385. Im Folgenden zitiert als: Lipp, Liebe.
8 Daniela Fuchs: Junge Welt, 12. Februar 1997: Alte Moabiter Bräuche. Vor 150 Jahren: Urteilsverkündung im Polen-Prozess zu Berlin.
9 Emma Herwegh, Wahrheit, S. 22.
10 Herzen, Mein Leben, S. 312 f.
11 Emma Herwegh, Wahrheit, S. 44 f.
12 Emma Herwegh, Wahrheit, S. 38.
13 Emma Herwegh, Wahrheit, S. 47 f.
14 Emma Herwegh, Wahrheit, S. 52.
15 Emma Herwegh, Wahrheit, S. 54.
16 Corvin, Volkskämpfer, S. 80.
17 Emma Herwegh, Wahrheit, S. 88.
18 Michail Krausnick: Nicht Magd, mit den Knechten. Emma Herwegh, eine biographische Skizze. Marbacher Magazin 83/1998, S. 84.
19 Emma Herwegh, Wahrheit, S. 89.
20 Herzen, Mein Leben, S. 317.
21 Emma Herwegh an Georg Herwegh, 12. Dezember 1847. In: M. Herwegh, 1848, S. 47.
22 Alessandro Luzio: Felice Orsini ed. Emma Herwegh. Nuovi Documenti; Florenz 1937, S. 29. Im Folgenden zitiert als: Luzio, Orsini. Aus dem Französischen übersetzt von J. Voirol.
23 Aus: Lettere della Herwegh al conte Grilenzoni sulla fuga di Orsini. In: Luzio, Orsini, S. 83. Aus dem Italienischen übersetzt von J. Voirol.

24 Craig Gordon A.: Geld und Geist. Zürich im Zeitalter des Liberalismus 1830–1869. München 1988, S. 228. Im Folgenden zitiert als: Craig, Geld und Geist.
25 Luzio, Orsini, S. 113.
26 Vgl. Luzio, Orsini, S. 112, Anmerkung 2.
27 M. Herwegh, 1848.
28 Nachgelesen bei Liede, Herwegh-Archiv, S. 28 ff.
29 Emma Herwegh, Wahrheit, S. 88. Zur Spritzledergeschichte siehe auch Kapitel »Für die Freiheit« in diesem Buch.

Liebe und kein Ende

1 Tagebuch, 18. Februar 1842.
2 Tagebuch, 14. Januar 1839.
3 Tagebuch, 16. Januar 1839.
4 Tagebuch, 5. April 1841.
5 Tagebuch, 5. April 1841.
6 Tagebuch, 23. Juli 1842.
7 Tagebuch, 6. Juni 1839.
8 Giuseppe Stvaszewicz: I Polacchi della Rivoluzione del 23. Novembre 1831. Vol. II 1931.
9 Tagebuch, 27. Dezember 1841.
10 Zitiert nach Siegrid Weigel: Flugliteraturschriften 1848. Berlin 1979. Im Folgenden zitiert als: Weigel, Flugliteraturschriften.
11 Siehe dazu Lipp, Liebe.
12 Tagebuch, 6. Juni 1839.
13 Tagebuch, 12. November 1842.
14 Tagebuch, 12. November 1842.
15 Tagebuch, 28. September 1841.
16 Vgl. M. Herwegh, Brautbriefe. Marcel Herwegh schreibt dies im Vorwort, wohl aus den Erinnerungen seiner Eltern.
17 Tagebuch, 18. August 1842.
18 Vgl. M. Herwegh, Brautbriefe, S. 27 f.
19 Vgl. M. Herwegh, Brautbriefe, S. 29.
20 Vgl. M. Herwegh, Brautbriefe, S. 30.
21 Weill, Emma Siegmund.
22 M. Herwegh, Brautbriefe, S. 148.
23 Tagebuch, 5.–11. März 1844.
24 Tagebuch, 5.–11. März 1844.
25 Tagebuch, 5.–11. März 1844.
26 Emma Herwegh an Marie d'Agoult, 17. Mai 1844. Unveröffentlichter Brief, HA.
27 Vg. dazu Kapitel »Für die Freiheit« in diesem Buch.
28 Die Briefe von Nathalie Herzen an Georg Herwegh sind in der British Library in London archiviert.
29 Edward Carr: The Romantic Exiles. London 1933, S. 53–139. Im Folgenden zitiert als: Carr, Romantic Exiles.

30 Herzen, Mein Leben, S. 317.
31 Carr, Romantic Exiles.
32 Wedekind, Tagebücher, S. 289.
33 Herzen, Mein Leben, S. 321.
34 Wedekind, Tagebücher, S. 292.
35 Georg Herwegh an Emma Herwegh vom 16. April 1853.
36 Wedekind, Tagebücher, S. 289 f.
37 Herbert Eulenberg: Wedekind und Frau Herwegh. In: Stefan Großmann [Hg.]: Das Tagebuch. Berlin 1922, S. 1533 f. Im Folgenden zitiert als: Eulenberg, Tagebuch.
38 Eulenberg, Tagebuch, S. 1536 f.
39 Wedekind, Tagebücher, S. 279.
40 Wedekind, Tagebücher, S. 296.
41 Aus: Herwegh Emma: Eine Erinnerung an Georg Herwegh. Separatdruck aus dem »Volksstaat«, Leipzig 1875, S. 4.
42 Herzen, Mein Leben, S. 307 ff.

Salon und Geselligkeit

1 Die Gleichheit. Bd. 15, Nr. 9. Stuttgart 1904, S. 71–72.
2 Tagebuch, 30. Oktober 1841.
3 Tagebuch, 27. Februar 1839.
4 Petra Wilhelmy: Der Berliner Salon im 19. Jahrhundert (1718–1914). Berlin 1989, S. 464 f.
5 Jacob Burckhardt: Briefe. Erster Band. Hg. von Max Burckhardt. Basel 1949, S. 152 f.
6 Tagebuch, 4. April 1842.
7 Mehr dazu im Kapitel »Liebe und kein Ende« in diesem Buch.
8 Verena von der Heyden-Rynsch: Europäische Salons. Höhepunkte einer versunkenen weiblichen Kultur. München 1992, S. 194.
9 Georg Herwegh an Marie d'Agoult, Juli 1844, HA.
10 Emma Herwegh an Georg Herwegh, 20. Oktober 1847. In: M. Herwegh, 1848, S. 28.
11 Emma Herwegh an Georg Herwegh, 11. Dezember 1847. In: M. Herwegh, 1848, S. 80.
12 Emma Herwegh an Georg Herwegh, Oktober 1847. In: M. Herwegh, 1848, S. 43.
13 Vgl. dazu das Kapitel »Für die Freiheit« in diesem Buch.
14 Vgl. dazu das Kapitel »Liebe und kein Ende« in diesem Buch.
15 Luzio, Orsini, S. 4.
16 Craig, Geld und Geist, S. 223.
17 Craig, Geld und Geist, S. 221.
18 Jacob Moleschott: Für meine Freunde. Lebenserinnerungen. Gießen 1895, S. 298 ff.
19 Jakob Baechtold: Gottfried Kellers Leben. Seine Briefe und Tagebücher. 2. Band 1850–1861. Berlin 1894. Die Anekdote wurde u.a. von Adolf Muschg im Stück mit dem Titel »Kellers Abend« dramatisch interpretiert und umgesetzt; Muschg

Adolf: Kellers Abend. In: Spectaculum 23. Vier moderne Theaterstücke. Frankfurt a. M. 1975, S. 159–203.
20 Fleury, Nekrolog.
21 Heinrich Heine: Buch der Lieder, Lyrisches Intermezzo L; in: Sämtliche Gedichte. Hg. von Bernd Kortländer; Stuttgart 1997, S. 103.

Reisefreuden, Exil und ein Grab
1 Tagebuch 1837, 13. August 1837.
2 Tagebuch 1837, 25. August 1837.
3 Tagebuch 1837, 19. Juli 1837.
4 Tagebuch 1837, 3. August 1837.
5 Tagebuch 1837, 25. August 1837.
6 Tagebuch 1837, 3. August 1837.
7 Tagebuch 1837, 19. August 1837.
8 Tagebuch 1837, 19. August 1837.
9 Tagebuch 1837, 5. August 1837.
10 Tagebuch 1837, 13. August 1837.
11 Tagebuch 1837, 19. August 1837.
12 Tagebuch 1837, 27. August 1837.
13 Tagebuch 1837, 19. August 1837.
14 Christoph Meiners: Briefe über die Schweiz. 2. durchaus verb. und verm. Aufl. 4 Theile. Berlin 1788–1790, 2. Theil 1788, S. 25.
15 Vgl. dazu den Zeitungsartikel von Beat Hächler: »Traumfrauensuche zwischen Jungfrau und Busenalp« in der Reihe »LiteraTour«, erschienen im Aargauer Tagblatt vom 25. August 1989, S. 11.
16 Tagebuch 1837, 17. August 1837.
17 Z.B. unter dem Stichwort »Schweiz« in der »Real-Encyclopädie für die gebildeten Stände (Conversations-Lexikon)« in zwölf Bänden. Band 12. Leipzig 1837.
18 Mehr dazu im Kapitel »Liebe und kein Ende« in diesem Buch.
19 M. Herwegh, Brautbriefe, Anmerkung S. 98 f.
20 M. Herwegh, Brautbriefe, S. 105.
21 Kaiser, Freiheit, S. 24.
22 Kaiser, Freiheit S. 25.
23 Kaiser, Freiheit S. 25.
24 Vahl Heidemarie, Fellrath Ingo [Hg.]: »Freiheit überall, um jeden Preis!« Georg Herwegh 1817–1875. Bilder und Texte zu Leben und Werk. Stuttgart 1992, S. 44.
25 M. Herwegh, Brautbriefe, S. 197.
26 Kaiser, Freiheit, S. 29. Dies entgegen der beschönigenden Darstellung von Sohn Marcel Herwegh, der berichet, dass man Herwegh in Augst das »Ehrenbürgerrecht schon vor einem Monat von der dortigen Gemeinde angetragen«, das nötige Dokument aber noch nicht zugeschickt habe. Vgl. M. Herwegh, Brautbriefe, Nachwort, S. 219.
27 Mehr dazu im Kapitel »Liebe und kein Ende« in diesem Buch.
28 Kaiser, Freiheit, S. 29 f.

29 Vgl. dazu Martin Leuenberger: Frei und gleich ... und fremd. Flüchtlinge im Baselbiet zwischen 1830 und 1880. Liestal 1996, S. 105 ff. Im Folgenden zitiert als: Leuenberger, Frei.
30 Schweizerischer Republikaner, 21.4.1843, Korr. aus Genf, zittiert nach Kaiser, Freiheit, Anm. 2, S. 409.
31 Tagebuch, 18. April 1843.
32 Vgl. dazu Leuenberger, Frei, S. 55 ff.
33 Basellandschaftliches Volksblatt, 27.6.1844, zitiert nach Kaiser, Freiheit, S. 38.
34 Kaiser, Freiheit, S. 38.
35 Mehr dazu im Kapitel »Salon und Geselligkeit« in diesem Buch.
36 Zu Lassalles Biographie vgl.: Hans Jürgen Friederici: Ferdinand Lassalle. Eine politische Biographie. Berlin 1985. Im Folgenden zitiert als: Friederici, Lassalle. Ebenso zur Affäre Dönniges, S. 217 ff. Der (gekürzte) Wortlaut des Briefes von Emma Herwegh an R. Schlingmann ist im Anhang abgedruckt.
37 Gemäß Darstellung des Lassalle-Biografen Friederici hatte sich der psychisch angeschlagene Lassalle die dramatischen Entwicklungen der Affäre durch sein unüberlegtes Vorgehen zum großen Teil selber zuzuschreiben. Vgl. Friederici, Lassalle, S. 217 f.
38 Mehr dazu im Kapitel »Von der guten Partie bis zum bitteren Ende« in diesem Buch.
39 »Der Beobachter. Ein Volksblatt aus Schwaben« vom 13. April 1875.
40 Emma Herwegh an Fritz Baumann, 11. April 1875. Nachlass Otto Kleiber im Besitz von Marianne Schreier-Kleiber, Biel-Benken/BL.
41 Vgl. den Bericht im »Landschäftler« vom 16. April 1875.
42 Emma Herwegh an Fritz Baumann, 20. April 1875. Nachlass Otto Kleiber im Besitz von Marianne Schreier-Kleiber, Biel-Benken/BL.
43 Zur Geschichte des Grabes und der Denkmäler vgl. auch Kaiser, Freiheit, S. 77 ff.
44 Tagebuch 19. und 24. August 1837.
45 Staatsbibliothek zu Berlin – Preußischer Kulturbesitz, Handschriftenabteilung, Slg. Kaiser: Herwegh, Emma (Abschrift des Briefes vom 8.9.1864).
46 Aus: Herwegh Emma: Eine Erinnerung an Georg Herwegh. Separatdruck aus dem »Volksstaat«, Leipzig 1875, S. 11.

Von der guten Partie zum bitteren Ende

1 Weill, Emma Siegmund.
2 Fleury, Nekrolog.
3 Tagebuch, 1. Februar 1839.
4 Tagebuch, 24. März 1839.
5 Tagebuch, 7. Mai 1839.
6 Tagebuch, 13. Juni 1839.
7 Agnes Podesta an Emma Herwegh, 16. Juni 1843, HA.
8 Tagebuch, 17. April 1839.
9 Minna starb am 30. April 1860, Fanny am 1. Januar 1899, Jules Piaget am 27. November 1841.

10 Herzen, Mein Leben, S. 317. Allerdings war ihr Vater ja nicht Bankier, sondern Seidenwarenhändler.
11 Herzen, Mein Leben, S. 306.
12 Herzen, Mein Leben, S. 320.
13 Herzen, Mein Leben, S. 338.
14 Vgl. Kaiser, Freiheit, S. 55 f.
15 Neue Zürcher Zeitung vom 18.10.1861, zitiert nach Kaiser, Freiheit, S. 60.
16 Briefwechsel G. u. E. Herwegh mit L. Feuerbach, hg. von M. Herwegh und V. Fleury, in: Nord und Süd, Bd. 129; Berlin 1909, Heft 1, S. 270. Im Folgenden zitiert als: Fleury, Briefwechsel.
17 Fleury, Briefwechsel, S. 401.
18 Fleury, Briefwechsel, S. 492.
19 Ludmilla von Assing an Emma Herwegh, 18. Dezember 1861.
20 Fleury, Briefwechsel, S. 495.
21 Vgl. Brief im Anschluss an dieses Kapitel.
22 Fleury, Briefwechsel, S. 147.
23 Fleury, Briefwechsel, S. 150.
24 Fleury, Briefwechsel, S. 153.
25 Zur Geschichte der Bibliothek: Bruno Kaiser: Die Schicksale der Bibliothek Georg Herweghs; Liestal 1945. Separatdruck aus den Nachrichten der Vereinigung schweizerischer Bibliothekare, Jg. 20, 1944 und 21, 1945. Im Folgenden zitiert als: Kaiser, Bibliothek.
26 Fleury, Briefwechsel, S. 147.
27 Emma Herwegh an Franz Dingelstedt, Anfang Mai 1857. In: Aus dem Archiv der Deutschen Schiller-Stiftung, Heft 5/6: Die Akten Ferdinand Freiligrath und Georg Herwegh, hg. von Bruno Kaiser; Weimar 1963, S. 39 f. Im Folgenden zitiert als: Kaiser, Akten.
28 Kaiser, Akten, S. 52 f.
29 Kaiser, Akten, S. 59 f.
30 Kaiser, Akten, S. 61.
31 Herzen, Mein Leben, S. 336.
32 Emma Herwegh an Ludwig Feuerbach, 17. Oktober 1865. Zitiert nach: Kaiser, Bibliothek, S. 10.
33 Unveröffentlichter Brief von Anna (Piaget) an Ada Paula-Souza, 29. April 1901, HA.
34 Unveröffentlichter Brief von Emma Herwegh an Ada Paula-Souza, 23. August 1892, HA.
35 Emma Herwegh an Ada de Paula-Souza, 11. September 1892, HA.
36 Emma Herwegh an ihre Enkelin Virginie Paula-Souza, 29. November 1897, HA. Aus dem Französischen übersetzt von J. Voirol.
37 Vgl. Zeitungsberichte über diese Affäre im »Beobachter. Ein Volksblatt aus Schwaben« vom 7., 16. und 25 Februar 1879.
38 Emma Herwegh an Ada de Paula-Souza, 23. August 1890, HA.
39 Emma Herwegh an Antonio de Paula-Souza, ohne Datum, HA.
40 Unveröffentlichter Brief von Hermann Ebert (Arzt) an Emma Herwegh, ohne Datum, HA.

41 Emma Herwegh an L. Feuerbach, 17. Oktober 1865. Zitiert nach Kaiser, Freiheit, S. 68 f.
42 Aus: Herwegh Emma: Eine Erinnerung an Georg Herwegh. Separatdruck aus dem »Volksstaat«, Leipzig 1875, S. 4 ff.

Gratwanderungen

1 Tagebuch, 8. April 1842.
2 Tagebuch, 8. April 1842.
3 Tagebuch, 4. Juni 1842.
4 Tagebuch, 19. Juni 1842.
5 Tagebuch, 5. November 1842.
6 Craig, Geld und Geist.
7 Tagebuch, 22. April 1841.
8 Ariadne. Almanach des Archivs der deutschen Frauenbewegung. Heft 33. März 1998, S. 21 f.
9 Tagebuch, 22. April 1841.
10 Tagebuch, 5. Juli 1841.
11 Tagebuch, 11. Oktober 1841.
12 Tagebuch, 11. Oktober 1841.
13 Tagebuch, 11. Oktober 1841.
14 Tagebuch, 5. Juni 1841.
15 Corvin, Volkskämpfer, S. 50.
16 M. Herwegh, Brautbriefe, S. 58.
17 M. Herwegh, Brautbriefe S. 289 f.

Quellen

Quellen aus dem Herwegh-Archiv (HA) im Dichtermuseum in Liestal
Emma Herwegh: Tagebücher 1837–1841. Typoskript von Marcel Herwegh. HA BRH 1716.
Emma Herwegh: Tagebücher 1839–1841. Typoskript von Marcel Herwegh. HA BRH 1717.
Emma Herwegh: Tagebücher 1841–1843. Typoskript M. Herwegh. HA BRH 1718.
Emma Herwegh an Ada de Paula-Souza, 23. August 1890. HA (nicht katalogisiert).
Emma Herwegh an Ada de Paula-Souza, 11. September 1892. HA (nicht katalogisiert).
Emma Herwegh an Ada de Paula-Souza, 23. August 1892. HA (nicht katalogisiert).
Emmma Herwegh an Virginie Paula-Souza, 29. November 1897 HA (nicht katalogisiert).
Emma Herwegh an Antonio de Paula-Souza, ohne Datum. HA (nicht katalogisiert).
Georg Herwegh an Emma Herwegh 1850–1853. HA BRH 1856–1916.
Georg Herwegh an Marie d'Agoult. HA BRH 1365.
Ludmilla von Assing an Emma Herwegh. HA BRH 994–998.
Ludmilla von Assing an Emma Herwegh. HA BRH 1018.
Agnes Podesta an Emma Herwegh, 16. Juni 1843. HA BRH 1666b.
Hermann Ebert an Emma Herwegh, o. D. (April 1848). HA BRH 265.
Brief von Anna Piaget an Ada de Paula-Souza, 29. April 1901. HA (nicht katalogisiert).
Steckbrief Emma Herwegh. HA.

Andere Archive
Emma Herwegh an Fritz Baumann, 11. April 1875. Nachlass Otto Kleiber im Besitz von Marianne Schreier-Kleiber, Biel-Benken/BL.
Staatsbibliothek zu Berlin – Preußischer Kulturbesitz, Handschriftenabteilung, Slg. Kaiser: Herwegh, Emma (Abschrift des Briefes vom 8.9.1864).

Zeitgenössische Zeitungsartikel
Alexander Gottlieb: Eine Hochverräterin. Die Neue Zeit, XXII, II, Stuttgart 1904, S. 57. HA Z 232.
Der Beobachter. Ein Volksblatt aus Schwaben. 13. April 1875.
Der Beobachter. Ein Volksblatt aus Schwaben. 7., 16. und 25. Februar 1879.
Der Landschäftler. 16. April 1875.
Die Gleichheit, Bd. 15, Nr. 9, S. 71–72; Stuttgart 1904.
Herwegh Emma: »Eine Erinnerung an Georg Herwegh«. Separatdruck aus dem »Volksstaat«. Leipzig 1875.
Fleury Victor, Herwegh Marcel [Hg.]: Briefwechsel G. u. E. Herwegh mit L. Feuerbach. In: Nord und Süd, Bd. 129; Berlin 1909.

Fleury Victor: Emma Herwegh. Nachruf auf Emma Herwegh. Manuskript. HA Z 177.
Fleury Victor: Nekrolog für Emma Herwegh. In Wiener Neuen Freien Presse. Wien 5. August 1904. HA Z 177a.
Körner Erich: Emma Herwegh. In: Illustrierte Zeitung Nr. 3172, 14. April 1904.
Weill Alexandre: Emma Siegmund, jetzt Madame Herwegh. In: Zeitung für die elegante Welt. Nr. 39, 1843.

Literatur

Ariadne. Almanach des Archivs der deutschen Frauenbewegung. Heft 33. März 1998.
Baechtold Jakob: Gottfried Kellers Leben. Seine Briefe und Tagebücher. Berlin 1894.
Böttger Fritz [Hg.]: Frauen im Aufbruch. Frauenbriefe aus dem Vormärz und der Revolution 1848. Leipzig 1977.
Burckhardt Jacob: Briefe, erster Band, hg. v. Max Burckhardt, Basel 1949.
Carr Edward: The Romantic Exiles. London 1933.
Corvin Otto von: Aus dem Leben eines Volkskämpfers. Amsterdam 1861.
Craig Gordon A. : Geschichte Europas 1815–1980. Vom Wiener Kongress bis zur Gegenwart. München 1989.
Craig Gordon A.: The Italien Connection. Emma Herwegh and her Circle. In: The Triumph of Liberalism. Zurich in the Golden Age 1830–1869. New York 1888, S. 211–233.
Craig Gordon A.: Geld und Geist. Zürich im Zeitalter des Liberalismus 1830–1869. München 1988.
Eulenberg Herbert: Wedekind und Frau Herwegh. In: Stefan Großmann [Hg.]: Das Tagebuch. Berlin 1922.
Fleury Victor: Le Poète George Herwegh (1817–1875). Clermont-Ferrand 1910.
Fuchs Daniela: Junge Welt, 12.2.97: Alte Moabiter Bräuche. Vor 150 Jahren: Urteilsverkündung im Polen-Prozess zu Berlin.
Friederici Hans Jürgen: Ferdinand Lassalle. Eine politische Biographie. Berlin 1985.
Glossy Karl [Hg.]: Literarische Geheimberichte aus dem Vormärz. 2 Bd. Jahrbücher der Grillparzer-Gesellschaft 21–23. Wien 1912/13.
Hächler Beat: »Traumfrauensuche zwischen Jungfrau und Busenalp« in der Reihe »LiteraTour«, erschienen im Aargauer Tagblatt vom 25. August 1989.
Hansen Jos.: Rheinische Briefe und Akten zur Geschichte der politischen Bewegung 1830–1850. Bonn 1919, S. 382–384.
Hauch Gabriela : Frauen Räume in der Männer-Revolution 1848. In: Dowe Dieter, Haupt Heinz-Gerhard, Langewiesche Dieter [Hg.]: Europa 1848. Reform und Revolution. Bonn 1998, S. 841–900.
Heilborn Ernst: Die gute Stube. Berliner Geselligkeit im 19. Jahrhundert. O.O. 1988.
Herwegh Emma: Im Interesse der Wahrheit. Zur Geschichte der deutschen demokratischen Legion aus Paris, von einer Hochverräterin. Hg. von Horst Brandstätter. Lengwil 1998.
Herwegh Georg: Einundzwanzig Bogen aus der Schweiz. Hg. von Ingrid Pepperle. Leipzig 1989.
Herwegh Marcel [Hg.]: 1848. Briefe an und von Georg Herwegh. München 1896.
Herwegh Marcel [Hg.]: Georg Herweghs Briefwechsel mit seiner Braut. Stuttgart 1909.
Herwegh Marcel [Hg.]:. Briefe von und an Georg Herwegh. München 1898 (2. Auflage).

Herz Henriette: Berliner Salons. Erinnerungen und Portraits. Hg. von Ulrich Janetzki. Frankfurt a. M., Berlin 1984.
Herzen Alexander: Mein Leben. Memoiren und Reflexionen. 1847–1852. Berlin 1963.
Heyden-Rynsch Verena, von der: Europäische Salons – Höhepunkte einer versunkenen weiblichen Kultur. München 1992.
Hirsch Helmut: Sophie von Hatzfeld. Düsseldorf 1981.
Kaiser Bruno: Die Akten Ferdinand Freiligrath und Georg Herwegh. In: Aus dem Archiv der Deutschen Schiller-Stiftung, Heft 5/6. Weimar 1963.
Kaiser Bruno: Der Freiheit eine Gasse. Aus dem Leben und Werk Georg Herweghs. Berlin 1948.
Kaiser Bruno: Die Schicksale der Bibliothek Georg Herweghs; Liestal 1945, Separatdruck aus den Nachrichten der Vereinigung schweizerischer Bibliothekare. Jg. 20, 1944 und 21, 1945.
Keller Gottfried: Gesammelte Briefe. In vier Bänden. Hg. von Carl Helbing Bern 1950.
Krausnick Michail: Die eiserne Lerche. Georg Herwegh, Dichter und Rebell. Baden-Baden 1990.
Krausnick Michail: Nicht Magd mit den Knechten. Emma Herwegh, eine biographische Skizze. Marbacher Magazin 83/1998.
Leuenberger Martin: Frei und gleich ... und fremd. Flüchtlinge im Baselbiet zwischen 1830 und 1880. Liestal 1996.
Liede Alfred: Das Herwegh-Archiv im Dichtermuseum Liestal. Separatdruck aus »Scripta Manent«. Heft Nr. 8–11, 1960/61.
Lipp Carola: Liebe, Krieg und Revolution. Geschlechterbeziehungen und Nationalismus in der Revolution 1848/1849. In: Lipp Carola: Schimpfende Weiber und patriotische Jungfrauen. Frauen im Vormärz und in der Revolution 1848/1849. Bühl-Moos 1998, S. 353–385.
Luzio Alessandro: Felice Orsini ed. Emma Herwegh. Nuovi Documenti. Florenz 1937.
Mattenklott Gert: Romantische Frauenkultur. Bettina von Arnim zum Beispiel. In: Frauen Literatur Geschichte. Schreibende Frauen vom Mittelalter bis zur Gegenwart. Hg. von Hiltrud Gnüg und Renate Möhrmann, Stuttgart 1989, S. 123–143.
Meiners Christoph: Briefe über die Schweiz, 2. durchaus verb. und verm. Aufl. 4 Theile; Berlin 1788–1790, 2. Theil 1788.
Merkel Fr.: Jacob Henle. Ein deutsches Gelehrtenleben. Nach Aufzeichnungen und Erinnerungen. Braunschweig 1891.
Moleschott Jacob: Für meine Freunde. Lebenserinnerungen. Gießen 1895.
Muschg Adolf: Kellers Abend. In Spectaculum 23. Vier moderne Theaterstücke. Frankfurt a. M. 1975, S. 159–203.
Neitzke Paul: Die deutschen politischen Flüchtlinge in der Schweiz 1848/49. Berlin 1927.
Raymond Pertra: Von der Landschaft im Kopf zur Landschaft aus Sprache. Die Romantisierung der Alpen in den Reiseschilderungen und die Literarisierung des Gebirges in der Erzählprosa der Goethezeit. Tübingen 1993.

Stvaszewicz Giuseppe: I Polacchi della Rivoluzione del 23. Novembre 1831. Vol. II 1931.

Tornius Valerian: Salons. Bilder gesellschaftlicher Kultur aus fünf Jahrhunderten. Leipzig 1918.

Trampe Adolf: Georg Herwegh. Sein Leben und sein Schaffen (Diss Münster i. W.). Borna, Leipzig 1910.

Vahl Heidemarie, Fellrath Ingo [Hg.]: »Freiheit überall, um jeden Preis!« Georg Herwegh 1817–1875. Bilder und Texte zu Leben und Werk. Stuttgart 1992.

Wagner Richard: Mein Leben. Hg. von Martin Gregor-Dellin. München 1963.

Weber Rolf: Rosen unterm Alpenschnee. Deutsche Emigranten in der Schweiz 1820–1885. Berlin 1983.

Wedekind Frank: Die Tagebücher. Ein erotisches Leben. Frankfurt a. M., 1986.

Weigel Siegrid: Flugliteraturschriften 1848. Berlin 1979.

Wilhelmy Petra: Der Berliner Salon im 19. Jahrhundert (1718–1914). Berlin 1989.

Wittkop Franz: Michail A. Bakunin. Mit Selbstzeugnissen und Bilddokumenten. Reinbek bei Hamburg 1974.

Namenregister

d'Agoult Marie 108, 131, 133, 134, 141, 155–157
Alexander Gottlieb 10
Arago François 108
Arnim Achim von 25
Arnim Bettina von, geb. Brentano 24–26, 31, 96, 103, 114, 119
Assing Ludmilla von 11, 105, 164, 214, 215, 241
Aston Louise 238, 240
Auerbach Friedrich 218
Bakunin Michail 10, 48, 49, 56, 57, 59, 70, 75, 76, 85–88, 156, 158, 180
Baumann Fritz 191
Béranger Pierre Jean de 29
Bluntschli Johann Kaspar 181, 182
Boni Filippo de 161
Bülow Hans von 140
Burckhardt Jacob 37, 152
Burckhardt Louise 153
Carr Edward 134
Caspari Minna, geb. Siegmund 14, 73, 86, 170, 172, 195, 204, 206, 207
Challemel-Lacour Paul-Armand 10
Chopin Frédéric 27
Cironi Piero 16, 105, 106, 161, 166
Corvin Otto von 101, 240
Crelinger Auguste, geb. Düring 37
Cybulski Adalbert 37, 38, 79, 150, 154
Dingelstedt Franz 218–220
Dönniges Helene von 186, 187, 197, 198
Duncker Max 129
Ebel Johann Gottfried 170, 171
Ebert Hermann 223, 228, 229
Ebert Marie 37
Edmond Charles 159, 160
Engels Friedrich 185
Erckmann-Chatrian (Émile Erckmann und Louis-Alexandre Chatrian) 16
Fabryzi Nicola 16
Favre Jules 108
Feuerbach Anselm Sohn, Maler 16, 31
Feuerbach Anselm Vater, Archäologe 31
Feuerbach Bertha, geb. Löw 213
Feuerbach Henriette 31
Feuerbach Ludwig 10, 16, 17, 32, 161, 166, 212–218, 229
Feuerbach, geb. Löw Bertha 229
Fleury Victor 13
Follen August 49, 52, 54, 56, 57, 73, 76, 77, 85, 86, 182, 183, 185
Follen Susette, geb. Ritzmann 49, 76
Freiligrath Ferdinand 24, 29, 42, 189, 190
Friedrich Wilhelm IV., König von Preußen 43, 115, 117–119, 156
Fröbel Karl 242
Garibaldi Anita 240
Garibaldi Giuseppe 16, 17, 111, 112, 141, 165, 186, 198
Gessner Konrad 170, 171, 178
Goethe Johann Wolfgang von 24, 120, 217, 236
Graefe Albrecht von 16
Graefe Ottilie von 17, 37, 67, 128
Graefe Wanda von 17
Günderrode Caroline von 24, 25, 33
Gutike Charlotte 180
Gutzkow Karl 218
Hatzfeld Sophie von 140, 164, 165, 188
Hecker Friedrich 98–100
Heine Heinrich 44, 119, 145, 146, 155, 156, 167
Henle Friedrich Gustav Jacob 32, 86, 88
Herwegh Camille 159, 223, 228
Herwegh Georg 7, 10–13, 16, 27, 31–33, 35, 39–42, 44–48, 50–55, 58, 59, 61–64, 66–71, 73, 74, 77–80, 82–87, 93, 95–98, 100–107, 110–113, 116, 117, 122, 124, 128–140, 142, 144, 145, 147, 154–160, 162, 165, 166, 169, 174,

179–191, 198, 199, 201, 202, 205–221, 223, 224, 226, 227, 230, 231, 239, 242
Herwegh Horace 88, 131, 162, 189, 216, 222, 223
Herwegh Marcel 14, 16, 86, 87, 128, 140, 142–144, 183, 189, 192, 213, 217, 221, 225–227, 241
Herz Henriette 19
Herzen Alexander 10, 11, 36, 54, 97, 103, 134–139, 145, 156, 159, 186, 208–210, 222, 241
Herzen Nathalie 134–139, 141
Hitz Conrad 40, 65
Hugo Victor 17, 23, 156, 166, 190
Idaroff Lydia 164
Imbriani Emilio 104
Imbriani Vittorio 104, 161
Jean Paul 23
Kaiser Bruno 11
Keller Gottfried 12, 161, 164, 165, 168, 174, 212
Kinkel Gottfried 216
Koechly Hermann 111
Lacka Emilie 54, 60
Lamartine Alphonse de 156
Lassalle Ferdinand 10, 140, 186–188, 236
Lewald Fanny 96, 114, 238
Lewald H., Bruder von Fanny 114–116, 118
Libelt Karol 115, 118
Liszt Franz 10, 30, 32, 34, 126, 133, 140, 155, 157, 161
Marx Karl 65, 72, 127, 155, 210, 212
Matecki Teodor Teofil 115
Mazzini Giuseppe 16, 17, 104, 106, 107, 141, 160
Meiners Christoph 177
Meisenburg Malwida von 238
Meyer Carl 221
Meyer Hieronymus 177
Meyer Rudolf 177
Mickiewicz Adam 154
Mieroslawski Ludwik 95, 97, 114–118

Miethe Friederike s. O'Connell
Moleschott Jacob 140, 161, 163
Moleschott Sophie 163
Nagler Karl Ferdinand Friedrich von 76
Napoleon I. 92
Napoleon III. 108, 109, 231
Nietzsche Friedrich 212
Nordwid Camill 200
O'Connell Friederike, geb. Miethe 9, 17, 24, 54
Orsini Assunta 160
Orsini Felice 103, 105–110, 137, 141, 159, 160, 166
Otto Louise 238
Packe Michael St. John 105
Paula-Souza Ada, geb. Herwegh 159, 216, 217, 222, 224–227
Paula-Souza Antonio 224, 225, 227
Paula-Souza Virginie 224, 225
Petersen Maria 17
Pfau Ludwig 189
Pfeufer Karl von 86
Piaget Anna 24, 46, 207, 222
Piaget Fanny, geb. Siegmund 14, 46, 56, 66, 69, 73, 74, 81, 82, 84, 125, 170, 176, 195, 204, 206, 207
Piaget Jules 29, 30, 46, 125, 127, 176, 206, 207
Podesta Agnes 17, 21, 37, 67, 92, 124, 125, 154, 172, 194, 195, 206
Prutz Robert 10
Rohmer Friedrich 181
Rousseau Jean Jacques 170, 171, 178
Ruge Arnold 54, 59, 155
Rüstow Willhelm 10, 16, 110, 111, 164, 165, 188, 197
Sanctis Francesco de 104, 161, 211, 212, 231
Sand George 30, 31, 126, 156, 157, 159
Sayn-Wittgenstein Caroline von 34, 161
Sayn-Wittgenstein Marie von 34
Sayn-Wittgenstein Nikolaus von 34

Schlingmann Reinhold 188, 197, 199
Sczaniecka Emilie 16, 54, 58, 60, 125, 126, 130, 150, 179, 180
Sczaniecka Nepomucena 54, 60
Semper Gottfried 140, 161, 163, 164
Semper Lisbeth 163, 164
Shakespeare William 236
Siegmund Gustav August 14, 15, 37, 45, 67, 74, 81, 179, 207
Siegmund Henriette Wilhelmine, geb. Krauer 14, 15, 74, 79, 81, 82, 171, 203–206
Siegmund Johann Gottfried 14, 16, 36, 43, 44, 66, 68, 74, 81, 82, 86, 93, 129, 146, 150, 151, 154, 183, 203, 207, 208, 215
Spitteler Carl 31
Stern David s. Agoult
Struve Amalie 240
Struve Gustav 98, 240
Tollney, Marquise 13
Turgenjew Viktor 156
Valentini (Italienisch-Lehrer) 22
Varnhagen Rahel, geb. Levin 25, 63, 150
Varnhagen von Ense Karl August 11
Vogt Felix 143, 144
Vogt Karl 10, 159
Voltaire 171
Wagner Cosima 133
Wagner Richard 133, 160–162, 204
Walesrode Ludwig 89
Wedekind Frank 13, 35, 134–137, 140–144, 241
Weill Alexandre 202
Widmann Victor 31
Wille Eliza 160

Bildnachweis

9, 11, 13, 16, 18, 23, 27, 40, 44, 45, 46, 100, 104, 105, 107, 110, 132, 133, 141, 148, 157, 163, 168, 186, 192, 200, 212, 213, 223, 224, 226, 232, 238, 239: Herwegh-Archiv im Dichtermuseum, Liestal.

25, 34: Nationale Forschungs- und Gedenkstätten der klassischen deutschen Literatur, Weimar.

77, 85, 109: Zentralbibliothek Zürich.

90: Landesarchiv Berlin.

122: Foto Bärtsch, Liestal.

179: Encylopedia popularna PWN, Wydanie Szóste, Państwowe Wydawnictowa Naukowe-Warszawa 1982 (aus dem Bestand des Polenmuseums Rapperswil).